ANNETTE GROSSBONGARDT, UWE KLUSSMANN
UND NORBERT F. PÖTZL (HG.)

Die Deutschen im Osten Europas

GOLDMANN
Lesen erleben

Buch

Deutsche Siedler strömten seit dem Mittelalter in die Provinzen zwischen Ostsee und dem Schwarzen Meer, um hier Land zu bewirtschaften, Handel zu treiben oder als Beamte zu dienen, häufig auf Einladung der dortigen Herrscher. Die Deutschen im Osten Europas waren bisweilen auch Teil einer gezielten Expansion und Kolonisation, welche die Deutschordensritter mitunter gewaltsam durchsetzten. Jahrhundertelang lebten so Deutsche als Nachbarn neben Polen, Ungarn, Tschechen, Letten und Russen, häufig als Siedler »deutschen Rechts«. Erst durch den anschwellenden Nationalismus des 19. Jahrhunderts gerieten sie in den Strudel ethnischer Konflikte, die in die Katastrophe des Zweiten Weltkriegs, in Flucht und Vertreibung mündeten. In Reportagen und spannenden Porträts geben SPIEGEL-Autoren und Historiker einen fundierten Überblick über die schwierige Vergangenheit der Deutschen im Osten Europas.

Herausgeber

Annette Grossbongardt, geboren 1961, gehört seit 1993 der SPIEGEL-Redaktion an, unter anderem in Jerusalem und Istanbul. Heute ist sie stellvertretende Ressortleiterin für Sonderthemen beim SPIEGEL in Hamburg.

Uwe Klussmann, geboren 1961 ist seit 1990 Redakteur des SPIEGEL. Von 1999 bis 2009 lebte er als Korrespondent in Moskau. Zu den Schwerpunkten des Historikers gehören deutsche, russische und sowjetische Geschichte.

Norbert F. Pötzl, geboren 1948, ist seit 1972 Redakteur des SPIEGEL und seit 2004 stellvertretender Leiter des Ressorts Sonderthemen.

Annette Großbongardt,
Uwe Klußmann
und Norbert F. Pötzl (Hg.)

Die Deutschen im Osten Europas

Eroberer, Siedler, Vertriebene

Georg Bönisch, Norbert Conrads,
Thomas Darnstädt, Jan Friedmann, Christoph Gunkel,
Christian Habbe, Andreas Kossert, Dieter Langewiesche,
Walter Mayr, Christian Neef, Dietmar Pieper,
Jan Puhl, Petra Reski, Krzysztof Ruchniewicz,
Johannes Saltzwedel, Michael Sontheimer,
Rainer Traub, Carsten Voigt

GOLDMANN

Die Texte dieses Buches sind erstmals im Heft
»Die Deutschen im Osten« aus der Reihe
SPIEGEL GESCHICHTE (NR. 1/2011) erschienen.

Dieses Buch ist auch als E-Book erhältlich.

MIX
Papier aus verantwortungsvollen Quellen
FSC® C083411

Verlagsgruppe Random House FSC® N001967
Das FSC®-zertifizierte Papier *Lux Cream* für dieses Buch
liefert Stora Enso, Finnland.

1. Auflage
Vollständige Taschenbuchausgabe August 2013
Wilhelm Goldmann Verlag, München,
in der Verlagsgruppe Random House GmbH

Typografie und Satz: DVA/ Brigitte Müller
Umschlaggestaltung: UNO Werbeagentur, München
in Anlehnung an die Umschlaggestaltung
der Originalausgabe (www.buero-jorge-schmidt.de)
Umschlagabbildungen: © ullstein bild/histopics (vorne oben);
© akg-images (vorne unten); © akg-images (hinten)
KF · Herstellung: Str.
Druck und Bindung: CPI – Clausen & Bosse, Leck
Printed in Germany
ISBN: 978-3-442-15765-5
www.goldmann-verlag.de

Inhalt

TEIL II

FREMDE, FREUNDE, NACHBARN

Vorwort

Seit dem Mittelalter war der Osten Europas auch Heimat vieler Deutscher. Sie kamen als Bauern, Handwerker, Kaufleute und Beamte, aber auch als bewaffnete Eroberer. Sie siedelten in den baltischen Gebieten an der Ostsee, in Ostpreußen, das jetzt zu Polen und Russland gehört, im inzwischen polnischen Schlesien, aber auch am Unterlauf der Donau und der Wolga. Über Jahrhunderte prägten sie dort die Geschichte mit, überwiegend in friedlicher Nachbarschaft mit Polen, Tschechen, Balten und Ungarn.

Der von Hitler begonnene Zweite Weltkrieg, seine Wahnvorstellung, den Osten zu unterwerfen und zu germanisieren, führte zu Vertreibung, Mord und Terror, zum Holocaust, zu millionenfachem Leid und Unrecht, das bei Kriegsende 1945 schwer auf die Deutschen zurückschlug. Flucht und Vertreibung wurden zum Trauma von rund 14 Millionen Deutschen.

Der Niederlage auf den östlichen Schlachtfeldern folgten Glaubenskämpfe daheim. Viele Deutsche taten sich schwer damit, die durch Kriegsgewalt gezogenen oder korrigierten Grenzen im Osten zu akzeptieren. Die Geschichte der Deutschen im Osten wurde politisch instrumentalisiert – von den Vertriebenenverbänden wie von ihren Gegnern. Schon die Verwendung alter Ortsnamen sorgte für Streit. Wer von Breslau sprach, machte sich sofort als Reaktionär verdächtig, wer Wroclaw sagte, fühlte sich auf der Seite der Guten. Viele aber kehrten dem leidigen Thema ganz den Rücken, als sei Nichtbeschäftigung und Nichtwissen ein Ausweis guter Gesinnung.

Doch mit dem Ende des Kalten Krieges, mit der Wiedervereinigung und der endlichen Anerkennung der Grenzen, begannen sich auch die Beziehungen zu normalisieren. Die Grenzen wurden geöffnet, eine Wiederentdeckung des Ostens begann. Es ist vor allem eine neue Generation der Enkel, die mit frischem, unverkrampftem Blick nach Osten schaut und sich die lange verpönte oder verdrängte Familiengeschichte der Großeltern erschließt.

Zu dieser neuen Generation gehört der Osteuropahistoriker Andreas Kossert, Nachkomme von Ostpreußen, der in diesem Buch die Wiederentdeckung des kulturellen Reichtums in Ostmitteleuropa beschreibt, aber auch die chauvinistische Vergangenheit. Wie unabhängig junge polnische Geschichtsforscher mit dem deutschen Erbe umgehen, schildert der Breslauer Historiker Krzysztof Ruchniewicz. Die Buchautorin Petra Reski beschreibt ihre ganz persönliche Familiengeschichte in Ostpreußen.

SPIEGEL-Journalisten und Geschichtswissenschaftler machten sich auf die Suche nach den Spuren der Deutschen in Ostmitteleuropa – in Danzig und Kaliningrad, dem früheren Königsberg, im schlesischen Oppeln und entlang der Donau, wo in Ungarn, Rumänien, Serbien und Kroatien noch immer versprengte Deutsche leben, darunter Verwandte des Ex-Außenministers Joschka Fischer.

Dieses Buch handelt von Kreuzrittern, Hanse-Kaufleuten, von Dichtern und Deutschen, die russische Beamte waren, von kriminellen Herrenmenschen, Soldaten auf verlorenem Posten sowie Flüchtlingen und Vertriebenen auf beiden Seiten.

Der Blick auf die lange Geschichte der Deutschen im Osten Europas zeigt, wie vielschichtig, spannend und prägend die Entwicklung dort so viele Jahrhunderte vor dem Zweiten Weltkrieg war, auf den die Wahrnehmung meist reduziert wird, wie viel gemeinsame Geschichte Deutsche und Polen, Tschechen, Ungarn und Balten verbindet. Was lange umkämpft und abgezäunt war, liegt nun offen da – für einen neuen Zugang, für Begegnungen mit den Menschen, für eine partnerschaftliche europäische Perspektive, aber auch weiter für kritische Aufarbeitung in einem Teil Europas, wo aus Nachbarn einst Feinde wurden, die nun wieder Freunde und Nachbarn sind.

Hamburg, im Sommer 2011
Annette Großbongardt, Uwe Klußmann, Norbert F. Pötzl

TEIL I

SIEDLER IM OSTEN

Neue Schlüssel zur Geschichte

Jahrhundertelang lebten Deutsche im Osten Europas, dann war die Heimat plötzlich verloren und wurde zum hochemotionalen Streitthema. Die Enkelgeneration sieht die Vergangenheit nun unverkrampfter.

Von Annette Großbongardt

Die junge Frau heißt Nele, sie lebt in Berlin und hat einen Großvater in Polen, den sie innig liebt. Als er stirbt, gibt ihr das den Impuls zu einer Reise in die Vergangenheit: Die Journalistin fährt nach Schlesien zu seinem Grab und von dort immer weiter ostwärts bis nach Galizien, heute in der Ukraine, von wo der Opa einst 1945 vertrieben worden war. Er landete auf einem gottverlassenen Hof in Schlesien, der Deutschen gehört hatte.

Die Geschichte des heimatvertriebenen Polen Janetzko und seiner deutschen Enkelin ist ein Roman, er heißt »Katzenberge«. Die Autorin Sabrina Janesch ist 25 Jahre alt, das Buch beschreibt auch ihre eigene Familiengeschichte – eine Spurensuche in der osteuropäischen Vergangenheit, in der Geschichte der Vertriebenen. Doch Janesch, geboren in Gifhorn, dreht den Spieß um: Sie beschreibt, wie sehr ihr Großvater Schlesien hasste. Dass ihn der Krieg aus seinem geliebten Galizien ins »schleimige, schissige Schlesien« verschlagen hatte, verzieh er seinem Schicksal nie. Allein schon die schlesische Erde – so »feinkörnig, locker und steril«, ohne jeden Wurm oder Käfer, »als hätten die Deutschen sie gesiebt« – empörte ihn, Erde müsse feucht und schwer in der Hand liegen, so wie die fruchtbare Erde Galiziens.

Sie wolle »die Erfahrung schildern, nicht aus, sondern nach Schlesien vertrieben zu werden«, sagt Janesch.

Ganz unverkrampft nehmen junge Autoren die deutsche Geschichte im Osten seit einiger Zeit in den Blick. In der »Mittagsfrau« etwa beschreibt Julia Franck, geboren 1970, wie eine Vertriebene aus Stettin ihren achtjährigen Sohn auf dem erstbesten Bahnsteig im Westen aussetzt – es ist das Schicksal ihres Vaters. Tanja Dückers, Jahrgang 1968, erzählt in »Himmelskörper« (2003) eine westpreußische Familiengeschichte mit dunklen Flecken, die fast auf der untergegangenen »Wilhelm Gustloff« geendet hätte.

Flucht und Vertreibung, die deutsche Vergangenheit im Osten, alles, was so lange als ewiggestrig, unpopulär und anstrengend heikel galt, das ausgemustert, abgespalten war, ist ausgerechnet bei den Jüngeren wieder attraktiv. Unser altes Ostpreußen, das schöne Schlesien, die verlorene Heimat – war das nicht die ewige Litanei der Vertriebenen, der Hupkas und Steinbachs, mit denen liberale junge Deutsche nichts zu tun haben wollten, die sie nervten mit ihrer Beschwörung einer untergegangenen Welt? Nun erobern sich diese Welt die Enkel, die in Kassel, Unna oder Berlin aufwuchsen und Urlaub in Frankreich, Griechenland oder Spanien machen. Plötzlich finden sie es interessant, eine Vergangenheit in einem lange vernachlässigten Teil Europas zu haben, reisen in die ostpreußischen und böhmischen Heimatorte ihrer Großeltern.

»Wir leben in einer Epoche des Endes der Zeitzeugen«, erklärt der polnische Historiker Robert Traba die frische Neugier, »die neue Generation sucht neue Schlüssel, um die Geschichte erfahrbar zu machen.« Er selbst, Jahrgang 1958, lebt und lehrt seit vier Jahren in Berlin: »Wir sind dabei weniger emotional als der Zeitzeuge.« Vorbei sind die Zeiten vor der Wende, in denen bereits der Gebrauch alter Ortsnamen einen politischen Streit auslöste. »Da wurde schon die Gesinnung daran festgemacht, ob man Breslau oder Wroclaw sagte«, erinnert sich Joachim Rogall, Osteuropahistoriker bei der Robert-Bosch-Stiftung. »In Polen hätte man vor 1990 nicht von Danzig gesprochen, weil man den Deutschen keine Argumente zuspielen wollte, und bei uns hat man nicht Danzig gesagt, damit die Polen nicht denken, wir wollten es wiederhaben.« Sabrina Janesch, die Autorin von »Katzenberge«, lebte zeitweise als Stadtschreiberin in Danzig. In ihrem Blog erzählte sie ganz selbstverständlich aus »Danzig« und nicht »Gdansk«.

Natürlich, 1989/90 hat alles verändert. Der Fall der Mauer, das Ende des Kalten Krieges, das Europa aus einer Starre befreite, und endlich erkannte die Bundesrepublik im Vertrag mit Polen juristisch »endgültig« die Oder-Neiße-Grenze an. Das entspannte die Nachbarn so sehr, dass längst auch über Deutsche als Opfer gesprochen werden kann.

Seit der »Gustloff«-Novelle von Günter Grass (»Im Krebsgang«) 2002 wird über Flucht und Vertreibung der Deutschen geschrieben, gefilmt und debattiert wie nie zuvor. Grass selbst sprach vom »bodenlosen Versäumnis«, es nicht früher getan zu haben. Der Elterngeneration der heute so unbelasteten Enkel fiel die Erinnerungsarbeit noch ungleich schwerer. Sie waren die Kinder der Flucht, von ihren Müttern übers Eis des Frischen Haffs geschleift, hungrig, frierend, verletzt.

Uwe-Karsten Heye, 70, war viereinhalb Jahre alt, als seine Mutter und seine Großmutter mit ihm aus Danzig flohen. Nur weil seine Mutter zufällig einen letzten Zug fand, fuhren sie nicht mit der »Gustloff«, auf deren Passagierliste sie standen. Nach dem Krieg schrie der kleine Uwe nachts stundenlang, so sehr plagten ihn die Bilder. Was seine Mutter durchgemacht haben mochte, wollte er gar nicht wissen. Ihre Erinnerungen, die sie ihm kurz vor ihrem Tod übergeben hatte, trug er 15 Jahre mit sich herum, bis er es über sich brachte, sie zu lesen. So ähnlich ging es vielen Flüchtlingskindern, die häufig erst im Rentenalter anfingen, sich den Traumata ihrer Kindheit zu stellen.

Heye, der später Gerhard Schröders Regierungssprecher wurde, hatte an der Seite Willy Brandts für die neue Ostpolitik geworben. Doch erst 1996 fuhr er erstmals nach Danzig, wo seine Mutter als Sekretärin im Reichspropagandaamt gearbeitet hatte. »Die Schreckensbilder, die ich seit der Flucht aus Danzig in mir trage, hatte ich verstaut und gut verpackt, bis sie kaum noch sichtbar waren.« Vor ein paar Jahren löste er die Verpackung und schrieb ein Buch (»Vom Glück nur ein Schatten«). Auch der Journalist Teja Fiedler recherchierte die Geschichte seines Vaters, eines Vertriebenen, der als Sudetendeutscher zu einem Mitläufer Hitlers wurde (»Die Zeit ist aus den Fugen«) – erst jetzt, 43 Jahre nach dessen Tod.

Die Deutschen und ihr verlorener Osten, das ist eines der heikelsten und, trotz neuer Offenheit, noch immer nicht erledigten Kapitel der deutschen Historiografie und Debatten. Die vielen Filme und Bücher zu Flucht und Vertreibung zeigen, dass da noch kräftig nachzuholen ist. »Wir dürfen aber nicht in einen neuen nationalen Verlust-Mythos verfallen«, mahnt der Historiker Hans Henning Hahn. Es gehe heute darum, die Osteuropäer »auf gleicher Augenhöhe« zu sehen und »nicht im Osten nur uns selbst«. Viele tun das bereits, auch einst Vertriebene.

Seit mindestens 800 Jahren lebten Deutsche jenseits von Oder, Neiße und Weichsel. Vom Mittelalter an zogen deutsche Siedler und Kreuzritter gen Osten, aus Schwaben und dem Rheinland, von der Mosel und aus dem Elsass. Deutsche waren in Allenstein und Hermannstadt zu Hause, in

Oppeln und St. Petersburg, in Riga und Reval, als Handelsleute, Handwerker, Beamte. »Ob in Siebenbürgen, an der Wolga oder im Baltikum waren die Deutschen stets Minderheiten, auch die Reichsprovinzen waren nie ›rein‹ deutsch«, sagt Hahn. Es war Hitlers Wahn, Osteuropa zu unterwerfen und zu germanisieren.

»Von der Maas bis an die Memel, von der Etsch bis an den Belt« – solch weite Grenzen dichtete August Heinrich Hoffmann von Fallersleben 1841 seiner Nation im »Lied der Deutschen«. Als 1871 das Deutsche Kaiserreich endlich gegründet war, reichte es im Nordosten sogar noch über Tilsit und die Memel hinaus, im Südosten fast bis nach Krakau. Etwa zwei Millionen Preußen mit polnischer Muttersprache waren nun Deutsche. Die Preußische Ostbahn verband Berlin mit Königsberg, auch nach Breslau fuhr man von der Hauptstadt bequem mit dem Zug. Am Vorabend des Zweiten Weltkriegs lebten in den Provinzen östlich von Oder und Neiße fast 20 Millionen Deutsche, etwa die Hälfte in den Reichsgebieten Ost- und Westpreußen, Pommern, Brandenburg, Nieder- und Oberschlesien, der Grenzmark Posen-Westpreußen sowie fast neun Millionen in Siedlungsinseln oder verstreut in Polen, der Tschechoslowakei, den baltischen Staaten, der Sowjetunion, Ungarn, Rumänien, Bulgarien und Jugoslawien. Ihre Existenz geriet unter dem zunehmenden Nationalismus, vor allem aber mit der willkürlichen Neuordnung Osteuropas nach dem Ersten Weltkrieg ins Wanken. Und dann, nach dem furchtbaren Inferno von Krieg, Flucht und Vertreibung, war alles verloren. Pommern, Schlesien, das Sudetenland, das Baltikum, Siebenbürgen, Danzig, Königsberg, Breslau, Posen.

Wie soll eine Nation mit einer solchen Amputation umgehen? »Dass dies alles vor wenigen Tagen noch Deutschland war, ist kaum zu fassen«, schrieb Hans Graf von Lehndorff am 21. April 1945 in sein Tagebuch, als er mehr tot als lebendig durchs zerstörte Ostpreußen irrte. Doch die Deutschen, die nach dem Krieg und der Nazi-Diktatur am Boden lagen, sie kümmerten sich ums Überleben. Man schaute immer weniger nach Osten, wo die Deutschen Täter und später auch Opfer geworden waren, wo hinter dem Eisernen Vorhang ein anderer Kosmos herrschte, der kommunistische Ostblock, der einst blühende Bürgerstädte in sozialistische Industriezentren mit Plattenbauten verwandelte. Spätestens seit den sechziger Jahren endet »bei den meisten Deutschen die Landkarte im Kopf an Oder und Neiße«, meint Rogall.

Zwölf Millionen Ost-Flüchtlinge und Vertriebene kamen nach dem Krieg in Westdeutschland und der Sowjetzone an. »Doch die im Westen wussten ja gar nicht, was über uns da im Osten hinweggegangen war«, notierte Lehndorff – er wusste freilich auch nichts von den zerbombten Städten im Westen. Es war ein buntes Kulturgemisch, das da mit ein paar Handkarren und Koffern vor den Türen stand: Sudetendeutsche und Donauschwaben, Pommern und Ostpreußen, Wolhynien-Deutsche und Wolga-Deutsche, Deutsche vom Schwarzen Meer, aus den Karpaten, der Bukowina und Galizien – sie brachten andere Traditionen mit, andere Dialekte, eine andere Geschichte und, ja, auch die Welt des Ostens und ihre Gerüche. Sie standen noch unter Schock, waren gedemütigt, besitzlos.

Ihr Schlesien, Pommern und Siebenbürgen war nun auf ein paar Koffer mit Tischdecken, etwas Geschirr und ein paar Fotoalben zusammengeschnurrt, von ihren Geburtsorten blieb nicht viel mehr als die Trachten, die sie künftig zu rührseligen, zunehmend anachronistisch wirkenden »Tagen der Heimat« tragen sollten. Der »deutsche Osten« lebte in der Erinnerung weiter als »Heimaten im Kopf« (Karl Schlögel) – aber nur für einen Teil der Deutschen. Für die meisten wohl blieben es ferne, fremde Regionen, trotz eines Paragrafen im Bundesvertriebenengesetz, der Bund und Länder zur Förderung der deutschen Kultur des Ostens verpflichtete.

Im neugeschöpften Selbstbewusstsein der jungen Bundesrepublik, die sich aus den Trümmern eines Verbrechensregimes aufrappelte, war kein Platz für ostpreußische und schlesische Sentimentalitäten. Man wollte nicht zurückschauen auf die »Topografie des Verlustes«, wie sie der Historiker Schlögel nennt, sondern Neues aufbauen. Trotz »Ostkunde« im Unterricht verankerte sich die deutsche Geschichtslandschaft des Ostens nicht im historischen Bewusstsein der neugeborenen Nation.

Zwar gab es einen Vertriebenenminister, und Politiker aller Couleur beschworen, die Oder-Neiße-Grenze sei nur vorläufig. SPD wie CDU signalisierten, eine Wiedervereinigung solle auch die ehemaligen Ostgebiete einschließen. Doch das waren Lippenbekenntnisse.

»Breslau, Oppeln, Gleiwitz, Glogau, Grünberg, das sind nicht nur Namen, das sind lebendige Erinnerungen, die in den Seelen von Generationen verwurzelt sind und unaufhörlich an unser Gewissen klopfen«, gab sich die SPD in einem Grußwort zum Deutschlandtreffen der Schlesier 1963 noch solidarisch. Verzicht sei Verrat, das Recht auf Heimat lasse sich nicht verhökern: »Das Kreuz der Vertreibung muss das ganze Volk mittragen helfen.« Unterschrieben war das Telegramm auch von Willy Brandt.

Als sich der Bundeskanzler jedoch 1970 anschickte, das deutsch-polnische Verhältnis auf eine neue Basis zu stellen, bekam er den Zorn der Vertriebenenverbände zu spüren. Seine Reise nach Warschau, um den deutsch-polnischen Vertrag zu unterschreiben, löste Turbulenzen aus. »Brandt an die Wand«, tönten rechte Scharfmacher, nieder mit dem »Verzichtspolitiker«, forderten Konservative. Sein Kniefall in

Warschau, seine Ostpolitik des Wandels durch Annäherung waren für sie blanker Landesverrat. Sogar Marion Gräfin Dönhoff, die sich so engagiert für den Dialog mit Polen im Zeichen einer neuen Politik einsetzte, sagte in letzter Minute Brandts Einladung nach Warschau ab. Sie könne nicht »assistieren«, erklärte sie, wenn der Verlust der Heimat amtlich besiegelt werde: »Ein Glas auf den Abschluss des Vertrages zu trinken schien mir plötzlich mehr, als man ertragen kann.«

Scharenweise traten Vertriebene aus der SPD und der FDP, dem Koalitionspartner, aus. Das Verhältnis des Bundes der Vertriebenen (BdV) zu den Regierungsparteien war nun »feindselig«, wie Erika Steinbach zum 50. Jahrestag des BdV unverblümt einräumte. Der BdV lehnte sich danach eng an die Union an. Vor allem Linke, die 68er, machten Front gegen die Vertriebenenverbände, für sie ein Tummelplatz für Ewiggestrige, Revanchisten und Geschichtsrevisionisten. Sie selbst quälten sich mit dem polnischen »Wroclaw« oder »Szczecin« statt Stettin, um nicht in den Verdacht falscher Gesinnung zu geraten.

Doch heftiger wurde jetzt die Debatte der deutschen Schuld geführt. »War für Adenauer 1945 der entscheidende Bezugspunkt gewesen«, so die Polen-Expertin Helga Hirsch, »wählten die 68er gemeinsam mit Willy Brandt 1933 als Ausgangspunkt ihrer Erinnerungspolitik.« Nun, mit der Aufarbeitung des Nationalsozialismus, kamen sich zwei Verbrechen ins Gehege: »Wer die eigene Betroffenheit zum Thema machte, schien die Dimension des anderen Verbrechens, die anderen zugefügt worden war, zu verharmlosen oder herunterzuspielen«, konstatiert der Historiker Schlögel. Ihn nervten beide Seiten, der »tiefe ressentimentgeladene, taktizistische Provinzialismus« von Funktionärsinteressen wie auch »die von keiner Ahnung getrübte moralisierende Besserwisserei vieler

Linker«. Die Erinnerungskultur war längst ein Politikum, das alle abstieß, die es nicht persönlich betraf.

Es gab nie ein Tabu, aber viele Hemmungen. In seiner Generation, so der Osteuropaexperte Rogall, geboren 1959, habe die ganze Debatte zu einer Art »freiwilligem Tabu« geführt: »Man dachte, die Geschichte ist nun mal so gekommen, das ist ein abgeschlossenes Kapitel, da kann man nur etwas kaputtmachen in den Beziehungen zu den betroffenen Ländern, wenn man daran rührt.« Das ewige Gerede an der sonntäglichen Kaffeetafel über die Welt vor 1945 hatten sie gründlich satt. So bildete die deutsche Geschichte in Osteuropa »selbst zu Hause bei den Vertriebenen nicht mal einen Teil der Familienidentität, sondern es war nur die Geschichte von Oma oder Opa«, sagt Rogall. Er selbst reiste mit seinen Kindern, geboren 1992 und 1996, vergangenen Sommer in die schlesische Heimat des Opas. Da merkte er verdutzt, »die haben dazu wirklich gar keinen Bezug, das ist für sie einfach Polen«. Als sie zu Mittag aßen in Jelenia Góra, einst Hirschberg, am Fuß des niederschlesischen Riesengebirges, zeigte sein Sohn auf die alten Postkarten an der Wand und fragte: »Warum steht denn da alles auf Deutsch?« Für seine Kinder, sagt Rogall, sei die Geschichte des deutschen Ostens so weit weg wie der Dreißigjährige Krieg. Bei seinen Studenten spürt der Universitätsprofessor ein rein geschichtliches Interesse: »Es hat nichts mit ihrer Identität als Deutsche zu tun.«

Doch wie wurden diese Orte so fremd? Breslau, Königsberg, Danzig waren bedeutende Kultur- und Handelsstädte, aus Königsberg stammen Immanuel Kant und Käthe Kollwitz, Arthur Schopenhauer aus Danzig, aus Breslau Max Born und Käthe Kruse, Schlesien hat allein zwölf deutsche Nobelpreisträger hervorgebracht. Doch fühlen sich Deutsche deshalb mit den Städten verbunden?

Die Distanz hat auch mit einem grundlegenden Wechsel der Blickrichtung zu tun. Seit Mitte des 19. Jahrhunderts, mit der Industrialisierung, fuhr der Zug nach Westen, »und er war nicht mehr aufzuhalten«, so Rogall. Preußen hatte Mühe, seine schönen Ansiedlungsprojekte mit Menschen zu füllen. Eine Fremdheit des Westens mit dem Osten, ja Überheblichkeit, gab es ja schon lange vor dem Krieg. Rogall erinnert sich an eine Postkarte vom Pfälzer Großvater, der in den zwanziger Jahren nach Danzig und Ostpreußen gereist war. »Alles ganz schön ostig hier«, schrieb er nach Hause, »so stell ich mir Russland vor.« Dabei war Osteuropa jahrhundertelang Einwanderungsland, in dem eben auch viele deutsche Migranten Glück und Wohlstand suchten – und fanden. Bis heute jedoch, so Rogall, gebe es teilweise in Deutschland noch die Vorstellung, im Osten herrsche nicht der gleiche Kulturstand: »Obwohl Estland etwa in vielen Bereichen fortschrittlicher ist als wir und Breslau eine Metropole, die absolut mit Köln oder Lyon vergleichbar ist.« Der Blick ging nach Westen, und da ist er noch immer: Frankreich, Italien, die USA wurden Lieblingsländer der Deutschen. Da fahren sie immer noch lieber hin, auch wenn Masuren nun als Insider-Tipp gilt und Skifahren in Polen billiger ist als in Österreich.

Die »kulturelle Katastrophe«, die Schlögel mit dem Untergang des deutschen Ostens betrauert, empfinden wohl nur wenige in der deutschen Bevölkerung, die keine Vertriebenen-Geschichte haben. Da war auch etwas weg, das kompliziert war und belastend, um das ständig Krieg und Konflikt geherrscht hatten. Schon 1982 klagte der damalige Präsident des Landsmannschaft Schlesien, Herbert Hupka, die Schlesier und die Ostpreußen würden »zunehmend aus der deutschen Geschichte exkommuniziert«, zu den Gebieten jenseits von Oder und Neiße bestehe »im deutschen

Geschichtsbewusstsein gar kein Verhältnis mehr« – für viele lag das allerdings auch an der Politik der Vertriebenenverbände.

»Die westdeutsche Urbevölkerung arbeitete … mehr am realen Wirtschaftswunder, als dass sie an ein Wunder an der Oder geglaubt hätte«, erklärt Manfred Kittel, Direktor der Berliner Stiftung »Flucht, Vertreibung, Versöhnung«. Schnell wuchs die Bereitschaft, die verlorenen Gebiete abzuschreiben. Bereits 1967 sprachen sich in einer Umfrage 53 Prozent der Befragten für eine dauerhafte Anerkennung der Oder-Neiße-Grenze aus – wenn das ein besseres Verhältnis zum Osten bringe. In den Augen Kittels behandeln die Deutschen ihre Geschichte im Osten »ungefähr so wie die Episode ihrer Kolonialherrschaft in Ostafrika«. Das trifft die ewige Klage der Vertriebenen, doch auch für den einstigen rot-grünen Kulturstaatsminister Julian Nida-Rümelin geht es darum, »das kulturelle Erbe im mittleren und östlichen Europa wieder selbstverständlicher zu sehen und es als Teil auch der deutschen Kulturgeschichte zu begreifen«.

Dabei haben deutsche Historiker mit ihren osteuropäischen Kollegen längst eine erfrischende Selbstverständlichkeit erreicht. Sie arbeiten gemeinsam an einem deutsch-polnischen Geschichtsbuch, ohne jegliche »nationale Fronten«, wie der beteiligte Historiker Michael Müller lobt. Und wenn in Danzig nun ein Museum des Zweiten Weltkriegs entsteht, das alle europäischen Opfergeschichten berücksichtigen will, arbeitet dort ganz selbstverständlich auch der junge deutsche Historiker Daniel Logemann mit, der in Krakau und Lublin studiert hat und mit einer Polin verheiratet ist. Was früher deutscher Osten war, ist für ihn heute einfach europäische Heimat. Wie Deutsche in Paris oder London, wie Franzosen oder Italiener in Berlin oder München, lebt Logemann nun in Danzig. Dort wird längst auch der 20 000 deutschen

Flüchtlinge, die mit Schiffen wie der »Gustloff« untergingen, von Polen und Deutschen gemeinsam gedacht.

»Wir sind auf dem Weg in eine Normalität«, sagt der Historiker Rogall, in der nun alles in Relation gesetzt werde, die verschiedenen Perspektiven zusammengeführt, Opfergeschichten nebeneinandergestellt. Aber an einem fehle es noch immer: »Da ist noch viel Anstoß zu leisten, dass man tatsächlich nach Osten schaut oder auch hinfährt – so selbstverständlich wie nach Frankreich oder selbst in die USA.« Sabrina Janesch, die deutsche Autorin mit der polnischen Mutter, die sich in einen Deutschen verliebte, tut es weiter – ihr nächster Roman soll in Danzig spielen.

»Nach Ostland wollen wir reiten«

Der dünnbesiedelte Raum vom Baltikum bis zum Balkan zog im Mittelalter eroberungslüsterne Kolonisatoren, vor allem aber fleißige Bauern, Handwerker und Kaufleute aus dem Westen Europas an.

Von Georg Bönisch

Stunden zuvor hat es geregnet, und kaum ist die Sonne am Himmel, lastet über der auserwählten Kampfesstätte drückende Schwüle. Es ist der 15. Juli 1410. In der wunderbaren Landschaft Masurens, nahe den Dörfern Tannenberg und Grünfelde, nicht weit entfernt von Allenstein, stehen sich auf einer Frontlänge von drei Kilometern stundenlang zwei gigantische Heere gegenüber. Das Niemandsland zwischen beiden ist gerade mal 200 Meter breit, drei Steinwürfe, die Soldaten können sich fast in die Augen schauen. Ein »grosser streyth« soll durch eine Entscheidungsschlacht beendet werden – die seit Jahrzehnten schwelende Auseinandersetzung um Grund und Boden und um Menschen, die darauf siedeln.

Auf der einen Seite hat sich eine Armee von Polen und Litauern versammelt, unterstützt von Ruthenen aus dem heutigen Weißrussland und tatarischen Reitern, fast 40 000 Mann. Ihnen gegenüber stehen etwa 27 000 Kämpfer unter dem Befehl des Deutschen Ordens, der im Osten des europäischen Kontinents mit Verve die gewaltsame Christianisierung heidnischer Völker betrieben und riesige Landstriche kolonisiert hatte – um dann einen eigenen Staat zu errichten, eine Art Gottesstaat, der am Ende 200 000 Quadratkilometer umfasste, fünfmal so groß wie die Schweiz.

Hunderte der siegverwöhnten Ordensritter stecken nach einem gewaltigen, kräftezehrenden Nachtmarsch in ihrer immer heißer werdenden Rüstung, auch Ulrich von Jungingen, der Oberkommandierende. Das schlaucht und macht nervös, unkonzentriert. Seine Kontrahenten, der polnische König Wladyslaw II. Jagiello und der litauische Großfürst Vytautas, warten hingegen geduldig im Schatten großer Bäume, die Geste ist klar: Wir haben Zeit, viel Zeit.

Jungingen will endlich die Schlacht, die eine der gewaltigsten des späten Mittelalters werden soll. Deshalb schickt er den beiden Regenten um die Mittagszeit einen Abgesandten, der ihnen zwei blanke Schwerter überreicht. Es ist ein Akt des Übermuts. Kämpft, soll dies heißen, kämpft, eine Chance habt ihr freilich nicht, »nehmet sie euch zur Hilfe, diese Schwerter«. Als Reiter des Polenkönigs vorpreschen, um den Zustand des Bodens zu testen, gibt Jungingen seinen Leuten den Befehl zum Angriff – tausendfach erschallt, als müssten sie sich Mut machen, das Osterlied »Christ ist erstanden«. Und die Polen antworten mit der »Bogurodzica«, der Hymne an die Gottesmutter. Mehrfach setzt der Hochmeister an, die feindlichen Linien zu durchbrechen – ohne Erfolg. Am Abend ist die masurische Heide blutgetränkt, 17 000 Kämpfer sind tot, auch Jungingen und die meisten seiner Ordensritter. Über 50 ihrer Fahnen fallen den Siegern in die Hände, zusammen mit den Schwertern werden sie später in feierlicher Prozession auf die Krakauer Königsburg gebracht – Symbole einer vernichtenden Niederlage. Zwar bedeutete sie nicht den Todesstoß für den Orden, aber er hatte den Nimbus seiner Überlegenheit eingebüßt. Damit begann der Niedergang einer Macht, die, nachdem sie zu Hilfe gerufen worden war, als überaus gieriger Eindringling auftrat.

Das ist ein Aspekt jenes Phänomens, das als »Ostsiedlung« oder, aus heutiger Sicht durchaus negativ, »Ostkolonisation« in die deutsche Geschichte eingegangen ist: der »Drang nach Osten«, wie es der französische Mediävist Charles Higounet definiert, ein »kriegerischer, eroberungslüsterner Drang der Fürsten«. Die andere Betrachtungsweise sieht es als »Zug nach Osten« – von Bauern, Handwerkern und Kaufleuten, und Higounet vergleicht ihn mit den Trecks amerikanischer Pioniere gen Westen viel später. Teils suchten sie ihr Glück, teils wurden sie von berufsmäßigen Anwerbern (»Lokatoren«) gerufen; das »langsame Einsickern Tausender friedlicher kleiner Gruppen« habe, resümiert der Experte, »auf Jahrhunderte die ethnische Zusammensetzung und die Landschaft Ostmitteleuropas von der Ostsee bis zu den Karpaten und zur Drau tiefgreifend verändert«.

So verzahnten sich die Slawen – ihr Name bedeutet: die Schweigsamen – enger mit der Völkerfamilie Europas. Andererseits wurden ganze Landstriche, wie etwa das heute zu Rumänien gehörende Siebenbürgen, zeitweise deutsch – und allerorten zeugten Familiennamen von der Herkunft der Immigranten: Baier und Hesse, Franke oder Schwab oder Sachs.

Es mag überraschend klingen, aber es ist gesicherte Erkenntnis: Seit der Jahrtausendwende war die Zahl der Menschen so stark angestiegen, dass der Westen Europas bereits als übervölkert galt. Schon um das Jahr 1100 gab es kaum noch Waldgebiete, deren Rodung nennenswert genug Land geboten hätte für gewinnbringenden Ackerbau. Hinzu kam die wirtschaftliche und soziale Situation vor allem der Bauern, die, weil sie »unfrei« waren und damit so gut wie rechtlos, alle Knechtungen ihrer adligen Herren zu erdulden hatten. Die Verarmung nahm schon deshalb beständig zu, weil das in weiten Teilen des Deutschen Reiches bestehende Erbrecht nur den ältesten Sohn berücksichtigte. Alle anderen Kinder, und das konnten viele sein, mussten sich irgendwo als Billigstkräfte verdingen.

Leben, leben lassen, neue Lebensräume erschließen mit Unterstützung jener, die anderswo die Herren waren – der Osten freilich bot diese Chance, er war nur dünn besiedelt. Deshalb, notierte der Mönch Helmold von Bosau in seiner um 1167 verfassten »Slawenchronik«, habe sein Graf Boten geschickt »in alle Lande, nämlich nach Flandern und Holland, Utrecht, Westfalen und Friesland« – »auf dass alle, die von der Landnot bedrückt wurden, mit ihren Hausgenossen kämen, um schönsten Boden, weiten Raum, reich an Früchten, überreich an Fischen und Fleisch und einladend durch üppige Weiden, zu empfangen«. Im »Lied der Ostlandfahrer«, einem ursprünglich flämischen Auswandererlied aus dem 12. Jahrhundert, klang denn auch schon bald viel Optimismus mit. »Nach Ostland wollen wir reiten, nach Ostland wollen wir mit«, lautete eine Strophe, »frisch über die grüne Heiden, da ist eine bessere Stätt.«

Und nach gefährlich-strapaziöser wochenlanger Tour stellten die meisten Übersiedler fest, dass tatsächlich genug Land für jeden da war, sie konnten einigermaßen frei leben und nach Gutdünken über ihren neuen Besitz verfügen, oftmals veredelten sie ihn mit Techniken, die den Alteingesessenen fremd waren. Flüsse eindeichen, Sümpfe trockenlegen – »letztlich ausschlaggebend für den Erfolg des Kolonisationswerkes« sei die »deutsche Kultivierungstechnik« gewesen, lobt der Würzburger Geschichtsforscher Winfried Stadtmüller. Vor allem Mönche, besonders die ursprünglich aus Frankreich stammenden Zisterzienser, waren Spezialisten darin, Land urbar zu machen, und deshalb regelrechte Entwicklungshelfer. Die Landwirtschaft erlebte einen ungeahnten Aufschwung. Bislang hatten hölzerne Hacken oder Steinpflüge die Böden nur oberflächlich bearbeiten können, die eisernen Räderpflüge der Neuankömmlinge griffen viel tiefer und schafften selbst schwere Böden. Und wenn die Slawen das Getreide noch mit einer Sichel geschnitten hatten, so kamen nun Sensen zum Einsatz. Mehl produzierten, statt der üblichen Handmühlen, viel effizientere Wasser- oder Windmühlen. Dennoch, das Leben in der neuen Heimat war ausgesprochen hart, wie ein alter Siedlerspruch belegt: »Der Vater findet den Tod, der Sohn hat noch Not, erst der Enkel hat das Brot.«

Den Zugezogenen gewährten die Landesherren Zollfreiheit und Marktrecht, verzichteten eine Zeitlang auf Abgaben und stellten kostenlos Bauholz zur Verfügung; vielfach wurde in den Ortschaften das Recht der Städte übernommen, aus denen die Übersiedler stammten. »Nur in wenigen Fällen«, schreibt Stadtmüller, seien »Ansässige verdrängt« worden, die Regel sei ein »friedliches, teilweise konkurrierendes Nebeneinander« gewesen. Freilich gibt es auch Beispiele höchst unfriedlicher Koexistenz. In einem angeblich vom Kanoniker Dalimil Meziřičský verfassten Geschichtswerk wird von massiven Feindseligkeiten gegen Siedler berichtet. Ein antideutsch gesinnter Herrscher soll gar jedem 100 Mark Silber Belohnung versprochen haben, der ihm »100 Nasen brachte, die den Deutschen abgeschnitten waren«.

Die Kolonisierung des Ostens, die erst unter anderem wegen der großen Pestepidemie gegen 1350 ins Stocken geriet, trug zwar das Adjektiv deutsch, aber unter diesen Begriff – es gab ja den Nationalstaat noch nicht – fielen genauso gut Österreicher oder Niederländer, auch Schotten und Dänen.

Wie viele Menschen in Richtung Osten marschierten, lässt sich nur schätzen – es kann eine halbe Million gewesen sein, vielleicht auch viel mehr. Klar ist, dass sie oftmals in längeren

Etappen, Generation über Generation, den Marsch wagten: etwa erst einmal über die Eider hinweg, die Elbe, die Saale, dann weiter nach Polen, Böhmen, in die Karpaten oder die Gegend um Riga und nach Schlesien. Deutsche Orte in den neuen Siedlungsgebieten trugen hübsche Namen: Königssaal oder Paradies oder Himmelpforte.

Klar ist auch, dass all dies nichts zu tun hatte mit monarchischen Ideen einer Ausweitung des Imperiums; wer will, der kann die Zeit der Ostabwanderung als gesamteuropäischen Prozess stetiger Intensivierung definieren – präzise als »Ausdruck des Bevölkerungs- und Wirtschaftswachstums« (Higounet). Allerdings soll beispielsweise der ungarische König Géza II. (er regierte von 1141 bis 1162) Menschen vom Rhein und von der Mosel deswegen nach Siebenbürgen geholt haben, um sie gewissermaßen als Wehrbauern einzusetzen zur Verteidigung der Krone (»ad retinendam coronam«) gegen angriffslustige Kumanen, ein asiatisches Steppenvolk. Später bildeten sie Bollwerke gegen Mongolen und Türken. Gegen diese Version der Geschichte gibt es Einwände. Die Überlegung, Géza habe die Siedler »aus sicherheitspolitischen und zivilisatorischen Gründen« ins Land gelockt, hält etwa der Publizist Wilhelm Andreas Baumgärtner für eine »Legende, die durch ihre notorische Wiederholung inzwischen einen Wahrheitsanspruch erhebt«. Wie die »Siebenbürger Sachsen« nach Siebenbürgen kamen, auch Transsilvanien genannt, die Heimat Draculas, ist für ihn ein Rätsel. Bis heute habe es »niemand wirklich gelöst«.

Als die Kreuzzügler 1099 Jerusalem, die geistliche Kapitale dreier Religionen, eroberten und ein Blutbad unter der jüdisch-muslimischen Bevölkerung anrichteten, hatte die Mordaktion eine ungeahnte Vorbildfunktion – quasi vor der Haustür. Jenseits der Elbe saßen die Wenden, auch »Heiden des Nordens« genannt, religiöse Eiferer konnten sich hier abarbeiten, ohne Tausende Kilometer marschieren zu müssen. »Sachsen, Franken, Lothringer, Flamen, ihr berühmten Weltbezwinger, auf!«, hieß die schmeichelnd-geschickte Losung der Landesherren, alle müssten »zum Krieg für den Heiland« eilen und damit den »Streitern Christi zu Hilfe kommen«. Und sie versprachen: »Hier könnt ihr euer Seelenheil erwerben und, wenn es euch gefällt, das beste Land zum Bewohnen gewinnen.« Dies war vielleicht die wichtigere Aussage, denn wie bei den Kreuzzügen ins Morgenland wurden nicht nur religiöse Ziele verfolgt – auch wirtschaftliche und machtpolitische. Der Aufruf im Jahr 1108, gegen die Wenden vorzugehen, habe schnell die »Gestalt eines Siedlungsplanes« angenommen, resümiert Charles Higounet. Knapp zwei Generationen später, 1147, folgte eine zweite, gewaltigere Welle, auch Polen und Dänen beteiligten sich an

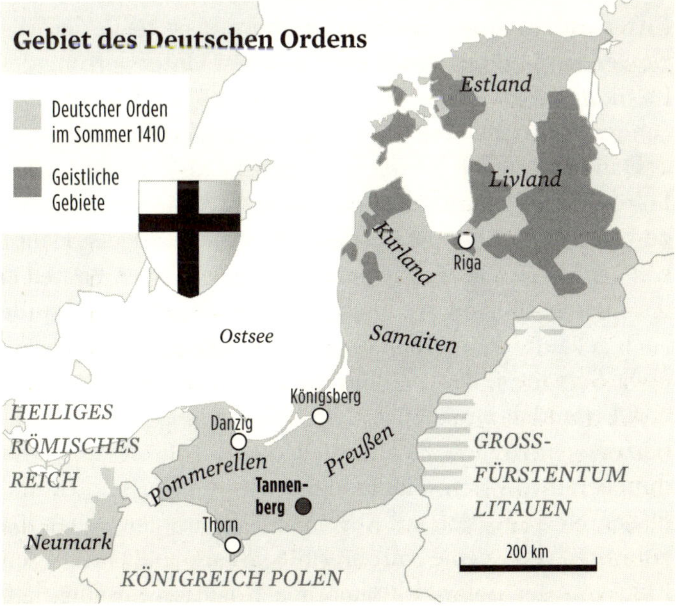

der Heerfahrt. Zwar ließen sich die Wenden nach brutaler Gewaltanwendung taufen, schließlich gab es nur eine Alternative: Bekehrung oder Tod. Weil aber militärische Erfolge im Rahmen dieser dreimonatigen Expedition fast ausblieben, galten die Unternehmungen eigentlich als Misserfolg – nicht aber bald darauf das Engagement der Ordensritter, die ursprünglich im Heiligen Land karitativ-medizinisch tätig gewesen waren. Als »Orden der Brüder vom Deutschen Haus Sankt Mariens in Jerusalem«, verpflichtet auf die Gelübde der ehelosen Keuschheit, des Gehorsams – und der Armut.

Solche Typen, trotz allem kampferprobt, brauchten ungarische und polnische Herrscher, um im 13. Jahrhundert ihre Länder von Heiden säubern und, praktischerweise gleich mit, die Grenzen sichern zu lassen gegen ungläubige Aggressoren. Sowohl vom Kaiser als auch vom Papst ließen sich die Ritter juristisch verbindlich zusichern, dass nach der Missionierung und der damit verbundenen Unterwerfung des Baltikums, der Heimat der Prussen, dieses Land dem Orden gehören solle: als Souverän, niemandem verpflichtet.

Dann fasste der Deutsche Orden in Livland Fuß, 1308 holte er sich Pommerellen samt Danzig, 1346 das bis dahin zu Dänemark gehörende Estland, 1398 Gotland, den Hauptsitz der überaus lästig und gefährlich gewordenen Piraten in der Ostsee, 1402 die Neumark. Manches Territorium wurde auch gekauft, dem Orden verpfändet oder ihm übertragen – etwa Samaiten, das Verbindungsstück zwischen Preußen und Livland. Ein mächtiges Land, nur Litauen konnte nicht bezwungen werden. Es blieb, wie das ab 1569 staatlich mit ihm vereinte Polen, Hauptgegner des Ordensstaates und dessen Neigung, sich auf Kosten anderer immer weiter auszubreiten. Weil seine Anführer die Gefahr spürten, die seit 1386 von der polnisch-litauischen Koalition ausging, ließ

Hochmeister Jungingen im August 1409 beiden Kontrahenten »Fehdebriefe« zukommen – hieß: Kriegserklärung.

Zu den Verirrungen einer stark nationalistisch geprägten Vergangenheitsdeutung im 19. Jahrhundert gehört Heinrich von Treitschkes Beschreibung der folgenden Niederlage der Deutschen bei Tannenberg. Die Ordensbrüder definierte er als Kulturträger, die mit »deutschem Fleiß« Gaben »deutscher Gesittung über die leichtlebigen Völker des Ostens« verteilt hätten, der Ordensstaat sei wie ein »fester Hafendamm« gewesen, »verwegen hinausgebaut in die wilde See der östlichen Völker«, die bis dahin »im Zustand der Tierheit« gelebt hätten. Der Aggressor als Sinnstifter – Treitschkes Bewertung geisterte lange durch die Welt der Deutschen.

»Wer jetzo zieht ins Ungarland«

Habsburgische Wiederaufbauhilfe nach den Türkenkriegen: die Anwerbung der »Donauschwaben«

Von Georg Bönisch

Der Begriff irritiert ein wenig: Donauschwaben. Und er ist viel jünger als das Phänomen, das er beschreibt. Ein österreichischer Geograf hat ihn Anfang der zwanziger Jahre geprägt, ein deutscher Historiker und Geologe wenig später verbreitet – seither heißen sie so, all jene Menschen aus größtenteils deutschsprachigem Raum, die im 17., 18. und 19. Jahrhundert der Heimat den Rücken kehrten und sich im damaligen Ungarn längs des Mittellaufs der Donau niederließen: in der Batschka beispielsweise oder im Banat oder in der Baranja, Syrmien oder Slawonien.

Hier, im südöstlichen Zipfel des habsburgischen Reiches, hatten lange die Türken geherrscht, und als sie nach etlichen Kriegen schließlich besiegt werden konnten, hinterließen sie abgebrannte Dörfer, verwilderte Landschaften und ehedem fruchtbare Ackerböden, die nun Wüsteneien waren. Ungarn, in ganz Europa berühmt für die Zucht von Rindern etwa und seinen Weinbau, lag ziemlich danieder. Also musste ein Wiederaufbau organisiert werden – mit Hilfe Deutscher. Ursprünglich schwebte einem Chefplaner der Habsburger vor, das Königreich deswegen zu »germanisiren«, um das »hungarische zu Revolutionen und Unruhen geneigte Geblüt mit dem teutschen« zu »temperiren«. Diese Idee fruchtete nicht bei seinem Monarchen, wohl aber die mit einer Übersiedlung verbundene Chance, riesige, verlassene Landstriche wieder zu wertvollem Grund und Boden zu machen.

Wien erließ im August 1689 ein erstes »Impopulationspatent«, das einer »besseren Auffhelfung« der Gegend dienen sollte; später wurde die Anwerbung solcher Hilfskräfte perfektioniert, in Frankfurt, Koblenz und Rottenburg am Neckar existierten eigene Dienststellen der habsburgischen Regierung – getrennt zuständig für Auswanderer aus der Kurpfalz, Hessen, Nassau und Saarland (Frankfurt), von Rhein und Mosel (Koblenz), aus dem Elsass, aus Lothringen, Baden und Württemberg (Rottenburg). Andere kamen auf eigene Faust, weil sie die miserablen Verhältnisse durch die militärischen Auseinandersetzungen nicht mehr ertragen konnten oder wollten. Vielleicht gelockt von Parolen wie dieser: »Wer jetzo zieht ins Ungarland, dem blüht die gold'ne Zeit... die Schiff' stehn schon bereit...« Tatsächlich kamen viele auf Booten, den nur für die Fahrt stromabwärts geeigneten »Ulmer Schachteln«, andere auf dem Landweg. 200000 mögen es insgesamt gewesen sein, und weil ihre ungarischen Nachbarn nicht differenzierten, gaben sie allen Anderssprachigen einen Namen: Schwaben.

Dass das Leben auch hier freilich kein Zuckerschlecken war, belegt der Brief einer Frau, die mit ihrem Mann und ihren fünf Kindern im Mai 1791 ausgewandert war. Nach dem Tode des Gatten über zwei Jahre später schrieb sie Verwandten in die alte Heimat, gewissermaßen als Warnung: »... bleibe im Land, und nähre dich redlich.«

Dennoch hat weitgehend funktioniert, was heute Integration genannt wird. Dagegen spricht auch nicht ein faszinierender Zweikampf im Jahre 1954. Bern, Fußball-Weltmeisterschaft, Endspiel zwischen Deutschland und Ungarn. Hier Jupp Posipal, der legendäre Verteidiger vom Hamburger SV – ein Donauschwabe, den es während des Zweiten Weltkriegs in den Westen verschlagen hatte. Dort die Wunderkicker Puskás, Kocsis, Hidegkuti – auch Donauschwaben. Früher hießen sie anders: Purzeld, Wagner, Kaltenbrunner. Die Mannschaft Posipals gewann mit 3:2.

CHRONIK 963 BIS 2007:
1000 JAHRE DEUTSCHE GESCHICHTE IM OSTEN

963
Der römisch-deutsche Kaiser Otto I. gibt große Teile Schlesiens als Reichslehen an den polnischen Fürsten Mieszko I.

997
Der Prager Bischof Adalbert wird auf Missionsreise im Prussenland erschlagen und 999 als »Märtyrer« heiliggesprochen.

1142
Der König von Ungarn ruft westliche Siedler ins Land.

1147
Wendenkreuzzug deutscher, dänischer und polnischer Fürsten gegen die heidnischen Elbslawen

1157
Kaiser Friedrich I. Barbarossa führt einen Feldzug gegen Polen, der das Land verheert.

Ende 12. Jh.
Deutsche Kaufleute und Missionare errichten an der Düna im heutigen Lettland Handels- und Missionsstützpunkte.

1201
Bischof Albert aus Bremen gründet Riga. Der Schwertbrüderorden missioniert Livland und unterwirft gewaltsam Heiden.

1201–1238
Der polnische Herzog von Schlesien, Heinrich I., lässt deutsche Siedler anwerben.

1226
Auf Drängen des polnischen Teilherzogs Konrad von Masovien beginnt der Deutsche Orden den Kampf gegen die heidnischen Prussen und erobert ihr Land.

1348
Böhmens König Karl IV., der ab 1355 auch als Kaiser regiert,

gliedert Schlesien ins Reich ein und gründet die Universität Prag.

1410
In der Schlacht bei Tannenberg unterliegt der Deutsche Orden dem polnisch-litauischen Heer.

1583
Die Siebenbürger Sachsen bekommen ein eigenes Landrecht.

1701
Der preußische König Friedrich I. wird in Königsberg gekrönt.

1740/42
Im Ersten Schlesischen Krieg erobert und annektiert König Friedrich II. von Preußen Schlesien.

1772, 1793, 1795
In drei »Polnischen Teilungen« verleiben sich Preußen, Österreich und Russland schließlich ganz Polen ein, auch Danzig und Thorn werden preußisch.

1844
Weberaufstand in Schlesien

1914
Bei Tannenberg besiegt die deutsche Armee russische Truppen, die nach Ostpreußen eingedrungen sind.

1919
Nach dem Versailler Friedensvertrag wird Ostpreußen durch den »polnischen Korridor« vom Reichsgebiet getrennt, Westpreußen fällt an Polen, Danzig untersteht als »Freie Stadt« dem Völkerbund.

1922
Oberschlesien wird nach einer Volksabstimmung geteilt.

1939
Hitler beginnt den Zweiten Weltkrieg mit dem Überfall auf Polen, annektiert polnische Gebiete und errichtet ein rassistisches Terrorregime. Nach dem »Anschluss« des Sudetenlandes (1938) marschiert die Wehrmacht auch in der »Rest-Tschechei« ein.

1941–1945

Etwa 15 Millionen sowjetische Zivilisten fallen Hitlers Krieg zum Opfer. Stalin lässt fast eine Million Wolgadeutsche deportieren.

1945

Deutsche fliehen vor der Roten Armee, »wilde« und später organisierte Vertreibungen der Deutschen aus Polen, der Tschechoslowakei und Ungarn; insgesamt sind etwa 14 Millionen Menschen betroffen. Auf der Potsdamer Konferenz beschließen die Alliierten die Oder-Neiße-Linie als polnische Westgrenze und stimmen der Aussiedlung der Deutschen zu.

1970

Eine Folge der neuen Ostpolitik unter Willy Brandt: Im »Warschauer Vertrag« erkennt die Bundesrepublik Deutschland die Grenzen Polens als unverletzlich an.

1990

Im Zwei-plus-Vier-Vertrag werden die Ost-Grenzen des vereinten Deutschland als endgültig festgeschrieben.

2007

Die Grenzkontrollen zwischen Polen und Deutschland werden nach dem Beitritt Polens zum Schengener Abkommen eingestellt.

Verschollene Preziosen

Die Insignien der 1348 gegründeten Prager Karls-Universität wechselten häufig zwischen Deutschen und Tschechen – 1945 verlor sich ihre Spur.

Von Carsten Voigt

Mitte April 1945 halten zwei Fuhrwerke und ein Lastwagen vor Gebäuden der Prager Karls-Universität. Arbeiter schleppen Holzkisten heraus und verstauen sie in den Fahrzeugen. Die Kisten enthalten kostbare Güter: die Insignien der altehrwürdigen Alma Mater – mit Edelsteinen besetzte Universitäts-Zepter, dazu die von Papst und König ausgestellten Gründungsurkunden und Teile des Archivs. Auf dem Masaryk-Bahnhof verladen die Spediteure die Preziosen in einen Waggon. Ziel des Zuges ist Schloss Kauth in Südböhmen. Dort soll der Schatz vor der anrückenden Roten Armee in Sicherheit gebracht werden. Noch am selben Tag rollt der Eisenbahnwagen nach Pilsen und wird dort auf dem Rangierbahnhof abgestellt. Um die wertvollen Kleinodien hatte es oft Streit gegeben, seit die Prager Universität 1882 in eine tschechische und eine deutsche Lehranstalt aufgeteilt worden war. Deren wechselvolle Geschichte, sagt der Schweizer Historiker Christian Krötzl, könne »als ein Katalysator der deutsch-tschechischen Beziehungen angesehen werden«.

Die ersten deutschen Siedler waren unter der Herrschaft der böhmischen Přemysliden ins Land gekommen. Um 1300 war etwa jeder sechste der 1,5 Millionen Bewohner deutscher Herkunft. Unter Karl IV. erblühte Prag zum politisch-kulturellen Zentrum Mitteleuropas. Der böhmische König, der 1355 zum deutschen Kaiser gekrönt wurde, baute den verwahrlosten Hradschin zu einem würdigen Herrschersitz aus, stampfte ein neues Stadtviertel aus dem Boden und ließ eine steinerne Brücke über die Moldau sowie einen neuen Dom bauen – Monumente, die noch heute von der »goldenen Zeit« zeugen. Mit der Gründung der ersten Universität nördlich der Alpen und östlich von Paris im Jahr 1348 erhob Karl IV. die böhmische Metropole auch zum Hort von Wissenschaft und Gelehrsamkeit. Von überall her strömten lernbegierige junge Männer nach Prag.

Die Scholaren und Magister gliederten sich in »Nationen«. Diese bestimmten sich grob nach den vier Himmelsrichtungen. Zur Nation der einheimischen Böhmen zählten auch Ungarn und Südslawen, der Nation der Polen wurden Deutsche aus Preußen und Schlesien zugerechnet. Die Bayern kamen unter anderem aus Schwaben, Franken, Hessen, dem Rheinland und Westfalen. Das Herkunftsgebiet der Sachsen erstreckte sich über Hannover, Mecklenburg, Holstein, Dänemark und Schweden bis nach Finnland.

Der Anteil der deutschsprachigen Studenten überwog. Um 1400 gehörte gut ein Drittel den Sachsen an, die polnische Nation machte mehr als ein Viertel der Studenten aus. Bayerische und böhmische Nation stellten mit jeweils knapp 20 Prozent den geringsten Anteil. Bei Abstimmungen hatte jede Nation eine Stimme. Um das babylonische Sprachengewirr zu lösen, parlierten die Studiosi auf Latein – auch zu den Mahlzeiten in der Mensa. Ende des 14. Jahrhunderts, zur Blütezeit der Alma Mater, gab es erste soziale Konflikte. Im Streit um die Pfründen des Karlskollegs fühlten sich die Böhmen benachteiligt. Überlagert wurde der Zwist durch konfessionelle Differenzen. Der Prager Prediger Jan Hus wetterte gegen moralische Verderbtheit in der katholischen Kirche und wiegelte die Studentenschaft auf. Die böhmische Nation sympathisierte mit der hussitischen Bewegung, während die drei deutschen Nationen sie ablehnten. Der Streit eskalierte, als König Wenzel IV. 1409 anordnete, dass die Böhmen drei Stimmen, die anderen Nationen zusammen aber nur noch eine Stimme hatten. Aus Protest verließen fast alle auswärtigen Studenten und Magister die Metropole an der Moldau.

Die Universität verlor ihre europäische Ausstrahlung und entwickelte sich zum Zentrum der hussitischen Bewegung. Nachdem der tschechische Reformator 1415 auf dem Scheiterhaufen hingerichtet worden war, hob das Kirchenkonzil die Privilegien der Prager Hochschule auf. Für Fremde wurde es uninteressant, hier zu studieren. Die Karls-Universität versank für fast zwei Jahrhunderte im Dämmerschlaf einer böhmischen Provinzhochschule. Die hussitische Hochschule kam im 16. Jahrhundert unter den Einfluss der katholischen Habsburger. Auf Einladung Kaiser Ferdinands I. begannen die Jesuiten, in Prag eine Akademie am Klementinum aufzubauen, die mit ihren Erfolgen in Lehre und Wissenschaft die Karls-Universität bald überflügeln sollte. 1654 vereinigte Kaiser Ferdinand III. beide Hochschulen unter dem Namen Universitas Carolo Ferdinandea.

Ein folgenreicher Traditionsbruch geschah 1764. Der Professor für schöne Wissenschaften und Moral, Karl Heinrich Seibt, begann als erster Hochschullehrer, Vorlesungen auf Deutsch zu halten. »Seibtisch reden« traf den Zeitgeist. 20 Jahre später beendete eine Studienreform Kaiser Josephs II. die Vorherrschaft des Lateinischen. Deutsch wurde die bestimmende Unterrichtssprache an der Karl-Ferdinands-Universität.

Die Reformen fielen mit der beginnenden nationalen Wiedergeburt der Tschechen zusammen. Das Volk forderte Selbstbestimmung und Gleichstellung beider Sprachen. An der Hochschule gerieten die deutschsprachigen Studenten in die Minderheit, im deutschen Lehrkörper wuchs die Sorge, dass die Universität zum Tschechischen »umkippen« könnte. Rektor Ernst Mach warnte vor »einer bedauerlichen Borniertheit und einem furchtbaren Rückschritt durch die Nationalitätsidee«. Gleichwohl teilte 1882 Kaiser Franz Joseph I. die Hochschule. In Prag konkurrierten jetzt zwei akademische Lehranstalten, eine deutsche und eine böhmische. An der böhmischen Karl-Ferdinands-Universität wurde »Böhmisch ausschließliche Unterrichtssprache«, an der deutschen die deutsche Sprache. Im Streit um das historische Erbe hatten die Tschechen jedoch das Nachsehen. Das Teilungsgesetz erklärte die deutsche Hochschule zur legitimen Nachfolgerin der Universitas Carolina. Sie durfte die Hochschulinsignien und das Archiv verwahren.

Mit dem Zerfall Österreich-Ungarns und der Gründung der Tschechoslowakei nach dem Ersten Weltkrieg änderte sich die Lage. Die Teilung wurde 1920 korrigiert: Nur die tschechische Einrichtung durfte sich von nun an mit dem Namen des Gründers Karl schmücken. Das historische Karolinum fiel an die tschechische Universität, der deutschen Hochschule wurde lediglich eine Mitbenutzung eingeräumt. Die Insignien sollten der tschechischen Universität ausgehändigt werden, doch die deutsche Universitätsleitung widersetzte sich vehement. Beim sogenannten Insignienstreit 1934 drohte der Konflikt zu eskalieren. Um Blutvergießen zu vermeiden, rückte der Rektor die akademischen Symbole schließlich heraus.

Nach der Okkupation der »Rest-Tschechei« durch die deutsche Wehrmacht im März 1939 wanderten die Insignien auf Befehl des Reichsprotektors wieder zurück an die deutsche Universität. Am 28. Oktober 1939, dem Gründungstag der Tschechoslowakei, gab es Demonstrationen, in deren Folge ein Student starb. Die Trauerfeier löste neue Unruhen aus. Neun »Rädelsführer« wurden standrechtlich erschossen, 1200 Studenten kamen ins Konzentrationslager. Die deutschen Besatzer nutzten die Vorfälle als Vorwand, die tschechische Hochschule zu schließen. Fortan firmierte die deutsche Einrichtung als einzig legitime Nachfolgerin der Gründung von 1348. Als »Frontuniversität« avancierte sie zum Forschungszentrum für Südosteuropa- und Rassestudien.

Anfang Mai 1945 endete die Nazi-Herrschaft in Prag und auch die Geschichte der deutschen Universität an der Moldau. Ausdrücklich »auf ewig« löste Präsident Edvard Beneš die »der tschechischen Nation feindliche Institution« rückwirkend zum 17. November 1939 auf. Abschlüsse und Titel aus der Okkupationszeit wurden annulliert, das Eigentum der tschechischen Universität übergeben. Die Insignien und Gründungsurkunden befanden sich nicht darunter. Sie gelten seit Kriegsende als verschollen. Kriminalpolizeiliche Nachforschungen ergaben, dass der Waggon aus Prag im Rangierbahnhof von Pilsen bei einem Luftangriff der Royal Air Force in der Nacht vom 16. zum 17. April 1945 zerstört wurde. Ungeklärt blieb, ob die Preziosen zum Zeitpunkt des Bombardements in dem Eisenbahnwagen waren.

Wirtschaftswunder an der Ostsee

Mit kaufmännischem Geschick, aber auch mit brachialer Gewalt sicherte sich die deutsche Hanse eine Einflusszone im Osten Europas. Sie wirkte mit an der Gründung von Städten wie Riga, Reval und Dorpat.

Von Christoph Gunkel

Iwan III. hatte seinen Handstreich perfekt vorbereitet. Der Moskauer Großfürst, der sich als erster Russe den Titel Zar anmaßte, traf seinen mächtigen Gegner völlig unvorbereitet: Mit einem simplen Befehl stürzte er die Hanse, diese seit Jahrhunderten dominante Handelsmacht im Ostseeraum, in eine schwere Krise. Am 6. November 1494 ließ der Großfürst deutsche Fernhändler, Gesellen und Priester im Hansekontor Nowgorod gefangen nehmen und verschleppen. Kurz danach verhaftete er sogar zwei Diplomaten der Hanse. Damit nicht genug: Iwan plünderte das Lager des Kontors, beschlagnahmte alle Waren. Weil die Deutschen in Nowgorod überwintern mussten, war das Magazin prall gefüllt gewesen.

Vielleicht träumte der ehrgeizige Herrscher schon damals von einem großen russischen Reich bis an die Ostsee und dachte an seine eigenen Kaufleute. Vielleicht wollte er dem Heiligen Römischen Reich auch nur symbolisch seinen Machtanspruch demonstrieren und sich für vergangene diplomatische Kränkungen rächen.

Die Nachricht von der Schließung ihres östlichen Kontors traf die Hanse jedenfalls bis ins Mark. Iwans Attacke richtete sich nicht nur gegen die älteste und wichtigste Außenstelle der

Hanse im Osten. Sie stellte gleichzeitig ein wirtschaftliches Erfolgsmodell in Frage, das seit drei Jahrhunderten prächtig funktioniert hatte: den blühenden Handel auf der Achse Nowgorod-Lübeck-Brügge. Mit einer Mischung aus Diplomatie und Drohungen hatte sich die Hanse hier schon seit dem 12. Jahrhundert entscheidende Vorteile gegenüber der Konkurrenz erkämpft. Lange besaß niemand an der Ostsee so umfangreiche und vorteilhafte Privilegien wie die deutschen Kaufleute, die auch den lukrativen Handel von Pelzen und Wachs in den Westen nahezu monopolisieren konnten – und ihre Vorrechte mit allen Mitteln verteidigten.

Dieser erstaunliche Aufstieg der Kaufmannschaft und ihr Drang bis ins ferne Nowgorod, im Spätmittelalter eine autonome Stadtrepublik, hatten bereits 1143 begonnen. Damals wurde Lübeck als erste deutsche Ostseestadt gegründet. Mehrmals zerstört, zog die Stadt dennoch Fernhändler aus dem ganzen Reich an – und fand im Sachsenherzog Heinrich dem Löwen einen umtriebigen Förderer. Überall warb er für den neuen Handelsort. Schnell erkannte Heinrich, dass der Weg von Lübeck in den Osten nur über die Insel-Drehscheibe Gotland mit ihrer Metropole Visby führen konnte. Dort siedelten auch deutsche Händler. 1161 söhnte Heinrich daher vertraglich die verfeindeten deutschen und Gotländer Kaufleute aus, um »Hassausbrüche, Feindschaften und Morde« zwischen ihnen zu beenden. Der Herzog garantierte den Gotländern Rechtssicherheit und Zollfreiheit in seinem Machtbereich, vorausgesetzt, »die Gotländer gewähren unseren Leuten in dankbarer Wechselseitigkeit dasselbe«. Ein geschickter Schachzug mit langfristig ungleichen Vorteilen: Visby wurde für die Deutschen zum Sprungbrett auf den russischen Markt, von dem die Neulinge die Gotländer später rücksichtslos verdrängen sollten. Um ihre Interessen besser durchsetzen zu können, schlossen sich die

Kaufleute durch einen Schwur zur »Gemeinschaft der deutschen Gotlandfahrer« zusammen. Sie gaben sich eine eigene Verfassung, wählten einen »Oldermann« an ihre Spitze und gingen nur im Verbund auf Reisen. Ohne es zu ahnen, hatten sie damit die Blaupause für das spätere Erfolgsrezept der Hanse geliefert: Aus dem losen Zusammenschluss gleichgesinnter Unternehmer entwickelte sich langfristig die Idee einer engen Zusammenarbeit potenter Städte.

Die Deutschen folgten nun den erfahreneren Skandinaviern Richtung Osten und gelangten über die Flüsse Newa und Wolchow bis nach Nowgorod. Dort lag der wichtigste Umschlagsort für Pelze, Felle und Wachs – Luxusgüter, nach denen die ständebewusste Feudalgesellschaft nur so gierte: Wer etwas auf sich hielt, schmückte sich mit kostbaren Zobeln aus Russland und erleuchtete sein Anwesen mit duftenden Wachskerzen, statt übelriechendes Fett abzubrennen. Der Handel florierte. Hansekaufleute verschifften tonnenweise Pelze und brachten aus dem Westen Tuche, Salz, Silber, Buntmetalle und Heringe zurück. Immer mehr Unternehmer strömten nach Russland, so dass der Fürst von Nowgorod sie 1199 mit umfangreichen Schutzprivilegien ausstattete: Die Händler sollten »ungeschädigt« nach Nowgorod gelangen und auch in Kriegszeiten »unbehelligt nach Hause ziehen« können. Zur Absicherung entwarf der Fürst einen detaillierten Strafenkatalog: Für jeden erschlagenen deutschen Boten waren 20, für jeden Kaufmann 10 Mark Silber fällig. Schon Hiebe mit einer Waffe sollten den Täter Bußgeld kosten. Zudem durften die Deutschen ihr eigenes Kontor errichten, das sie »Peterhof« nannten. Hinter den hohen Palisaden des Hofs wuchs eine Kleinstadt mit Brauhaus, Backstube, Hospital und Kirche heran, schließlich mussten die Kaufleute hier Monate verbringen. Nachts sicherten Doggen das Gelände vor Eindringlingen. Und selbst das Gotteshaus diente nicht nur dem Seelenheil: Es war in Wahrheit auch ein Versteck für die Geldkasse und ein Warenlager, streng bewacht, rund um die Uhr. Manchmal türmten sich die Güter bis auf den Altar.

Weit weniger harmlos verzahnten Kaufleute Gottesfurcht und Unternehmensgeist zur selben Zeit auch in Livland. Dort, auf Gebieten des heutigen Lettlands und Estlands, hatten die Deutschen bisher nicht richtig Fuß gefasst. Doch 1193 rief Papst Coelestin III. zum Kreuzzug gegen die heidnischen Balten auf. Das war für die Fernhändler die Chance auf klingende Kassen – und besonders Lübeck nutzte sie. 1198 versammelte sich dort aus dem ganzen Reich »eine große Menge von Prälaten und anderen Geistlichen, von Rittern und Kaufleuten«, wie Chronist Arnold von Lübeck berichtet. Die Männer hätten »Schiffe, Waffen und Lebensmittel« gekauft, dann brachen sie nach Livland auf. Die Finanzkraft und die Logistik der Händler ermöglichten den religiösen Eiferern den Krieg, von dem schon bald die ganze Hanse profitieren sollte.

Die Kreuzritter siegten, verloren aber auf dem Schlachtfeld Bischof Berthold von Livland. Erst sein Nachfolger Albert, der mit 500 frischen Kämpfern von Gotland nachrückte, konnte die Region dauerhaft unterwerfen. Der Aufwand lohnte sich: »Das Land dort ist nämlich fruchtbar zum Beackern, hat Überfluss an Wiesen, wird auch von Flüssen durchströmt und ist hinreichend mit Fischen und Holzungen versehen«, schwärmte ein Chronist über die Gegend an der Düna-Mündung. Genau hier, an einem natürlichen Hafen, gründete der aus der Nähe von Bremen stammende Albert 1201 Riga – skrupellos hatte er livländische Geiseln genommen und sie gezwungen, ihm einen günstigen Ort zu nennen. Schon bald entwickelte sich Riga zum zweiten pulsierenden Knotenpunkt des Osthandels. Mit Hilfe von

Kaufleuten aus Lübeck, Münster und Soest wuchs die Stadt binnen weniger Jahre mehrmals über ihre alten Grenzen hinaus. Über die Düna drangen Kaufleute sogar bis in die heute weißrussischen Städte Polazk und Smolensk vor.

Gesichert wurden die lukrativen Geschäfte von Beginn an über den deutschen Ritterorden der Schwertbrüder, in dem ehemalige Kreuzritter und Kaufleute Seite an Seite kämpften. So schossen bis zum 14. Jahrhundert in Livland 20 neue Städte aus dem Boden, darunter im Binnenland Dorpat, das heutige Tartu. 1224 eroberten die Schwertbrüder dort eine Burg und machten den Ort schnell zur florierenden Bischofsstadt. Bald das östlichste Hansemitglied, wurde Dorpat zum wichtigsten Zwischenstopp für die wachsende Zahl an Händlern, die auf dem Landweg nach Nowgorod zogen.

Auch am Erfolg Revals, des heutigen Tallinn, war der Ritterorden maßgeblich beteiligt: Im Jahr 1230 rief er 200 deutsche Kaufleute aus Gotland in die bisher verschlafene Ostseesiedlung und legte damit den Grundstein für einen rasanten Aufschwung. Hier wurden Pelze, Getreide und Flachs exportiert, Tuche und Salz importiert. Reval konnte langfristig sogar mit Riga um die Rolle als zentraler Umschlagsort im Nowgorod-Handel konkurrieren.

Noch enger verquickten sich Missionierung und Wirtschaftsinteressen nur in Preußen. Dort regierte seit dem Jahr 1230 der Deutsche Orden wie ein straff organisierter Staat, mit seinem Hochmeister als königsgleichem Herrscher. Der versuchte, seine junge Regentschaft mit einer klugen Städtepolitik abzusichern. An Weichsel und Ostsee gründete, erweiterte und befestigte der Orden daher schon bald Städte wie Thorn, Kulm, Elbing und Königsberg. Danzig, das sich den neuen Machthabern zunächst widersetzte, wurde 1308 zerstört – und stieg nach dem Wiederaufbau zum wichtigsten Handelsplatz der Region auf. Ihren Erfolg verdankten die preußischen Städte dem massenhaften Export von Getreide, Holz, Teer und Asche. Aber sie handelten auch mit Luxusartikeln, etwa ungarischem Kupfer, das sie im fernen Krakau erwarben, oder Bernstein, auf das der Orden ein Monopol besaß.

So erlebte die Ostseeregion im 13. und 14. Jahrhundert mit ihrem feinmaschigen Netz an jungen Städten einen regelrechten Wirtschaftsboom: Großkaufleute, die schon lange nicht mehr selbst auf Reisen gingen, investierten in mehrere Handelsgesellschaften und minimierten so das Geschäftsrisiko. Kreditgeschäfte nahmen zu – und die Bereitschaft zum Wagnis. Manche Händler verspekulierten sich oder erwarben mangelhafte Ware, etwa Wachs, das russische Händler mit Harz und Fetten gestreckt hatten. Andere gingen derart exzessiv auf Einkaufstour, dass sie ungewollt selbst den Marktpreis drückten. »Man will für den Rakelfisch keine 28 Gulden geben«, klagte Sivert Veckinchusen 1418 in einem Brief an seinen Bruder und Teilhaber Hildebrand. Auch die Pelze werde er nicht los, Hildebrand habe zu teuer eingekauft. »Ich war mein Lebtag noch nie so in Geldsachen bedrängt.« Während Sivert seine Probleme in den Griff bekam, sollte sein Bruder den Lebensabend im Schuldenturm verbringen. Solche Abstürze schreckten kaum ab, zu verlockend waren die Geschäfte: Salz aus Lüneburg, Wein aus Köln, Flachs aus Riga – die Hanse profitierte von ihrer Rolle als Mittlerin zwischen Ost und West. 1368 registrierte allein der Lübecker Hafen 406 Fahrten zwischen der Hansestadt, Livland und Preußen.

Ohne Druck und Selbstdisziplin wäre das Wirtschaftswunder an der Ostsee nicht möglich gewesen. Ihren Mitgliedern legte die Hanse zuweilen ein enges Korsett an Regeln an. Nach außen setzte sie durch, »dass niemand in den Genuss der Privilegien und Freiheiten der Deutschen kommen soll«, der nicht zur Hanse gehöre. Gleich mehrmals verhängte sie Boykotte, selbst gegen Nowgorod und Brügge, und riskierte im Kampf um ihre Vorrechte sogar kräftige Einbußen.

Selbst vor Krieg als letztem Mittel der Wirtschaftspolitik schreckte das Städtebündnis nicht zurück. So lieferte sich die Hanse zwischen 1362 und 1368 mehrere erbitterte Schlachten mit dem Dänenkönig Waldemar IV. Der hatte es gewagt, auf der Halbinsel Schonen, dem zentralen Umschlagsort für Heringe, die Abgaben zu erhöhen sowie die Hansestadt Visby zu besetzen. Unbeeindruckt von einer krachenden Niederlage in Hälsingborg, gewann die Hanse schließlich langfristig die Auseinandersetzung. Im Frieden von Stralsund musste Waldemar 1370 einigen demütigenden Bedingungen zustimmen. Die Kaufleute erhielten ihre Handelsfreiheit und die alten Privilegien in Schonen und Visby zurück. Für 15 Jahre durfte die Hanse zudem die dänischen Festungen am Öresund besetzen und konnte sogar bei einem möglichen Thronwechsel mitentscheiden. Kaufleute zwangen einen König in die Knie: Mit dem spektakulären Frieden stieg das Städtebündnis zu einer nichtstaatlichen Großmacht auf. Doch diese Blüte währte nicht lange: Schon im 15. Jahrhundert musste die Hanse ihre Interessen immer häufiger mit Handelssperren oder Waffengewalt sichern. Dennoch erlitt sie empfindliche Niederlagen und konnte etwa die aufstrebenden Holländer nicht aus der Ostsee verdrängen. Die fuhren über die Flüsse ins Binnenland, um dort Handel zu treiben, und umgingen so die deutschen Zwischenhändler in den Hansestädten.

Zudem weckte die aggressive Wirtschaftspolitik nicht nur die Missgunst von Fürsten und Königen. »Sie werden dabei reich, und wir verderben«, klagte ein Kaufmann aus Thorn über die ständigen Kriege mit Dänemark. Alleinigen Nutzen hätten Städte wie Lübeck und Hamburg, weil der Handel nach Flandern weiterlaufe. Mit jedem neuen Mitglied nahmen solche internen Spannungen zwischen Ost und West zu. Die Größe der Hanse gefährdete zunehmend die alte Erfolgsformel: das geschlossene Auftreten im Ausland – trotz oft völlig unterschiedlicher Interessen. So hieß Danzig britische Händler willkommen, obwohl die Hanse die Engländer sonst mit aller Macht aus der Ostsee fernzuhalten versuchte. Die livländischen und die preußischen Städte wiederum waren an einer direkten Handelsroute nach England interessiert – auf Kosten von Lübeck als Umschlagsplatz. Rostock und Wismar unterstützten für die Interessen ihres ehrgeizigen Mecklenburger Herzogs sogar die Kaperfahrten von Seeräubern und schadeten damit jahrelang dem Handel.

Als Iwan III. im Jahr 1494 zu seinem Schlag gegen das Kontor in Nowgorod ausholte, hatte der Niedergang der Hanse also bereits begonnen. Dennoch brach der Gewaltakt nicht sofort die Vormacht der deutschen Händler im Osten. Für eine Weile übernahmen Dorpat, Reval und Riga die Rolle Nowgorods. Geschickt zwangen sie auswärtige Kaufleute, nur bei livländischen Zwischenhändlern einzukaufen oder zu verkaufen.

Der Aufschwung hielt nicht lange. Dann vollendete Iwan IV., genannt der Schreckliche, das Werk seines Großvaters. 1558 eroberte er Livland und legte Dorpat in Trümmer. Riga und Reval konnten sich halten, erhielten jedoch so gut wie keine Hilfe der Hanse. Damit endete die einst so lukrative Kooperation im Osten endgültig. Reval suchte sich nun Schweden als Schutzmacht und befand sich bald im Krieg. 1559 attackierte ein feindliches Geschwader den Revaler Hafen, beschlagnahmte und vernichtete rund hundert Schiffe. Der Angreifer war ein alter Bekannter – Lübeck.

TEIL II

FREMDE, FREUNDE, NACHBARN

Der Hunger der Monarchen

Über Gebietsgewinne im Osten stieg Preußen zur Großmacht auf: Erst holte Friedrich II. Schlesien, dann nahmen sich die preußischen Könige Polen – wie eine Artischocke, »Blatt für Blatt«.

Von Christoph Gunkel

Die mächtige Festung aus rotem Backstein galt als uneinnehmbar. Geschützt von der Nogat, einem Mündungsarm der Weichsel, befestigt mit dicken Mauern und hohen Türmen, hatte 150 Jahre lang kein Gegner die Marienburg erstürmen können. Die Wehranlage, etwa 50 Kilometer südöstlich von Danzig, war Sitz des Deutschen Ordens, ein Symbol seiner großen Macht. Doch jetzt, im Juni 1457, fiel diese Trutzburg ohne einen einzigen Schuss. Bereits seit drei Jahren tobte ein Bürgerkrieg im preußischen Ordensland, der das Schicksal der Deutschen im Osten langfristig verändern sollte. 53 Adlige und 19 Städte hatten sich zu einer Interessengemeinschaft, dem Preußischen Bund, zusammengeschlossen. 1454 hatte diese Allianz dem Deutschen Orden den Krieg erklärt und Hilfe vom polnischen König erhalten. Die Aufständischen forderten mehr Autonomie und weniger Steuern. Zu dieser Zeit war der Orden nicht nur militärisch bereits geschwächt, er war auch nahezu pleite. Im Krieg gegen den Preußischen Bund konnte er seine Söldner nicht mehr bezahlen. In letzter Not verpfändete er die prächtige Marienburg an die murrenden Legionäre. Die verkauften sie kurzerhand an den polnischen König, als sie auch weiterhin keinen Sold bekamen. Kampflos musste der Hochmeister 1457 zusehen, wie der polnische Monarch dort einzog.

Nach dieser Demütigung kämpfte der Orden um sein Überleben. Zermürbt nach 13 Jahren Krieg, rettete er im Zweiten Frieden von Thorn nur noch einen Rumpfstaat: den östlichen Teil mit Königsberg als Zentrum. Der westliche Teil Preußens mit Pommerellen, dem Ermland und den Hansestädten Danzig, Elbing und Thorn fiel dagegen als »Preußen königlichen Anteils« an das Königreich Polen. Die Städte erhielten eine weitgehende Autonomie. Der Hochmeister musste dem polnischen Herrscher aber einen Treueid leisten. Die radikale Neuordnung sollte »Frieden und Eintracht« sowie eine »feste und beständige Ordnung« garan-

Die Marienburg vor den Zerstörungen des Zweiten Weltkriegs (1928)

tieren. Doch langfristig erreichte der Vertrag von Thorn eher das Gegenteil – und schuf ungewollt die Bedingungen für ein jahrhundertelanges Ringen zwischen Deutschen, Russen und Polen um die Vormacht in Nordosteuropa.

1511 ergab sich für die Hohenzollern plötzlich die Gelegenheit, ihren Einfluss über die Grenzen des Reiches hinaus nach Preußen zu erweitern: In jenem Jahr wurde Albrecht von Brandenburg-Ansbach, ein Mann aus einer Nebenlinie des Hauses Hohenzollern, zum Hochmeister des Deutschen Ordens ernannt. Und der Neuling plante gleich eine Kulturrevolution: Albrecht wollte die Reformation nutzen, um aus dem 300 Jahre lang religiös geführten Ordensreich einen weltlich regierten, protestantischen Musterstaat zu machen. Das beriet er sogar mit Martin Luther persönlich.

Nach geheimen Absprachen mit seinem Onkel, dem polnischen König Zygmunt I., wagte der Hohenzoller den radikalen Schritt – und schrieb Weltgeschichte: 1525 trat er als Hochmeister zurück und schuf das erste protestantische Land der Welt. In Krakau leistete er dem polnischen König den Lehnseid und erhielt dafür Ostpreußen – nun als erbliches Herzogtum. Aus dem Hochmeister war über Nacht ein Herzog geworden – und die Hohenzollern waren im Besitz einer großen Enklave im Osten, Hunderte Kilometer von Berlin entfernt. Von nun an wurde es zum strategischen Ziel des Hauses, die Neuerwerbung näher an ihr Kernland Brandenburg zu binden. Begehrlich blickten die Hohenzollern daher auf den westlichen Teil Preußens mit Danzig und hofften, diese Region einmal aus Polen lösen zu können. Doch Albrecht stabilisierte zunächst die Lage im Inneren seines multiethnischen Herzogtums. Eifrig verbreitete er Luthers Lehre und druckte den Katechismus in den vier Landessprachen Deutsch, Polnisch, Litauisch und Prußisch. 1544 gründete er die evangelische Universität Königsberg und machte Preußen zum Zufluchtsort für Protestanten aus ganz Europa.

Mit harter Hand versuchten fortan die preußischen Herzöge, in Personalunion Kurfürsten von Brandenburg, die letzten Widerstände zu brechen. So ließ Friedrich Wilhelm einen nach Polen geflüchteten Widersacher sogar in einem Teppich eingerollt aus Warschau entführen und 1672 in der Festung Memel enthaupten. Man müsse »stets ein wachendes Auge« auf Preußen werfen, warnte der Kurfürst. Im Kampf gegen die auf ihre Autonomie bedachten adligen Gutsbesitzer setzte er auf zwei Institutionen, die bald als klischeehaft deutsch gelten würden: Armee und Verwaltung.

Seit Mitte des 17. Jahrhunderts feilten die Brandenburger am Aufbau eines stehenden Heeres. Von 3000 Soldaten im Jahr 1641 schwoll die Truppenstärke binnen eines Jahrhunderts auf 80 000 an. »Allianzen sind zwar gut«, beschrieb Friedrich Wilhelm 1667 den Kern seiner Politik, »aber eigene Kräfte noch besser.« Er baute die Verwaltung aus und schuf ein Generalkriegskommissariat. Damit konnte er auch die Macht des widerspenstigen ostpreußischen Landadels untergraben. Denn nun boten sich Bauern und niedrigen Adligen steile Karrierechancen. So schuf sich Preußen den Typus des treuen Beamten, der das Land modernisierte – und stark machte für außenpolitische Abenteuer.

Der britische Gesandte George Stepney ahnte, dass es um mehr ging. »Jeder weiß, wie wichtig dem Kurfürsten seine absolute Souveränität im Herzogtum Preußen ist«, schrieb er 1698 an sein Außenministerium. »Deshalb wünscht der Kurfürst, sich durch einen außergewöhnlichen Titel von den anderen Fürsten abzusetzen.« Der Diplomat sollte recht behalten.

Zweieinhalb Jahre später brach in Berlin eine riesige Wagenkolonne auf, laut einem Chronisten waren 1800 Kutschen und 30000 Pferde nötig, um Herzog Friedrich von Preußen mit seinem Gefolge nach Königsberg zu chauffieren. Dort ließ er sich in seinem Audienzzimmer einen prachtvollen Thron anfertigen. Dann setzte er sich am 18. Januar 1701, bekleidet mit einem karminroten Hermelinmantel, eigenhändig die Krone auf. Sechs Millionen Taler ließ sich Friedrich I. seine prunkvolle Selbstkrönung zum König kosten. Doch seine Rechnung ging auf: Das heterogene Preußen und Brandenburg wuchsen mit dem neuen Titel enger zusammen. An Europas Höfen sprach man mit Respekt über den ehrgeizigen Emporkömmling – und befürchtete zugleich, Preußen werde bald auch mit militärischen Mitteln den Sprung zur Großmacht wagen.

Der Zeitpunkt dafür kam dennoch völlig überraschend. Bei klirrender Kälte und ohne Kriegserklärung griff Friedrich II., Enkel des ersten Preußenkönigs, im Dezember 1740 Schlesien an – ein Überfall auf die mächtige Habsburgermonarchie, zu der die wohlhabende Provinz gehörte. Der Preußenkönig machte sich wenig Mühe, den offensichtlichen Rechtsbruch zu verschleiern, seine gut gedrillten Truppen rückten mit atemraubender Geschwindigkeit vor. Nun zahlte sich aus, dass besonders Friedrichs Vater, »Soldatenkönig« Friedrich Wilhelm I., die Regionalmacht Preußen-Brandenburg zu einem straff organisierten Staat in Waffen gemacht hatte. Das Heer galt dem launischen Asketen als seine »einzige Freude« und Garant einer unabhängigen Außenpolitik. Jetzt eilte sein Sohn von Sieg zu Sieg, seinen Kämpfern hatte er ein »Rendezvous mit dem Ruhm« versprochen. Und tatsächlich eroberte Friedrich Schlesien binnen Wochen. Staunend beschrieben Augenzeugen die Kampfkraft und Disziplin der Infanterie, die Schulter an Schulter wie »sich bewegende Mauern« mit 90 Schritten pro Minute vorrückte.

Die Invasion löste einen Flächenbrand aus. Bayern, Frankreich und Sachsen schlossen sich Preußen an, um die Habsburgermonarchie zu schwächen. Schon 1742 musste die österreichische Königin Maria Theresia einem ersten Frieden zustimmen: Preußen behielt Schlesien. Wenig später versuchte sie mit neuen Verbündeten, die Provinz zurückzugewinnen, doch nach erbitterten Kämpfen siegte erneut ihr Widersacher.

Damit war dem König ein spektakulärer Coup gelungen, der eine Welle der patriotischen Begeisterung entfachte. »Friedrich der Große«, wie er nun genannt wurde, annektierte eine erzreiche, prosperierende, frühindustrialisierte Region und vergrößerte Preußen damit um ein Drittel seines Gebietes. Zügig machte er die Neuerwerbung zu einer straff verwalteten Musterprovinz, die dem preußischen Staat, so der Schlesien-Experte Norbert Conrads, hohe Erträge einbrachte. Doch die neuen Steuerzahler profitierten auch von dem aufklärerischen Geist Preußens und seinen Reformen. Sie brachten ihnen beispielsweise ein entwickeltes Rechtswesen und eine Politik, die systematisch Handel und Industrie förderte.

So entwickelten sich dank staatlicher Gelder die schlesischen Eisen- und Hüttenwerke zu den modernsten in ganz Deutschland. Die Produktion boomte und stieg zwischen 1780 und 1800 um ganze 500 Prozent. Schlesien wurde zur Waffenschmiede Preußens. Nicht unwichtig für ein Land, das sich auf dem Schlachtfeld zur Großmacht aufgeschwungen hatte.

Die Eroberung Schlesiens barg jedoch auch unkalkulierbare Gefahren. Maria Theresia schwor Rache für den »dreisten Raub des bösen Mannes« und tat fortan alles, um Preußen auf den Rang einer Regionalmacht zurückzustufen. Der Krieg, den Friedrich 1740 entfesselt hatte, mündete schon 16 Jahre

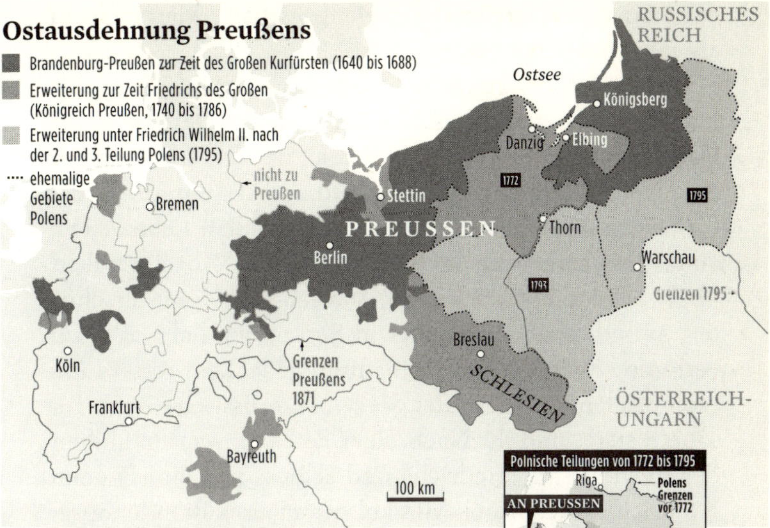

später in ein Massensterben. Frankreich, Österreich und Russland schlossen ein Bündnis. Preußen sah sich eingekreist – und musste plötzlich um sein Überleben kämpfen. Da schlug Friedrich erneut ohne Vorwarnung zu. Im Herbst 1756 eroberte er Sachsen und sicherte damit Berlin und Brandenburg ab. Doch nur ein Jahr spater sah sich der Preußenkönig bei der schlesischen Stadt Leuthen einer gewaltigen Übermacht von 65 000 österreichischen Soldaten gegenüber. Rückzug kam für ihn nicht in Frage. Er werde »gegen alle Regeln der Kunst« die zahlenmäßig weit überlegene Armee des Gegners angreifen, rief Friedrich seinen Generälen zu, sonst sei »alles verloren!« Und das Wunder gelang. Friedrich brillierte erneut als moderner Feldherr und verwirrte die Österreicher mit Scheinangriffen, ungewohnten Stellungswechseln der Artillerie und nach hinten versetzten Einheiten. 27 000 österreichische Soldaten wurden verwundet, starben oder gerieten in Gefangenschaft – viermal mehr als auf preußischer Seite.

Trotz solch erstaunlicher Siege geriet Friedrich in den nächsten Kriegsjahren immer mehr in die Defensive. Bei Kunersdorf östlich von Frankfurt an der Oder kassierte er eine katastrophale Niederlage und entkam nur knapp der Gefangenschaft. Angeblich verdankte er sein Leben allein einer Tabakdose, in der eine feindliche Kugel steckenblieb. »Um nicht zu lügen«, schrieb der König erschüttert an seinen Staatsminister in Berlin, »ich halte alles für verloren.« Geplagt von Selbstmordgedanken, rettete ihn bloß das lange Zögern der Sieger. Die russische Zarin Elisabeth starb, und ihr Nachfolger Peter III. war ein glühender Bewunderer Friedrichs und schloss mit ihm Frieden. Friedrich sprach vom »Mirakel des Hauses Brandenburg« und feierte wenige Jahre später seinen größten außenpolitischen Erfolg.

Denn 1772 konnten sich die Hohenzollern ihren alten Traum erfüllen: Sie vereinten das noch zu Polen gehörende Westpreußen mit Ostpreußen und verfügten damit erstmals über einen zusammenhängenden Staat. Die Teilung Preußens, 1466 in Thorn beschlossen, war überwunden. Doch der Gebietsgewinn fußte auf einem drastischen Rechtsbruch: Die zuvor erbitterten Feinde Österreich, Russland und Preußen nutzten die Schwäche des von Unruhen erschütterten Polens gnadenlos aus. Auf dem Reißbrett teilten sie mehr als ein Drittel des Landes einfach unter sich auf.

Zynisch hatte Friedrich Polen mit einer Artischocke verglichen, die man »Blatt für Blatt essen muss«. Und der Hunger der Monarchen war tatsächlich noch nicht gestillt: Als sich der polnische Reststaat reformierte und die erste geschriebene parlamentarische Verfassung Europas entstand, fielen die absolutistischen Herrscher erneut über das Land her.

Bis 1795 teilten sie Polen vollständig auf. Preußen wuchs um weitere 100000 Quadratkilometer und zwei Millionen Einwohner. Es gewann unter anderem Danzig, Thorn, Masowien und Posen dazu. Das Königreich reichte nun von der Memel bis über die Elbe, von Königsberg bis Warschau.

40 Prozent der 8,7 Millionen preußischen Staatsbürger waren jetzt Polen. Das führte schon vor dem Zeitalter des Nationalismus zu großen Problemen. Deutsch wurde Amtssprache in den neuen Gebieten, doch die polnischen Bürger durften sich weiterhin in ihrer Muttersprache an die Verwaltung wenden. Obwohl der Polnischunterricht nun gefördert wurde, konnten sich die Beamten mit ihren Untertanen oftmals nicht verständigen. Das förderte nicht gerade das Vertrauen. Der polnische Adel beobachtete skeptisch die Arbeit der preußischen Bürokraten, die 1794 mit dem »Allgemeinen Landrecht« ein ungeheuer präzises, aber auch 20000 Paragrafen umfassendes Rechtswerk eingeführt hatten. Die Deutschen wiederum verstanden sich als Modernisierer, dünkten sich den Polen überlegen – und behandelten sie zuweilen wie Bürger zweiter Klasse. Wie »römische Sklaven« würden die Bauern im einst polnischen Westpreußen von ihren Gutsherren gehalten, beschrieb ein aus Berlin entsandter Inspekteur die Verhältnisse. Friedrich der Große förderte mit der günstigen Vergabe von Ackerland die Zuwanderung von rund 12000 deutschen Siedlern nach Westpreußen – auch um den Polen »bessere Begriffe und Sitten beizubringen«. Dies war allerdings mehr Ausdruck eines wachsenden Chauvinismus als systematische Germanisierungspolitik.

Solche inneren Konflikte gerieten schon bald in den Hintergrund, als Napoleon Europa mit Krieg überzog. Nun wurden die zuvor so gierigen Preußen und Russen Opfer einer aggressiven Eroberungspolitik, die allein auf die Macht der Armee setzte. Preußen wurde vernichtend geschlagen, verwüstet und von französischen Soldaten besetzt. »Unser Todesurteil ist gesprochen«, kommentierte Königin Luise 1807 den demütigenden Frieden von Tilsit. Preußen verlor mehr als die Hälfte seines Territoriums, darunter Danzig, Warschau und Posen. Die junge Großmacht implodierte. Doch wieder hatte Preußen Glück: Napoleon überdehnte im Russland-Feldzug 1812 seine Kräfte und kehrte mit einem demoralisierten und halb erfrorenen Heer zurück. Auch dank der eilig reformierten preußischen Armee konnte der französische Kaiser danach in den Befreiungskriegen nach Frankreich zurückgedrängt werden. Und keine 60 Jahre später waren es die Preußen, die nun im Herzen der »Grande Nation« standen: Nach gewonnenem Krieg gegen Napoleon III. ließ sich König Wilhelm am 18. Januar 1871 im Spiegelsaal von Versailles zum Deutschen Kaiser krönen.

Eine Geste, die vielsagender nicht hätte sein können: Wilhelm hatte bewusst den 170. Jahrestag der Selbstkrönung Friedrichs I. gewählt. Preußen, einst im Osten zur Großmacht aufgestiegen, erhob sich nun im Westen zur Vormacht des europäischen Kontinents.

Hort der Toleranz

Nach der Loslösung vom polnischen Königshaus um 1200 orientierte sich Schlesien nach Westen. Am Rande des Habsburgerreichs gelegen, entwickelte sich aus dem böhmischen Kronland eine bedeutende Kulturlandschaft mit einer Zweistimmigkeit der Sprachen und Konfessionen.

Von Norbert Conrads

Das historische Schlesien hatte nur nach Südwesten hin eine natürliche Grenze: den langen Gebirgskamm mitsamt dem Riesengebirge, der es von Böhmen trennte. Ansonsten waren seine Grenzen ringsum offen, man verglich sie mit dem Umriss eines Blattes, dessen Adern das Flusssystem der Oder und ihrer Nebenflüsse bildeten. In der politischen Botanik des 19. Jahrhunderts kam dafür nur das Blatt der deutschen Eiche in Frage. Schlesiens östliche Grenze, die jahrhundertelang auch die Ostgrenze des alten Deutschland war, gehörte zu den wenigen unstrittigen und dauerhaften Außengrenzen des Heiligen Römischen Reiches.

Das obere Odergebiet bot gute Bedingungen, um ein Staatswesen mit eigenem Landes- und Kulturbewusstsein zu gründen. Das Land war fruchtbar und reich an Bodenschätzen. Alte Handelsrouten folgten den Flüssen, und dort, wo man die Oder gefahrlos überqueren konnte, bildeten sich Orte wie Glogau, Breslau, Brieg, Oppeln und Ratibor. Die Stadtentwicklung begann meist auf dem westlichen Oderufer. Von allen Oderquerungen war Breslau wegen seiner zentralen Lage am besten geeignet, der politische, religiöse und kulturelle Mittelpunkt des Landes zu werden. In enger Nachbarschaft entwickelten sich hier das Zentrum der Landesherrschaft, der Sitz des Bistums Breslau und die Metropole von Bürgertum und Handel.

Für die Bildung des historischen Schlesien war das im Jahre 1000 gegründete Bistum Breslau eine wichtige Voraussetzung. Es umfasste das Gebiet, in dem sich das Herzogtum Schlesien ausformen sollte. Aber Schlesien war von Nachbarländern umgeben, die sich politisch erfolgreicher entwickelten, wie Böhmen, Sachsen, Brandenburg, Polen und Ungarn. Deshalb wurde es nie ein Land von autonomer Staatlichkeit mit eigenständiger Macht und Außenpolitik. Im Schatten der größeren Nachbarn konnte es gleichwohl ein eigenes Gepräge und Selbstbewusstsein entfalten.

In der frühmittelalterlichen Zeit lebte in Schlesien eine slawische Bevölkerung, über die Herzöge aus dem polnischen Königshaus der Piasten regierten. Dieses Haus teilte sich in Linien und hob 1202 die polnische Senioratsverfassung auf. Seitdem konnten die schlesischen Piasten, losgelöst vom polnischen Königreich, ihren eigenen Weg gehen. Die schlesischen Piasten förderten die Christianisierung und Erschließung ihres Landes mit Hilfe von Mönchen aus dem Westen. Diese brachten eine Klosterkultur mit, die mit den Klöstern von Leubus, Trebnitz, Heinrichau, Kamenz und Grüssau auf ganz Niederschlesien ausstrahlte. Parallel dazu hatten Herzog Heinrich I. von Schlesien, der von 1201 bis 1238 regierte, und seine Nachfolger begonnen, im deutschen Reichsgebiet Bauern und Städter anzuwerben, um sie zu günstigen Bedingungen in Schlesien anzusiedeln.

Die kontinuierliche Einwanderung deutscher Migranten nach Schlesien und Ostmitteleuropa folgte durchaus keinem vermeintlichen Drang nach Osten, aber sie hatte Wissenstransfer und Modernisierung zur Folge. Die deutschen

Zuwanderer gaben an ihre östlichen Nachbarn ein Wissen weiter, das sie selbst nur wenige Generationen zuvor erworben hatten. Die Zahl der deutschen Siedler betrug wohl nur einige zehntausend. Gleichwohl reichten sie und ihre Nachkommen aus, um Schlesien bis zum Ende des 13. Jahrhunderts kulturell und bald auch sprachlich umzuformen. Zu den Katalysatoren dieser kulturellen Rezeption gehörten nicht zuletzt die Städte, ebenso aber auch die piastischen Höfe in ihren Residenzstädten. Eine Anfang des 14. Jahrhunderts in Zürich zusammengestellte zeitgenössische Anthologie, die später als Manessische Liederhandschrift bekannt wurde, würdigte auch Herzog Heinrich IV. von Breslau mit seinen deutschen Minneliedern. Diese Zuwendung zur deutschen Kultur nahm bis zum Erlöschen des piastischen Fürstenhauses im 17. Jahrhundert noch zu. Vier der letzten Piasten und einige Personen ihrer Umgebung ließen sich in die »Fruchtbringende Gesellschaft« aufnehmen, einen feudalen Kreis zur Pflege der deutschen Literatur.

Die Westorientierung Schlesiens wurde im 14. Jahrhundert durch die schrittweise vollzogene Angliederung an das Königreich Böhmen verstärkt. Für den böhmischen König Karl, der als Kaiser Karl IV. von 1355 bis 1378 das römisch-deutsche Reich regierte, wurde Schlesien ein wesentlicher Teil seiner Machtbasis. Er fügte es 1348 seinen böhmischen Kronländern

Norbert Conrads

Der 1938 in Breslau geborene Historiker war bis 2003 Professor für Geschichte der Frühen Neuzeit an der Universität Stuttgart und Leiter des Projektbereichs Schlesische Geschichte. Er ist Autor zahlreicher Studien zur Bildungs- und Sozialgeschichte Schlesiens.

hinzu. Da Böhmen als Ganzes zum Reich gehörte, wurde damit auch Schlesien indirekt ein Reichsland. Es nahm am Aufstieg Böhmens zu einer politischen und kulturellen Kernlandschaft des Reiches und Europas teil und leistete selbst einen bedeutenden Beitrag dazu.

Als 1348 mit der Gründung der Universität in Prag, der ersten im Heiligen Römischen Reich nördlich der Alpen, die böhmische Hauptstadt zu einem Wissenschaftszentrum wurde, hatten schlesische Gelehrte und Studenten daran starken Anteil. Sie gehörten freilich im Jahr 1409 zu den Ersten, die Prag in Richtung Leipzig verließen, als die Anhänger des böhmischen Reformators Jan Hus dort die Rechte der Deutschsprachigen in Frage stellten. Der Hussitismus war eine national-tschechische Bewegung mit kriegerischem Missionseifer. Schlesien erwehrte sich solcher Übergriffe, gegen die der Papst zum Ketzerkreuzzug aufrief. Den Konflikt machte sich das aufsteigende ungarische Königreich zunutze. König Matthias Corvinus von Ungarn brachte 1469 ganz Schlesien samt Ober- und Niederlausitz unter seine Herrschaft. Die Jahrzehnte der auf Ungarn hin orientierten Herrschaft wurden für die Weiterentwicklung Schlesiens grundlegend. Das aus vielen Fürstentümern zusammengesetzte Land erhielt eine gemeinsame Verfassung aller »Fürsten und Stände« mit einem ständischen Landesparlament und einem obersten Gericht. Zwangsläufig lag Schlesien damals in einer politischen Reichsferne. In diesen Jahren wurde jedoch im Reich beraten, welche Stände und Länder zukünftig auf dem deutschen Reichstag vertreten sein sollten. Als Schlesien 1526 an das Haus Habsburg fiel und damit in das Reich zurückkehrte, war die Reichsreform von 1495 abgeschlossen – und zwar ohne Schlesien einzubeziehen. Ein Reflex dieser Episode spiegelt sich in der Nationenverfassung der Universität Wien wider, wo die schlesischen Studenten der ungarischen Nation zugerechnet wurden. Leipzig übernahm die Prager Tradition und zählte sie zu den Polen. Anderenorts, im italienischen Siena oder im spanisch-niederländischen Löwen, galten die schlesischen Studenten als Deutsche.

Nach dem Tod des jungen ungarischen Königs Ludwig II. 1526 im Türkenkrieg wurde der Habsburger Ferdinand I. Erbe Ungarns, Böhmens und Schlesiens. Damit begann die über 200-jährige Epoche der habsburgischen Herrschaft über Schlesien. Die politische Integration Schlesiens in den eigenen Herrschaftsbereich hatte bei Ferdinand, dem Bruder Kaiser Karls V., Vorrang vor der konfessionellen Bewegung, die ein Jahrzehnt zuvor begonnen hatte.

Martin Luthers Reformation hatte den schlesischen Adel und die Städte ebenso früh erfasst wie im übrigen Deutschland. Noch immer gab es in Schlesien große Landstriche, vorwiegend rechts der Oder und in Oberschlesien, in denen die Bevölkerung Polnisch sprach. Sie schloss sich mit ihren deutschen Nachbarn der Reformation an. Die evangelische Kirche bestellte daher neben dem deutschen oft einen »Pastor polonicus«, bis die Nachfrage nach polnischen Gottesdiensten allmählich erlosch. Nur Oberschlesien blieb, abgesehen vom städtischen Bürgertum, polnischsprachig geprägt und wurde in der Gegenreformation wieder katholisch.

In der Reformationszeit blieben der Breslauer Bischof, die großen Landklöster und eine Minderheit der Bevölkerung beim alten Glauben. Die fluktuierende Bikonfessionalität Schlesiens wurde seither ebenso eine Konstante seiner Geschichte wie seine Zweisprachigkeit. Wo Katholiken und wo Protestanten lebten, war aber keine Frage der Sprache, sondern der Kirchenhoheit und der Bildungsorientierung. Schlesien kannte in der Frühen Neuzeit keine Nationalitätenkonflikte, sondern nur den Streit um den rechten Glauben. Das Haus Habsburg hatte lange eine konfessionelle Einigung angestrebt. Nach dem Konzil von Trient (1545 bis 1563) waren die Gegensätze jedoch verfestigt. Die alte Kirche besann sich auf ihre eigene Kraft. Sie ging im Zusammenspiel mit etlichen gegenreformatorischen Fürsten daran, das verlorene Terrain zurückzugewinnen. Die Folge war eine Konfessionalisierung aller gesellschaftlichen und politischen Fragen. Kompromisse zu finden, wie dies in Schlesien, diesem Hort der Toleranz, lange möglich war, wurde schwieriger.

Die Gründe für den Ausbruch des Dreißigjährigen Krieges (1618 bis 1648) lagen fernab von Schlesien. Das Land hatte sich nur widerwillig der Revolution des böhmischen »Winterkönigs« Friedrich I. angeschlossen. Gleichwohl wurde es ab 1626 zum Kriegsschauplatz, nicht weil hier innere Konflikte ausgebrochen wären, sondern weil die feindlichen Heere ihre Kämpfe hierher verlagerten, um sich aus dem Land zu versorgen. Das bis dahin reiche Schlesien behielten die Schweden und andere als Faustpfand, wenn nicht gar als territoriales Kriegsziel. Im Krieg verschärfte die habsburgische Regierung ihre Konfessionspolitik. Kriegsnot, religiöser Zwang und Verzweiflung beschädigten das Vertrauen der Bevölkerung in die habsburgische Landesherrschaft.

Als in Münster und Osnabrück über den Frieden beraten wurde, durften die schlesischen Protestanten nicht mitreden. So wie der Kaiser keinen Fußbreit Schlesiens an seine Gegner abzutreten bereit war, so wenig ließ er sich auf ein Mitspracherecht der schlesischen Protestanten ein. Er suchte 1648 für die strittigen Konfessionsfragen eine politische Lösung.

Für einige Landesteile musste er auf ältere Fürstenrechte Rücksicht nehmen. In den schlesischen Fürstentümern wie Liegnitz, Brieg, Wohlau, Oels sowie der Stadt Breslau behielt das lutherische Bekenntnis die volle Freiheit. Dort, wo es die Rechte des Kaisers zuließen, in den sogenannten Erbfürstentümern, wurde der Katholizismus nun obligatorisch. Aber der Glaubenszwang für die als katholisch oder evangelisch definierten Landesteile wurde von zahlreichen Ausnahmebestimmungen durchlöchert. Diese im Habsburgerreich einmalige Konstellation zwang zu einer Toleranz, die für dieses Land sprichwörtlich wurde. Ihr bekanntestes Symbol wurden die den Protestanten 1648 gewährten drei Friedenskirchen in Schweidnitz, Jauer und Glogau, von denen die beiden ersten erhalten und seit 2001 Teil des Weltkulturerbes sind.

Die lange Krisenzeit des 17. Jahrhunderts, in der Krieg, existentielle Bedrohung, Pestseuchen und soziale Verwilderung zu einer allgemeinen Verunsicherung führten, setzte zugleich schöpferische Energien frei. Eine neue, tiefempfundene Frömmigkeitsbewegung und eine barocke Lebenslust suchten die Probleme künstlerisch zu bewältigen. Das

ULLSTEIN BILD/HISTOPICS

Das Rathaus von Breslau, der Metropole Schlesiens (1895)

begründete eine schlesische Kulturepoche, die weithin ausstrahlte. Schon seit dem Beginn der Frühen Neuzeit im 15. Jahrhundert war Schlesien dank seines Bergbaus, seines Leinengewerbes, seines Handels und seiner Landwirtschaft ein vergleichsweise reiches Land. Anspruch und Leistungsfähigkeit Schlesiens waren am Breslauer Rathaus abzulesen, das wie eine gotische Kathedrale in Jahrhunderten errichtet, erweitert und verschönert wurde. Hier wurde die Stadt regiert, wurden Bankette gegeben und humanistisches Schultheater aufgeführt. Schließlich fanden hier die Sitzungen des Landesparlaments statt.

Seit 1500 gab es in den Städten eine schmale Schicht des Bildungsbürgertums, das seine Kinder auf die besten Universitäten Europas schickte. Der Plan einer eigenen Hochschule scheiterte 1505 aber am Widerspruch der Universität Krakau, wiederholte Versuche danach an der konfessionellen Spaltung des Landes. An den deutschen und europäischen Universitäten waren die schlesischen Studenten überproportional vertreten. Die geistige Elite der schlesischen Provinz verfügte mithin über einen umfassenden Horizont und eine entsprechende Kenntnis aller zeitgenössischen Strömungen und Wissenschaften. Während der Humanismus in seiner Zeit das klassische Latein als seine Bildungssprache gepflegt hatte, bevorzugte Schlesien seit dem 17. Jahrhundert Deutsch als Literatur- und Wissenschaftssprache. Publikationen in polnischer Sprache waren selten. Das war der kulturelle Nährboden dafür, um Schlesien mitten im krisengeschüttelten 17. Jahrhundert zur führenden Literaturlandschaft Deutschlands werden zu lassen. Günter Grass hat diesen Literaturfrühling später indirekt mit dem Aufbruch der Gruppe 47 nach dem Zweiten Weltkrieg verglichen.

Für einige Jahrzehnte war Breslau zudem der Sitz der Deutschen Akademie der Naturforscher. Sie besteht noch heute in

Halle an der Saale und ist seit 2008 die Nationale Akademie der Wissenschaften. Die von ihr herausgegebene Fachzeitschrift wurde 1670 in Breslau gegründet. Sie erscheint noch heute als die weltweit älteste Zeitschrift ihrer Art.

Waren die Naturforscher überwiegend Protestanten, so wurde zu gleicher Zeit eine katholische Universität in Breslau gegründet. Kaiser Leopold I., der seinen Namen sowohl der Akademie als auch dieser Universität verlieh, begnügte sich auf Einwände der Protestanten hin 1702 mit einer halben Universität ohne die Fakultäten für Medizin und Jura. Dafür aber wurde das neue Barockgebäude der Universität so stattlich, dass es noch heute ein Wahrzeichen der Stadt bildet.

1740 nutzte der eben zur Regierung gelangte preußische König Friedrich II. die politische Lähmung Österreichs nach dem Tod Kaiser Karls VI., um sich den größten Teil Schlesiens gewaltsam anzueignen. Es folgten drei Schlesische Kriege, bis sich Preußen im Frieden von Hubertusburg 1763 seiner Eroberung sicher sein konnte. Zugleich löste der preußische König das Land aus der bisherigen Zugehörigkeit zu Böhmen. Damit wurde Schlesien vom süddeutsch-katholischen Österreich auf das norddeutsch-protestantische Königreich umgepolt. Schlesien erlebte eine umfassende Neuerung seiner inneren Verfassung. König Friedrich hob die bisherige Ständeverfassung und das Landesparlament auf. Die Modernisierungserfolge der preußischen Verwaltung waren bald zu spüren und förderten die politische Akzeptanz des neuen Regimes. Dem Sonderbewusstsein Schlesiens wurde noch einige Jahrzehnte Rechnung getragen, indem Schlesien nicht der Zentralregierung in Berlin unterstellt, sondern von eigenen Provinzialministern verwaltet wurde. Das Krisenjahr 1806, in dem Preußen und die friderizianische Armee gegen Napoleon unterlagen, beendete dieses System. Schlesien wurde den anderen preußischen Provinzen gleichgestellt.

Alabaster auf dem Grab

Schlesier wie Opitz und Gryphius prägten die deutsche Barockdichtung maßgeblich mit – doch dann galten ihre Reim- und Erzählkünste plötzlich als »Schwulst«. Ein Lehrstück über literarischen Pioniergeist.

Von Johannes Saltzwedel

Was bitte sollen »Leitsterne meines Haupts« sein, die »als Planeten sind gesetzet meinem Leben«? Kaum jemand käme darauf, dass die Augen der Liebsten gemeint sind. Aber sogleich folgt die nächste Hürde: »Ein faules Grab, so Alabaster deckt«, hinter diesem preziösen Sinnbild verbirgt sich die trügerisch-triste Welt. Na, wenn's denn sein muss. Aber darf man, was zwei im Bett tun, auch noch den »Zucker dieser Zeit« nennen?

Barockpoesie ist bizarr und verstiegen, einfach anstrengend, urteilten Kritiker im 18. Jahrhundert. Unerbittlich hetzten sie gegen die reim- und bildseligen Literaten von einst, speziell Schlesier, die es angeblich besonders schlimm getrieben hatten. Schuld an der Misere, ermittelten dann Professoren, sei ein gewisser Martin Opitz. Mit viel Rhetorik, aber wenig Dichtergabe habe Opitz (1597 bis 1639) begabte Verskünstler reihenweise zu hohlem Wortgeklingel erzogen. Schlimmer noch: Auf die erste, von ihm inspirierte »schlesische Dichterschule« sei eine zweite gefolgt, die den verbalen Bombast vollends auf die Spitze trieb – bis der barocke »Schwulst« sozusagen von der eigenen Masse erdrückt worden sei.

Kein Literaturwissenschaftler würde heute dieses vernichtende Urteil, das sich bis nach 1900 hielt, guten Gewissens unterschreiben. Selbst von Dichterschulen ist kaum noch die Rede; zu eigenständig seien die Talente, zu verschieden die Resultate. Doch was Schlesien angeht, liegt die Schul-Diagnose nicht völlig daneben. Opitz brachte ja wirklich einiges in Gang. Der Sohn eines Fleischers aus Bunzlau war vom Musterschüler des Breslauer Magdalenen-Gymnasiums zum Hofpoeten aufgestiegen. Mit 20 Jahren hatte der gefällige Versifex für den literarischen Wert der deutschen Sprache plädiert – auf Latein! – und dann mit 27 sein »Buch von der Deutschen Poeterey« herausgebracht. Nicht Silben zählen, sondern Wortakzente nutzen sollte man als deutscher

Reformdichter Martin Opitz
(Porträt von Johann Jakob Haid, 18. Jh.)

Dichter, forderte Opitz. Außerdem verlangte das mitten im Tumult des Dreißigjährigen Krieges erschienene Büchlein, sauber zu reimen und Fremdwörter zu meiden. Zwar hatte der Reformer mit dem bevorzugten Alexandriner-Vers auch selbst einige Mühe; aber er tröstete sich:

Vieleichte werden noch die bahn so ich gebrochen
Geschicktere dann ich nach mir zue bessern suchen.

Tatsächlich: Sein in nur fünf Tagen entstandenes Brevier, eher kundig zusammengestellt als originell, wurde im Nu zum Manifest. Von Straßburg bis Königsberg bürgerten Opitz-Jünger den Alexandriner ein. Viele von ihnen waren Schlesier: In Danzig, aber auch in den Universitätsstädten Helmstedt und Tübingen verbreiteten Apostel die neue Lehre; zur Hochburg wurde Rostock. Natürlich entstanden lyrische Kapitalwerke selten über Nacht – Dichterei war ja großenteils ein Zulieferdienst für Hochzeits-Carmina oder Leichenverse. Am raschesten zeigte sich der Wandel auf geistlichem Gebiet: So gelangen schon dem Opitz-Zeitgenossen Johann Heermann einige Kirchenlieder, die bis heute gesungen werden (»O Gott, du frommer Gott«, »Wo soll ich fliehen hin«)

Welchen Reichtum die über 3000 kurzen »Sinngedichte« des Schlesiers Friedrich von Logau (1604 bis 1655) bargen, merkten dagegen wenige; der Autor, ein hoher Beamter, trat unter Pseudonym auf. Erst Gotthold Ephraim Lessing, selbst ein begnadeter Spruchdichter, entdeckte die Weisheiten Logaus und gab sie neu heraus.

Anders war es mit Andreas Gryphius (1616 bis 1664): Gravitätische Trauerspiele (»Cardenio und Celinde«) und satirische Komödien (»Herr Peter Squentz«) machten den Juristen aus Glogau bekannt. Aber er dichtete auch Sonette über die Vergänglichkeit:

DV sihst / wohin du sihst nur Eitelkeit auff Erden.
Was dieser heute baut / reist jener morgen ein:
Wo itzund Städte stehn / wird eine Wiesen seyn /
Auff der ein Schäfers-Kind wird spielen mit den Herden.

Ganz auf diesen verinnerlichten Ton gestimmt, ja bis ins Mystische überhöht, klangen die Verse des Arztes und Juristen Johannes Scheffler (1624 bis 1677) aus Breslau. Wie Gryphius hatte er beste Universitäten im Ausland besucht, bevor er daheim Ämter übernahm. Das Schicksal des Lutheraners, der 1653 Katholik wurde und sich als lyrischer Glaubenskämpfer »Angelus Silesius« nannte, vereint vieles von dem, was »schlesische Schule« ausmacht.

Lange hatten Europas Mächte, allen voran die Habsburger, hier an der Schnittstelle von Polen, Sachsen, Böhmen und Ungarn um konfessionelle Vormacht gepokert – bis endlich die Gegenreformation obsiegte, etwa in Gestalt jesuitischer Schulen. Seither mussten gebildete Söhne des protestantischen Großbürgertums sich anpassen oder ins innere, wenn nicht gar äußere Exil gehen.

Religiöse Dispute seit Generationen und der zermürbende Krieg hatten den Sinn für Werte und Worte enorm geschärft. Was die Jesuiten in Schlesien auf katholischer Seite leisteten, fand unter Protestanten seinen Widerpart in der Erbauungslehre des erweckten Schusters Jacob Böhme (1575 bis 1624). Sehnsüchte nach einer heileren Welt, wie die modische Schäferdichtung sie bediente, dann auch manieristische Ideen-Feuerwerke aus Italien und Spanien inspirierten die Poeten; obendrein wurde der Ehrgeiz von überregionalen Dichterbünden angestachelt. Kaum ein Wunder also, dass nach Opitzens Durchbruch bald Kühneres probiert wurde – und wieder weltläufige Schlesier zu den Pionieren zählten.

Christian Hoffmann von Hoffmannswaldau (1616 bis 1679) aus Breslau hatte schon als Danziger Gymnasiast Opitzens Anerkennung gewonnen; nach vier Jahren Bildungsreise lebte er seit 1642 in seiner Vaterstadt. Verse strömten dem reichen Kaufmann und Ratsherrn unentwegt zu, ob er nun in »Helden-Briefen« Moral auftischte (»Zuchtheimine an Tugenandt«), Italiener und Lateiner übersetzte oder artig eine »Blessine« anschwärmte.

Dass die galanten Reimkaskaden später ausgerechnet zusammen mit den Werken Daniel Caspers von Lohenstein als »zweite Schlesische Schule« verteufelt wurden, war ein Fehlgriff aufgebrachter Gegner. Denn Lohenstein (1635 bis 1683) tat anderes als sein Freund Hoffmannswaldau: Der hochgelehrte Jurist führte Welt- und Sittenlehre an Extremfällen vor, in emotionsgepfefferten Tragödien und im über 3000 Quartseiten dicken Staatsroman »Arminius«.

Leisten konnten sich den freilich die wenigsten – finanziell wie geistig; das enzyklopädische Erzähl-Massiv blieb luxuriöser Feinsinn. Kein Wunder, dass Aufklärer dann solche Werke als vorzeitliche Monster verhöhnten: Noch heute dringen fast nur Wissenschaftler in ihr kniffliges, von Anspielungen durchsetztes Gefüge ein. Trotzdem: Literarisch haben sie, wie auch die Verskunst zuvor, einmal Epoche gemacht – ob das nun noch »Schlesische Schule« genannt werden darf oder nicht.

»Randlage mit Bollwerksfunktion«

Der Osteuropahistoriker Andreas Kossert über den Mythos Ostpreußen, die chauvinistische Vergangenheit und die Wiederentdeckung des kulturellen Reichtums

Das Gespräch führten
Annette Großbongardt und Norbert F. Pötzl.

SPIEGEL: Herr Kossert, stellen Sie sich vor, Geografie in der 10. Klasse, der Lehrer fragt: Wo liegen Palmnicken, Trakehnen und Schwentainen? Was meinen Sie: Wie viele Schüler könnten das beantworten?
KOSSERT: Kaum einer, fürchte ich. Die wenigsten Kinder haben heute noch Großeltern, die ihnen erzählen könnten, dass dies alte Ortsnamen aus Ostpreußen sind.
SPIEGEL: Wer interessiert sich heute überhaupt noch für Ostpreußen – außer den Vertriebenen?
KOSSERT: Es gibt ein neues Interesse an diesen Regionen Mittel- und Osteuropas. Wenn elf Millionen Zuschauer den TV-Film »Die Flucht« sahen, dann können das ja nicht nur 80-jährige Zeitzeugen gewesen sein. Schon mit dem Ende des Kalten Krieges 1990 kam es zu einer regelrechten Wiederentdeckung, vor allem Ostpreußens. Das Land ist uns einerseits ganz weit entrückt, fast entglitten, andererseits haben wir einen emotionalen Bezug zu dieser Landschaft, die etwas in uns anzusprechen scheint.
SPIEGEL: Ist es eine neue Generation, die Ostpreußen für sich entdeckt? Die sogenannte Erlebnisgeneration, die dort geboren wurde, stirbt allmählich aus.

KOSSERT: Das Ende des Kalten Krieges hat uns die Chance eines neuen, unverkrampften Zugangs eröffnet. Als Folge von Flucht und Vertreibung und des Kalten Krieges waren die deutschen Erinnerungsorte im Osten politisiert und instrumentalisiert. Es gab aber auch so viel Schmerz bei diesem Thema, dass vieles tabu war. Seit die jüngeren Generationen frei dorthin reisen, nehmen sie auch den heutigen Reichtum der Region wahr. Da wird dann nicht mehr einfach das von Eltern oder Großeltern projizierte Bild der verlorenen Heimat abgerufen, es entsteht etwas Eigenes, sehr Spannendes, indem man Polen, Tschechen, Ukrainer, Russen kennenlernt, die heute dort leben. Bei vielen deutsch-polnischen oder deutsch-tschechischen Initiativen sind überproportional viele Nachkommen von Vertriebenen dabei.

SPIEGEL: Wie haben Sie selbst das erlebt? Ihre Großeltern kommen ja aus Ostpreußen.

KOSSERT: Ich bin in Niedersachsen aufgewachsen. Meine Großeltern sprachen nicht das übliche Plattdeutsch. Sie hatten noch diese schöne Sprachmelodie des Ostpreußischen. Da wurde an alles ein -chen drangehängt. Auch die Küche war anders: Bei den Großeltern aßen wir nicht Grünkohl mit Pinkel wie die Niedersachsen, sondern ostpreußische Grützwurst und natürlich Königsberger Klopse. Zu Weihnachten gab es ostpreußischen Pfefferkuchen, und stets fiel dieser Satz: »In Ostpreußen sind wir mit dem Schlitten zur Kirche gefahren, aber hier gibt es ja noch nicht mal einen richtigen Winter.«

SPIEGEL: »Land der dunklen Wälder und kristall'nen Seen« heißt es im Ostpreußenlied – das klingt stark nach Verklärung.

KOSSERT: Diese Landschaft ist Teil des Mythos. Es war die am weitesten östlich gelegene Provinz Deutschlands, eine Art »preußisches Sibirien« mit völlig anderen klimatischen

Verhältnissen, da gab es sogar freilaufende Elche. Eine archaische Region, die nichts mit den deutschen Mittelgebirgen, den Landschaften der Gebrüder Grimm, zu tun hatte.

SPIEGEL: ... die ideale Kulisse für eine Mythologisierung. Woher kommt aber das Bild, Ostpreußen sei die deutscheste aller Provinzen? Beginnt das mit dem deutschen Ritterorden, der Ostpreußen kolonialisierte?

KOSSERT: Von der Bevölkerung her war es ja eher die am wenigsten deutsche Provinz. Auch der Deutsche Orden war nicht deutsch, er war in erster Linie religiös definiert. In seinen Reihen fanden sich viele Landsmannschaften – deutschsprachige, aber auch polnischsprachige. Schon im 14. Jahrhundert holten die Hochmeister des Deutschen Ordens polnischsprachige und litauischsprachige Siedler in das Ordensland.

SPIEGEL: Was war ihr Interesse?

KOSSERT: Es ging darum, Landstriche urbar zu machen, die noch Teil der sogenannten »Großen Wildnis« waren. Preußen brauchte Steuerzahler; wie sie redeten, war zweitrangig. Erst seit dem späten 19. Jahrhundert hat sich in Ostpreußen eine zunehmend deutsche und zugleich antislawische Identität herausgebildet. Da wurde der Deutsche Orden zum

Andreas Kossert

Der promovierte Historiker, Jahrgang 1970, arbeitete von 2001 bis 2009 am Deutschen Historischen Institut in Warschau und ist seit Anfang 2010 wissenschaftlicher Referent bei der Stiftung »Flucht, Vertreibung, Versöhnung«. Kossert schrieb unter anderem die Bücher »Ostpreußen. Geschichte und Mythos« und »Kalte Heimat. Die Geschichte der deutschen Vertriebenen nach 1945«.

»deutschen Auftrag im Osten« nationalistisch umgedeutet. Zu diesem Zeitpunkt begann die fatale Kette der Radikalisierung, die die Nationalsozialisten zur Perversion führten.

SPIEGEL: Aber es war doch eine Eroberung, um Heiden gewaltsam zu Christen zu machen. Und es gab eine Urbevölkerung dort: die Prussen.

KOSSERT: Das waren tatsächlich die ersten Ostpreußen. Die baltischen Stämme waren sprachlich mit den Letten und den Litauern verwandt. Der Orden unterwarf sie, zwang sie zur Annahme des Christentums, aber er rottete sie nicht mit dem Schwert aus. Leider geriet die baltische Urtradition Ostpreußens durch die deutsch-polnisch-litauisch-russischen Spannungen um dieses Gebiet in Vergessenheit.

SPIEGEL: Noch um 1850 wurde im Süden Ostpreußens überwiegend Polnisch gesprochen, Litauisch dafür im Norden und Deutsch in Königsberg und in der Mitte. Wie kam das?

KOSSERT: Herzog Albrecht von Preußen sorgte bei der Einführung der Reformation 1525 als nunmehr evangelischer Landesherr dafür, dass das Evangelium tatsächlich in der jeweiligen Muttersprache verkündet wurde. An der Universität Königsberg richtete er eine theologische Fakultät ein mit polnischen und litauischen Sprachseminaren, die erst 400 Jahre später von den Nationalsozialisten geschlossen wurde.

SPIEGEL: Hat Multikulti da tatsächlich funktioniert?

KOSSERT: Erst mal ist es eine Erfolgsgeschichte, dass diese Mischung Jahrhunderte gehalten hat, auch wenn es durchaus ethnische Spannungen gab. Das Herzogtum Preußen betrieb zudem eine sehr restriktive Judenpolitik.

SPIEGEL: Aber schon 1873 wurde die polnische Sprache an Schulen untersagt und allmählich auch aus den Kirchen gedrängt.

KOSSERT: Die Reichsgründung brachte eine fundamentale Wende: Eine Germanisierungspolitik begann, die der Idee eines ethnisch homogenen Nationalstaates folgte. Nationalistisch dachte man damals in ganz Europa. In Ostpreußen aber war es die Aufkündigung dieses jahrhundertealten multiethnischen Konsenses.

SPIEGEL: Auch Ortsnamen wurden nun eingedeutscht wie etwa Zimnawodda in »Kaltenborn« oder Krzywonoggen in »Krummfuß«.

KOSSERT: Es begann in der wilhelminischen Zeit noch relativ behutsam. Allerdings verschärfte bereits Wilhelm II. den Kurs, er wollte den sogenannten Ostmarken ein äußeres »deutsches« Antlitz verschaffen. Alles, was slawisch

oder litauisch klang, war nun »undeutsch« und musste weichen.

SPIEGEL: Der deutschnationale Historiker und Reichstagsabgeordnete Heinrich von Treitschke erklärte das »deutsche Ordensland Preußen« schon 1862 zum »festen Hafendamm, verwegen hinausgebaut vom deutschen Ufer in die wilde See der östlichen Völker« – da ist es nicht mehr weit zum »Bollwerk gegen das herandrängende Slawentum«, wie es bei nationalistischen Scharfmachern in der Weimarer Zeit hieß.

KOSSERT: Nun etablierte sich eine kulturelle Überlegenheitsideologie, ein »Kulturkampf« gegen die Slawen, der in Ostpreußen besonders stark ausgeprägt war.

SPIEGEL: Warum nicht in Schlesien?

KOSSERT: Ähnliche Töne gab es auch in Pommern oder in Oberschlesien, aber wegen seiner Randlage ließ sich Ostpreußen die Bollwerksfunktion besonders gut zuschreiben.

SPIEGEL: Im Ersten Weltkrieg wurde Ostpreußen sogar zum Zankapfel zwischen Deutschland und Russland.

KOSSERT: Wie keine andere Provinz des Deutschen Reiches war Ostpreußen Kriegsschauplatz. Nun setzte sich endgültig ein kollektives deutsches Bewusstsein durch. Deutsche Soldaten kämpften in Ostpreußen, und Hunderttausende ostpreußischer Soldaten lagen mit rheinischen und westfälischen Kameraden in Frankreich im Schützengraben – das einte.

SPIEGEL: Der Krieg fing auch gleich mit einem symbolträchtigen Ereignis an, der Schlacht von Tannenberg – die fand aber doch eigentlich bei Allenstein statt.

KOSSERT: General Ludendorff hielt in seinen Erinnerungen fest, das Gefecht sei auf seinen Vorschlag als »Schlacht von Tannenberg« benannt worden. Er machte den Sieg nachträglich zur Revanche für die Niederlage des Deutschordensheeres von 1410 gegen Polen-Litauen. Das ist absurd, denn die Kontinuität stimmt noch nicht mal in Ansätzen. Im multiethnischen Ordensheer kämpften auch polnischsprachige Untertanen – und beim polnisch-litauischen Gegner auch deutschsprachige Söldner.

SPIEGEL: Erst als Ostpreußen 1914 umkämpft war, erfuhr es Solidarität aus dem Westen des Reiches?

KOSSERT: Ja, viele westdeutsche Großstädte hatten eine Patenstadt in Ostpreußen. Im Bürgertum weitverbreitete Romane wie die der Brüder Skowronnek mit ihren Geschichten »Sturmzeichen« oder »Das große Feuer« erzielten eine extrem hohe Auflage. Das verkaufte sich: das geschundene, umzingelte Grenzland.

SPIEGEL: Ist das die Aura Ostpreußens, die es unterscheidet vom Sudetenland oder dem – heute rumänischen – Banat?

KOSSERT: Ostpreußen war zuvor einfach eine Provinz, ein Teil Preußens, seine politische Bedeutung erhielt es erst 1914. Da wurde es zum Kampfbegriff. 1927, zu Hindenburgs 80. Geburtstag, wurde das gigantische Tannenberg-Nationaldenkmal eingeweiht. Da war es schon wie eine nationale Pilgerfahrt, nach Ostpreußen zu reisen. Dass ein national gesinnter deutscher Student ein Ostsemester in Königsberg absolvierte oder sich ein Junglehrer für ein, zwei Jahre nach Ostpreußen versetzen ließ, war eine Art Ehrenpflicht.

SPIEGEL: Wir tragen ja zwei Ostpreußenbilder in uns. Das der preußischen Tugenden, des Geistes der Toleranz, Kant und Herder, das andere ist das deutschnationale, ja chauvinistische, preußisch-militaristische.

KOSSERT: Beide gehören zur Geschichte. Gerade legen wir ein ganz neues Bild frei: das einer geschichtsträchtigen Provinz mit immensem kulturellem Reichtum. Diese multiethnischen Traditionen waren doch für uns verschwunden, sie werden nun als Schatz geborgen.

SPIEGEL: Also eine wirkliche Neuentdeckung Ostpreußens?
KOSSERT: Absolut. Wir betrachten die Landschaften des östlichen Europas gänzlich neu. Wir entdecken zerstörte Lebenswelten, etwa die jüdische Kultur in Galizien, Bessarabien, wir blicken nun auf Landschaften, die viele jahrzehntelang komplett ausgeblendet hatten.
SPIEGEL: Aber verdrängen wir mit der Kulturseligkeit nicht zum Beispiel, dass gerade in Ostpreußen überwiegend nationalsozialistisch gewählt wurde?
KOSSERT: Das ist ja mittlerweile hinlänglich bekannt. Aber auch die Tradition des liberalen Ostpreußen des Vormärz wurde vergessen. Vieles, was im Vorfeld der Paulskirche, der Demokratiebewegung in der ersten Hälfte des 19. Jahrhunderts stattfand, kam aus Königsberg.
SPIEGEL: Die Zustimmung zu den Nationalsozialisten war in Ostpreußen aber höher als sonst im Reich – bei den letzten beiden freien Wahlen 1932 erhielt die NSDAP in Ostpreußen bis zu zehn Prozent über dem Reichsdurchschnitt.
KOSSERT: Die Provinz wählte zuvor jahrelang deutschnational. Aber weil die alten Eliten nur an ihre agrarischen Eigeninteressen dachten, kam es seit Ende der zwanziger Jahre zum Bruch zwischen den adligen Gutsherren und den Kleinbauern, die hoch verschuldet waren. Die Nationalsozialisten nahmen sich ihrer Nöte an. Hitler übernahm in Ostpreußen propagandistisch geschickt den Hindenburg-Kult, er reiste mehrmals dorthin und inszenierte sich als der neue Retter Ostpreußens.
SPIEGEL: Gegen das nationale Idol des Siegers von Tannenberg kamen die Sozialdemokraten nicht an?
KOSSERT: Reichspräsident Friedrich Ebert fuhr ja auch nach Ostpreußen, er eröffnete die Ostmesse und warb dafür, Ostpreußen wirtschaftlich auf die Beine zu helfen –

vergebens. Die Lage entglitt den demokratischen Kräften. Die paternalistischen Strukturen Ostpreußens machten eine Modernisierung auch im politischen Denken nicht möglich. Hindenburg steht – wie die Dönhoffs, die Lehndorffs, die Dohnas und andere ostpreußische Adelsfamilien in dieser Zeit auch – für das Nichtakzeptieren und schließlich das Scheitern der Weimarer Republik.

SPIEGEL: Sie geben dem Adel Schuld? Immerhin beteiligte er sich prominent auch am Widerstand gegen Hitler.

KOSSERT: Die Verschwörung des 20. Juli folgte ja später. Nehmen wir den Kapp-Putsch 1920: Er fand in Ostpreußen die größte Unterstützung. Die fast ausnahmslos adligen Landräte und Provinzgrößen haben daran mitgewirkt. Führende Adelsfamilien unterstützten den »Heimatbund Ostpreußen«, der sich daran beteiligte, die Weimarer Republik nach Kräften zu torpedieren.

SPIEGEL: Wie kam es zu dem eher schöngefärbten Ostpreußenbild in der deutschen Erinnerung nach 1945?

KOSSERT: Wer hat unser Ostpreußenbild bestimmt? Sowohl vor dem Krieg als auch bis in die achtziger Jahre waren das fast ausschließlich Adlige – Marion Gräfin Dönhoff, Hans Graf von Lehndorff, Alexander Fürst zu Dohna-Schlobitten, Esther Gräfin von Schwerin. Dadurch haben wir die Vorstellung, dass Adlige durch ostpreußische Landschaften reiten, liebevoll-paternalistisch mit ihren Untertanen sprechen, die Gutsherren sorgen für Ordnung. Viele Menschen in der frühen Bundesrepublik wollten sich nicht mit dem problematischen Erbe auseinandersetzen, sondern mochten solche Bilder, in denen man sich romantisch-nostalgisch einrichten konnte.

SPIEGEL: Teilen Sie die Ansicht Ihres Historiker-Kollegen Karl Schlögel, dass der Verlust des Ostens außer den Vertriebenen selbst die Deutschen wenig berührt habe?

KOSSERT: Ich glaube, er hat recht. Die Regionen waren tatsächlich weg, hinter dem Eisernen Vorhang, die konnte man nicht einmal besuchen. In der Nachkriegszeit kamen zwölf Millionen Vertriebene in die vier Besatzungszonen, und es gab drängende soziale Fragen. Gleichzeitig setzte eine Politisierung der Vertriebenenfrage ein. Dadurch wurde die Verarbeitung des kulturellen Verlustes hintangestellt.
SPIEGEL: Trat das Schicksal der Vertriebenen hinter den Holocaust zurück?
KOSSERT: Die Aufarbeitung des Holocaust und überhaupt des Nationalsozialismus intensivierte sich erst in den sechziger Jahren. Doch das stand den Belangen der Vertriebenen ja überhaupt nicht im Wege. Vielmehr diente später die Auseinandersetzung um die neue Ostpolitik, die die deutsche Gesellschaft stark polarisierte und vieles unter Revanchismusverdacht stellte, manchmal als bequeme Ausrede, sich nicht schmerzhaften Fragen stellen zu müssen. Etwa: Sind meine Mutter, meine Großmutter auf der Flucht vergewaltigt worden?
SPIEGEL: Sind die Polen geschichtsbewusster?
KOSSERT: Ich denke, dass das Interesse der Polen an der Vergangenheit ungleich größer ist als das der Deutschen. 40 Jahre lang wurde ihnen durch den kommunistischen Staat eingetrichtert: Ihr wohnt in den »wiedergewonnenen Gebieten«, das war urpolnisches Land. Nach 1989 hatten sie ein Nachholbedürfnis, zu fragen: Was war hier eigentlich vor 1945? Sie hatten ja auch ihre eigenen Eltern und Großeltern gesehen, die auf gepackten Koffern saßen, die Angst hatten, die Deutschen kämen zurück, und die häufig ebenfalls um ihre verlorene Heimat trauerten.
SPIEGEL: Und bei uns?
KOSSERT: Die Deutschen stehen vor der Aufgabe, wie es Karl Schlögel formuliert hat, dieses Thema in die Mitte der

Gesellschaft zu rücken und zu fragen: Was ist mit unseren millionenfachen biografischen Bezügen zu diesem Thema und zu diesen Landschaften? Da stehen wir erst am Anfang.

SPIEGEL: Gilt Ihr Satz noch: Noch ist Polen nicht verstanden?

KOSSERT: Ja. Wir haben viel zu geringe Kenntnisse von der Geschichte unseres direkten Nachbarn. Die Geschichte Italiens oder Frankreichs gehört zu unserem klassischen Bildungskanon. Polen und sein kultureller Beitrag zur Geschichte unseres Kontinents sind jedoch kaum bekannt. Dabei ist die Historie Polens vielfach auch Teil unserer eigenen Geschichte.

SPIEGEL: Und wem gehört Ostpreußen?

KOSSERT: Es gehört natürlich den Menschen, die heute dort leben. Aber das kulturelle Erbe gehört durch die Familienbezüge genauso auch Millionen Menschen, die in Deutschland und anderswo leben.

SPIEGEL: Herr Kossert, wir danken Ihnen für dieses Gespräch.

»Wir leben unseren Traum«

In Ostpreußens nördlichem, nunmehr russischem Teil scheint die Geschichte versunken – Moskau unternimmt vieles, sie vergessen zu machen. Doch in vielen Orten bewahren engagierte Bürger die Spuren der Deutschen.

Von Christian Neef

Das Dorf Brandenburg liegt am Frischen Haff, es war berühmt durch seine Burg. Markgraf Otto III. von Brandenburg ließ sie 1266 anlegen, als er mit anderen Kreuzfahrern ins Prussenland kam – um von hoher Warte aus die Einfahrt der Schiffe nach Königsberg zu überwachen. Brandenburg heißt heute Uschakowo und liegt in Russland. Die Burg wurde im Krieg zerstört, russische Neusiedler nutzten die Reste als Steinbruch. Vom alten Prussendorf ist fast nichts mehr zu sehen, und doch meldet sich die ostpreußische Geschichte mit schöner Regelmäßigkeit immer wieder zurück. Als sollten die Bewohner daran erinnert werden, dass der Landstrich zwischen Frischem Haff und Memel – dessen Städte einst Stallupönen oder Tapiau hießen, heute aber Nesterow oder Gwardejsk – einmal deutsch gewesen ist.

Vor drei Monaten, im Oktober 2010, fand einer der Bürger von Uschakowo auf dem Dachboden seines Hauses in der früheren Berliner Straße Nummer 1 ein Lederfutteral mit den Insignien eines Münchner Biergartens. Er brachte es ins Kunsthistorische Museum nach Kaliningrad, dem ehemaligen Königsberg. In dem Behältnis fand sich die Hinterlassenschaft seines Vorbewohners: ein Mitgliedsausweis der NSDAP mit Nachweisen über die Entrichtung der Mitgliedsbeiträge, der letzte vom Dezember 1944. Dazu Papiere der Lebens-Rettungs-Gemeinschaft, der Pensionskasse und der Deutschen Arbeitsfront. Die Dokumente waren auf den Namen Karl Schehl ausgestellt, geboren am 11. Juli 1892, Dienststellung: Oberlandjäger. Der Deutsche hatte sie vor seiner Flucht vor den Russen unter einer Lehmschicht versteckt – wohl in der Absicht, sie nach dem Endsieg wieder hervorzuholen. Schehl kam, wie die anderen zweieinhalb Millionen Ostpreußen, nie wieder in seine Heimat zurück. Aber was besagt der Fund von Uschakowo? Dass der letzte Königsberger Stadtarchivar, Fritz Gause, keineswegs recht hatte, als er, lange nach dem Krieg, schrieb: »Die siebenhundertjährige Geschichte Königsbergs ist mit den Königsbergern emigriert.«

Auch in Tschernjachowsk stand ein Schloss, und auch das wurde im Krieg weitgehend zerstört, aber im Unterschied zu Uschakowo zieht jeden Morgen um neun Leben in die Ruine am Stadtrand ein. Denn ein Schlossflügel ist erhalten geblieben. Alexej Oglesnjow, 45, mit blauem Rollkragenpulli, Jeans und Basketballmütze bekleidet, schließt einen kleinen Raum neben der Toreinfahrt auf und setzt sich an seinen Computer. Im Kaminzimmer bringt die weißblonde »Schlossfee« Wlada Smirnowa, 41, derweil das Feuer in Gang und backt frische Brötchen. Und oben im kleinen Schlossmuseum prüft Künstler Andrej Smirnow Entwürfe neuer Zeichnungen. Hinter dem Schlossteich ist indessen auch das frühere Insterburg erwacht. Bevor die Briten im Sommer 1944 die Stadt an der Reichsstraße Nummer 1 bombardierten, war Insterburg ein wichtiger Eisenbahnknotenpunkt mit knapp 50000 Einwohnern, Maschinenfabriken, Eisengießereien und einer Flachsspinnerei sowie weitläufigen Kasernen fürs Militär. Im Gegensatz zu Kaliningrad hat es sich den Charme einer ostpreußischen Stadt bewahrt.

Die Insterburg wurde im 14. Jahrhundert erbaut, hier sammelte sich der Deutsche Orden zu seinen Litauen-Fahrten. Nach dem Krieg war eine Artillerie-Division in den Resten des Schlosses stationiert, dann zog der städtische Bauhof ein. Und 1997 die Gruppe um Wlada und Alexej – mit dem Plan, die Anlage wieder aufzubauen und aus ihr einen Kulturtreffpunkt zu machen, mit Museum, Theater und Galerie. Es war der erste Schritt in ein großes Abenteuer. »Man hielt uns für verrückt«, sagt Alexej. Der Zusammenbruch der Sowjetunion lag sechs Jahre zurück, aber vieles, was früher undenkbar war, schien plötzlich möglich. Auch im Gebiet von Kaliningrad war der Kapitalismus eingezogen, der Bauhof sollte dem Kulturministerium, dem das Schloss formal gehörte, plötzlich Miete zahlen und zog daraufhin aus. Zurück blieben eine Ruine, für die sich der Staat nicht interessierte, und die Aktivisten um Wlada und Alexej. Ohne Geld, ohne Strom, selbst die Türen hatten Bauleute herausgerissen und mitgenommen. Ein Wiederaufbau des Schlosses, so viel war klar, würde 30 Millionen Euro kosten. »Sie hielten uns für verrückt nicht nur wegen unserer Idee«, sagt Alexej, »sondern weil wir ein deutsches Ordensschloss retten wollten: Es sei peinlich, wenn sich Russen mit dem preußischen Erbe befassen, hieß es. Wir galten als Agenten deutscher Geheimdienste.« In russischen Ohren klang das gar nicht so absurd: Die sowjetische Führung hatte das einstige Ostpreußen fast ein halbes Jahrhundert lang als Keimzelle des deutschen Militarismus gegeißelt und der Bevölkerung, die sie nach 1945 in das Gebiet umsiedelte, die Vorgeschichte der Gegend verschwiegen. Das war einerseits nicht schwer, viele der Ankömmlinge waren Militärs. Die interessierten sich ohnehin nicht fürs alte Ostpreußen, sie

Historische Heimat

Wo Deutsche im Osten Eutropas siedelten

Historische Heimat

Wo Deutsche im Osten Europas siedelten

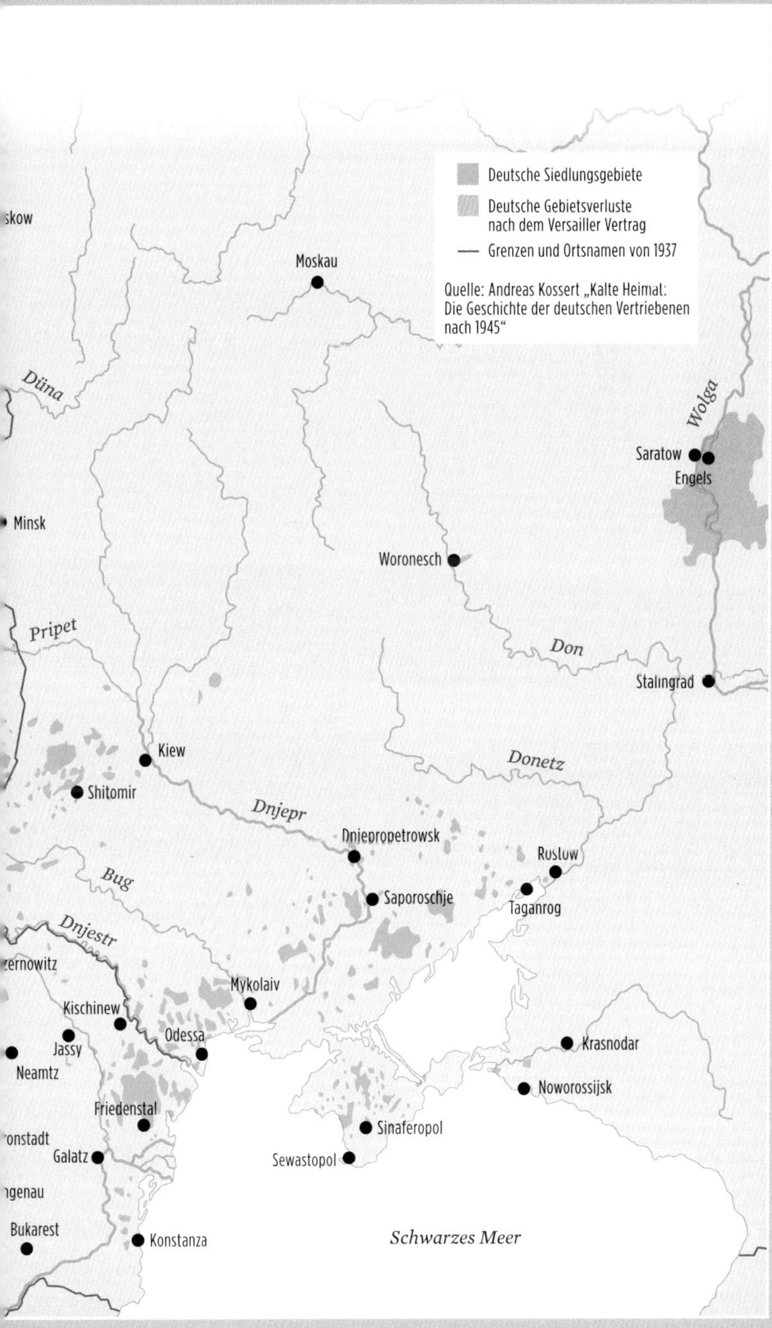
Deutsche Siedlungsgebiete
Deutsche Gebietsverluste nach dem Versailler Vertrag
Grenzen und Ortsnamen von 1937
Quelle: Andreas Kossert „Kalte Heimat: Die Geschichte der deutschen Vertriebenen nach 1945“
skow
Moskau
Düna
Wolga
Saratow
Engels
Minsk
Woronesch
Pripet
Don
Stalingrad
Kiew
Shitomir
Donetz
Dnjepr
Dniepropetrowsk
Rostow
Bug
Saporoschje
Taganrog
Dnjestr
zernowitz
Mykolaiv
Kischinew
Odessa
Jassy
Neamtz
Krasnodar
Noworossijsk
Friedenstal
Sinaferopol
onstadt
Galatz
Sewastopol
ngenau
Bukarest
Konstanza
Schwarzes Meer

fuhren nach wenigen Jahren wieder weg. Andererseits hatte Moskau nicht bedacht, dass jene, die blieben, wieder und wieder auf Spuren ihrer Vorgänger stießen.

»Auch in Insterburg besaßen die Leute Dinge, die die Deutschen zurückgelassen hatten, sie benutzten deren Schränke und Stühle, ihre Fahrräder oder Radios«, sagt Alexej. »Sie haben die deutsche Geschichte nicht als eine fremde aufgenommen, sie lebten einfach in ihr. Und das ist bis heute so: Einer der Läden gleich hinterm Schloss heißt bei uns noch immer der ›Gestapo-Laden‹, weil in diesem Haus einst die örtliche Gestapo-Filiale saß.« Alexej, studierter Historiker, gehört wie Wlada, die im früheren Tilsit Choreografie lernte, zu einer Generation, die bereits hier geboren ist und das Land jetzt neu entdeckt, weil sie es als Teil des europäischen Kulturerbes versteht. Nur durch die Aneignung der Geschichte könne es gelingen, sagt Wlada, in Städten wie Tschernjachowsk oder Kaliningrad eine Heimat zu finden.

Vergangenes gegen den Willen der Staatsmacht wiederzubeleben – dazu braucht es wirklich ein paar Verrückte, Leute wie die Truppe vom Schloss, die sich nicht nur als Russen, sondern ebenso als Ostpreußen verstehen. Sie gründeten eine Stiftung, die von den Behörden zuerst nicht genehmigt wurde, weil sie Stiftung »Schloss Insterburg« hieß, ein viel zu deutscher Name. Jetzt heißt sie »Dom samok«, »Haus Schloss«, was etwas sperrig, aber unverfänglich klingt. 1999 starteten Alexej und seine Freunde auf dem Schlosshof die erste Theatervorstellung, mit Milchkästen als Sitzgelegenheiten. Inzwischen haben sie Verbündete in der Stadtverwaltung und unter Geschäftsleuten gefunden, die bezahlen den Strom, das Internet und übernehmen Kosten für das, was nun im Schloss geschieht. Von Mai bis Oktober gibt es Führungen und Ritterspiele, Kunstfestivals und Sommerschulen zur ostpreußischen Kulturgeschichte; Schulklassen und Touristen kommen. Selbst bis nach Dresden sprach sich herum, was hier passiert: Sozialpädagogen vom Internationalen Bund, einem der großen Vereine für Jugend-, Sozial- und Bildungsarbeit in Deutschland, tauschen mit den Insterburgern Jugendgruppen aus. Der Schutt wurde aus den Schlosskellern geholt, und es wurde mit der Sicherung der verfallenen Zitadelle begonnen. Dafür gab es sogar Geld vom Moskauer Kulturministerium – »ein unglaublicher Erfolg für eine Stadt wie Tschernjachowsk«, sagt Alexej. Sie selbst arbeiten alle kostenlos, betreiben nebenbei kommerzielle Projekte in der Stadt. Eine Bürgerinitiative? Es gibt nichts Ungewöhnlicheres im obrigkeitsbewussten Russland. »90 Prozent aller Leute arbeiten fürs Geld«, sagt Alexej, »wir aber leben für unseren Traum, auch wenn wir inzwischen wissen, dass wir in diesem Schloss nur mit kleinen Schritten vorankommen werden. Wir haben sowieso alle die unterschiedlichsten Vorstellungen, wie es hier einmal aussehen soll.«

Inzwischen haben die Leute von der Stiftung ihr Wirkungsfeld sogar in die Stadt verlegt, und daran ist Dmitrij Suchin schuld, der Oberverrückte. Ein Architekt, der in Leningrad geboren ist, heute aber in Rotterdam und Berlin lebt, der Fliege und Nickelbrille trägt und ein liebenswert altertümliches Deutsch spricht. Suchin hat herausgefunden: In Tschernjachowsk gibt es noch eine komplette Straßenzeile mit Häusern des deutschen Ausnahmearchitekten Hans Scharoun. Die Siedlung, errichtet um 1920, ist ein Frühwerk des Meisters der organischen Architektur, der die Harmonie von Landschaft und Gebäude und eine soziale Zweckmäßigkeit der Bauten anstrebte. Sie hieß einmal »Bunte Reihe«.

Die zweigeschossigen Walmdachhäuser hinter den wilhelminischen Kasernen stehen trotz Krieg und Sowjetzeit fast so da wie früher, mit barockisierenden Schmuckformen unter den Treppenfenstern und dem farbigen Putz von einst, nur sind sie ziemlich verfallen. Sie gehörten instand gesetzt und geschützt, befand Suchin und begeisterte für diese Idee auch die Truppe im Schloss.

Lassen sich in Russland deutsche Häuser eines deutschen Architekten restaurieren? Als Denkmäler der klassischen Moderne – in einem Land, das keinerlei Erfahrung im Umgang mit Denkmalssubstanz besitzt? Die Insterburger Aktivisten haben binnen eines Jahres Unglaubliches zustande gebracht: Im Juni 2010 haben sie deutsche Fachleute zu einem Architektensymposium nach Tschernjachowsk geholt und bei der Stadt erreicht, dass die deutschen Häuser zum kulturellen Erbe erklärt wurden. Architekturstudenten aus Kasan dokumentierten im Sommer die historischen Originalteile der Bauten, eine »Genossenschaft der Hausbesitzer« wurde gegründet, die sich mit fünf Prozent an den Kosten der originalgetreuen Instandsetzung beteiligen will. Die Denkmal-Akademie im deutschen Görlitz wird bei der Ausbildung von Restauratoren helfen, eine Firma im bayerischen Diedorf ermittelt die ursprünglichen scharounschen Töne.

»Es war klar, dass wir Kaliningrad verlieren, fast die gesamte Bausubstanz des früheren Königsbergs ist vernichtet, aber in kleineren Städten wie Tschernjachowsk lässt sich preußische Architektur noch rekonstruieren«, sagt Alexej Oglesnjow. Eine stehengebliebene Häuserzeile aus der Gründerzeit in der Komsomolzenstraße wollen sie retten, dazu das alte Lokomotiv-Depot mit seiner riesigen Kuppel, erbaut um 1870 vom Königlichen Eisenbahn-Baumeister Johann Wilhelm Schwedler – nur noch drei davon soll es in Europa geben.

Auch in Insterburgs früherer Wilhelmstraße, die inzwischen »Pionerskaja« heißt, erinnert noch manches Kleinod an die deutsche Geschichte. Vor Haus Nummer 9 zum Beispiel steht ein leerer Denkmalssockel. Die Inschrift stammt vom 11. Juni 1911, der »Vorschuss-Verein zu Insterburg« hat sie angebracht, sie ist noch gut zu entziffern: »Tüchtige Bürger machen erst einen tüchtigen Staat – nicht umgekehrt« steht auf dem Stein.

Insterburg ist kein Einzelfall. Es gibt auch den Unternehmer Boris Bartfeld, der in einem seiner Hotels in Kaliningrad die »Bohnengesellschaft« veranstaltet, einen Salon, wie ihn Freunde des berühmten Königsbergers Immanuel Kant nach dessen Tod ins Leben gerufen hatten: Einmal im Monat treffen sich Professoren, Künstler, Schriftsteller und debattieren ein philosophisches oder politisches Thema. Es gibt das Ehepaar, das die Schlossmühle im früheren Gerdauen restauriert, um aus ihr ein Café nebst Gästehaus zu machen. Den kunstsinnigen jungen Mann, der den Wasserturm im einstigen Georgenswalde als Galerie retten will. Oder jene Bürger in Selenogradsk, dem berühmten früheren Seebad Cranz, die eine Kopie der Kutsche von Königin Luise aufstellen möchten – in der dortigen Posthalterei hatte die Gemahlin des preußischen Herrschers 1807 auf der Flucht vor Napoleon genächtigt.

Und es gibt Männer wie Wladimir Ryschkow. Er ist im Kaliningrader Café »Bon Bon« am Siegesplatz, der früher Hansaplatz hieß, anzutreffen – weil von dort der Blick ungehindert hinüber zur neuen orthodoxen Kathedrale geht. Auf die Russisch-Orthodoxen ist der Mann mit der Glatze nicht gut zu sprechen. Die Geschichte, die er erzählt, zeigt, wie schwierig es manchmal ist, ostpreußisches Erbe zu bewahren. Ryschkow, 52, von Beruf Lehrer und Germanist und Vizechef der Gesellschaft für Fremdenführer, hat etwas aufgedeckt, was er eine »Schande für Kaliningrad« nennt. Es war im März 2010, als er mit anderen Fremdenführern eine neue Tour durchs Kaliningrader

Gebiet zusammenstellen wollte; »Der Weg zur Kirche« sollte sie heißen.

Ostpreußen hat seinen Nachfolgern über 220 Kirchen hinterlassen, evangelische wie katholische, von denen die meisten nach dem Kriege verfallen, bestenfalls zu Lagern oder Werkstätten umgebaut worden sind. Nur in wenigen Fällen werden sie noch sinnvoll genutzt: In der früheren Königsberger katholischen Kirche Zur Heiligen Familie ist die Kaliningrader Philharmonie zu Hause, die wiederaufgebaute, ehemals evangelische Luisenkirche beherbergt ein Puppentheater, und in der Christuskirche neben der einstigen Waggonfabrik Steinfurt rockt Kaliningrads Jugend – die Discothek »Wagonka« ist die beste in der Stadt. Auch viele der verfallenen Kirchen werden seit der Öffnung des Gebiets 1990 wiederentdeckt.

Die Katharinenkirche in Maryno ist so eine: erbaut vor 1350 von deutschen Rittern und besonders wertvoll durch den 600 Jahre alten Fries mit dem Heilsspiegel, der zweifach um das Kirchenschiff läuft. Maryno hieß früher Arnau und lag neun Kilometer östlich der Provinzhauptstadt, viermal täglich hielt die Kleinbahn aus Königsberg hier. Zu Sowjetzeiten wurde das Gotteshaus als Getreidespeicher genutzt, dann verfiel es. Ein deutsches Kuratorium begann 1992 mit dem Wiederaufbau, reparierte den Turm, errichtete einen neuen Dachstuhl und schloss mit dem Gebiet einen Vertrag bis zum Jahr 2018: Ein kulturgeschichtliches Museum nahm in den Gemäuern seine Arbeit auf. Bis Herbst 2010 hatte das Kuratorium 320 000 Euro in sein Projekt gesteckt.

Als Ryschkow und seine Kollegen im Frühjahr auch in der Arnauer Kirche vorbeisahen, waren sie entsetzt: Die Holzbalken, die die von den Sowjets eingezogene zweite Etage des einstigen Speichers trugen, waren abgesägt, die Fresken beschädigt worden – und das Museum nirgendwo

Brücke in Tilsit, jetzt Sowjetsk, über die Memel nach Litauen (heutige Ansicht)

mehr zu sehen. Die Orthodoxe Kirche, in Russland gleichsam Staatskirche, hatte das Arnauer Gotteshaus im Handstreich genommen und war dabei, in der lutherischen Kirche einen orthodoxen Altar einzubauen. »Wir trauten unseren Augen nicht«, sagt Ryschkow. Er alarmierte das deutsche Kuratorium, dann die Medien, den Gouverneur und erhielt im Mai eine Antwort aus der Provinzregierung: Ja, die Kirche in Maryno sei den Orthodoxen übergeben worden.

»Sie müssen sich das einmal vorstellen«, sagt Ryschkow und schaut böse zur goldfunkelnden Kathedrale am Siegesplatz hinüber, »der Staat hatte sich im Stillen mit der orthodoxen Kirche geeinigt, ihr dieses historische Kleinod zu übergeben. Er hatte ohne Skrupel bestehende Verträge gebrochen, gar nicht zu reden vom historischen Flurschaden.« Ein Einzelfall? Der Aufregung nicht wert? Nein, sagt Wladimir Ryschkow, hier gehe es um mehr, es sei »eine Katastrophe für das kulturelle Erbe der Region«. Die habe im Mittelalter und während der Aufklärung eine wichtige Rolle gespielt und seit je Ost- mit Westeuropa verbunden.

Ryschkow setzte Himmel und Hölle in Bewegung, die Gebietsführung musste Farbe bekennen, das Thema kam im Provinzparlament auf die Tagesordnung. Dort stellte sich heraus, dass es nicht nur um Arnau, sondern nahezu zwei Dutzend weitere deutsche Kirchen ging und sogar um einstige Schlösser und Burgen des Deutschen Ordens, die allesamt den Orthodoxen übereignet werden sollten. Der Gouverneur legte einen Gesetzentwurf vor, der das als rechtens erklärte – mit Verweis auf ein föderales Gesetz, das zur selben Zeit in Moskau diskutiert wurde: Es sah die Rückgabe allen Eigentums an religiöse Organisationen vor, die Stalin im Zuge der Kirchenverfolgungen enteignet hatte.

Im nördlichen Ostpreußen hatte es orthodoxen Kirchenbesitz nie gegeben. Auch dort nun mit Hilfe des Kreml ihren Besitz zu vergrößern, war ein schlauer Schachzug der Moskauer Kirchenführung, die seit langem schon ihre Macht auszubauen und Lutheraner wie Katholiken als Konkurrenten auszuschalten versucht. Am 7. Oktober 2010 lag das Gesetz zur Abstimmung in der Regional-Duma vor. »Ich ging hin«, erzählt Ryschkow, »ließ mich als Gastredner eintragen und bekam tatsächlich drei Minuten Redezeit. Im Eiltempo habe ich den Abgeordneten meine Argumente erklärt: dass die orthodoxe Kirche nie auch nur eine einzige evangelische oder katholische Kirche restauriert habe, die auf der Liste der Kulturdenkmäler stehe. Dass die Fresken in Arnau etwas Einmaliges in Europa seien. Dass kaum noch Touristen nach Kaliningrad kommen würden, wenn wir das preußische Kulturerbe einer einzigen Organisation übergeben.«

Ryschkow hatte sich, für umgerechnet 30 Euro, sogar eine Expertise vom Staatsarchiv besorgt. »Sie besagte, dass der

Deutsche Orden nie eine kirchliche Organisation gewesen, die Übergabe der Schlossruinen an die Orthodoxen also ein besonders skandalöser Vorgang sei.«

Sein Auftritt sorgte für einen Skandal, das Projekt scheiterte. Erst bei einer zweiten Abstimmung setzte sich der Gouverneur durch. Aber Ryschkow hat inzwischen eine gesellschaftliche Bewegung entfacht, die kaum noch zu ignorieren sein wird. Historiker, Künstler und Schriftsteller des Gebiets prangerten in einem offenen Brief die »aggressive Klerikalisierung« Russlands an. »Das ist neu«, sagt Ryschkow, »das hat es hier noch nie gegeben.« Und schaut nun sogar etwas besänftigt hinüber zur Kathedrale.

Anschelika Schpiljowa, eine hübsche junge Frau mit Ponyschnitt, kennt die Schwierigkeiten im Umgang mit der russischen Staatsmacht sehr wohl. Für die meisten Beamten beginnt die Geschichte dieser Region nach wie vor erst 1945. Frau Schpiljowa ist Museumsdirektorin in Sowjetsk, dem früheren Tilsit am Ufer der Memel – der Stadt, deren alter Name unauslöschbar verbunden ist mit Luise. Jener zierlichen Königin, die 1807 hier ihren vergeblichen Bittgang zu Napoleon unternahm, der auf einem Floß in der Mitte des Flusses dem besiegten Preußen die Friedensbedingungen diktierte.

In Sowjetsk den Spuren Luises zu folgen ist aussichtslos: Fast keines der Gebäude, in denen Napoleon, Zar Alexander und das preußische Königspaar Weltgeschichte schrieben, existiert noch, die meisten wurden erst nach Kriegsende zerstört. »Wir wollen«, sagt Anschelika Schpiljowa, »eine Touristentour vom Tilsiter Frieden bis zur Konvention von Tauroggen entwickeln, deren Abschluss sich 2012 zum 200. Mal jährt – und jene Stätten wieder aufbauen, die damals eine Rolle spielten.« Nicht gerade die Mühle von Tauroggen, in der General von Yorck 1812 eigenmächtig den Waffenstillstand mit Russland schloss und damit die Befreiungskriege gegen Napoleon auslöste: Tauroggen heißt heute Taurage und liegt jetzt in Litauen. Aber das Luisen-Denkmal, das früher im Stadtpark stand, soll wiedererstehen, auch das kleine Haus, in dem Luise übernachtete und das vor wenigen Jahren noch stand. Leider ist für all diese Pläne kein Geld da, natürlich nicht. Schpiljowa hofft, es aus irgendeinem europäischen Fördertopf zu bekommen. Doch die Zeichen für Tilsit stehen wieder schlecht. Der Versuch, mit Schweizer Hilfe erneut den berühmten Tilsiter Käse zu produzieren, scheiterte. Die Bahnverbindung von Kaliningrad her wurde eingestellt, das Stadtgebiet zur Grenzzone erklärt – Ausländer dürfen es nur mit Genehmigung des Geheimdienstes FSB betreten, fast wie in alten Zeiten. Und nebenan bei Ragnit wird auch noch ein Atomkraftwerk gebaut. »Wir haben Angst, dass uns das die letzten Touristen vertreibt«, sagt Schpiljowa.

Wie lange Tilsit, die preußischste aller preußischen Städte, noch Sowjetsk heißen muss? Frau Schpiljowa weiß es nicht, aber sie erinnert an den vorigen Gouverneur, der die Bürger geradewegs ermuntert hatte, sich per Referendum den alten Namen zurückzuholen, weil der so unvergesslich die europäischen Wurzeln dieser Stadt widerspiegele. Sie glaubt wohl nicht daran, dass das im Russland des Wladimir Putin noch passiert. Im Juli 2010 hat sie in anderer Sache einen Brief ans Stadtparlament geschrieben. Das möge doch den deutschen Schauspieler Armin Mueller-Stahl zu dessen 80. Geburtstag zum Ehrenbürger von Sowjetsk erklären. Der Mann, der im Dezember 1930 in Tilsit in der Lindenstraße 24 zur Welt kam, habe einen »großen Beitrag zur Weltkultur« geleistet. Ob eine Antwort gekommen sei? »Nein«, sagt sie lächelnd. »Stattdessen wurde ein weiterer sowjetischer Kriegsveteran zum Ehrenbürger ernannt.«

Zackig gegen die Lethargie

Die russischen Zaren holten einst deutsche Handwerker, Wissenschaftler und Siedler als tüchtige Vorbilder ins Land. Ihnen glückte ein steiler sozialer Aufstieg. Im Zweiten Weltkrieg wurden sie Opfer von Stalins Terror.

Von Rainer Traub

Russland glich einem ungeschlachten, aber lahmen Riesen, als Peter der Große (1682 bis 1725) am Ende des 17. und zu Beginn des 18. Jahrhunderts seine radikale Europäisierung ins Werk zu setzen versuchte. Das Reich der Zaren war gewaltig, jedoch dünn besiedelt und unterentwickelt. Wirtschaftlich und sozial, zivilisatorisch und kulturell hinkte es weit hinter den westlichen Nachbarn her. Um hier Abhilfe zu schaffen, waren vor allem Menschen erforderlich: fleißige, tatkräftige Leute, die den Boden urbar machten und bestellten, die Handwerk und Handel, Militär und Medizin, Erziehung und Wissenschaft voranbrachten. Diejenigen, denen diese Rolle zufiel, waren großenteils deutscher Herkunft. Ihre Geschichte wurde Teil der russischen Geschichte, die sie im besten Sinn mitprägen und im schlimmsten Sinn miterleiden sollten.

Schon Peters Vorgänger auf dem Thron hatten mit der Rekrutierung deutscher Fachkräfte begonnen. Unter Iwan IV., »dem Schrecklichen« (1547 bis 1588), erhöhte sich die Zuwanderung in die im Nordosten Moskaus entstandene deutsche Vorstadt (»Nemezkaja sloboda«). Zar Boris Godunow (1598 bis 1605) beschäftigte sechs hochbezahlte deutsche Leibärzte. Und bereits 1660 wurde ein Bewohner der Moskauer

Vorstadt, ein Oberst Baumann, als erster Deutscher zum russischen General ernannt. Ende des 17. Jahrhunderts zählte das Heer Peters des Großen bei dessen Siegeszug gegen die Osmanen 80 deutsche Oberste. Der Eroberer und Reformzar verstärkte seine Anstrengungen zur Rekrutierung externer Spezialisten, nachdem er beim Kampf um die Ausweitung seiner Herrschaft im Ostseeraum im Jahr 1700 bei Narwa eine böse Schlappe gegen die Schweden eingesteckt hatte. Im Jahr 1702 erließ er ein »Berufungsmanifest« zur Anwerbung ausländischer Fachkräfte. Werber wurden ausgesandt, und ein Strom überwiegend deutschsprachiger Waffenschmiede, Ingenieure, Schiffbauer, Segelmacher, Mineralogen, Chemiker, Hüttenmeister und Ärzte ergoss sich ins Zarenreich. Nach der Gründung von Peters neuer, prachtvoller Hauptstadt Sankt Petersburg im Jahr 1703 waren dort bald ganze Straßenzüge in deutscher Hand.

Im Jahr 1710 nahmen Peters Truppen die schwedisch-livländische Stadt Riga ein, die ein halbes Jahrtausend lang deutsch geprägt gewesen war. Andere baltische Orte wie Reval folgten. Im Gegenzug dafür, dass diese Städte und ihre Ritterschaften dem Zaren die »freiwillige« Unterwerfung unter seine Herrschaft versprachen, garantierte Peter ihnen die Fortführung ihrer städtischen und ritterschaftlichen Selbstverwaltung und das Festhalten am protestantischen Glauben. Diese kluge Politik sicherte Russland einen weiteren Zustrom: gut ausgebildete und leistungsfähige Deutschbalten, von denen viele in die Eliten von Verwaltung, Militär und Diplomatie aufrückten.

Auch in der Wissenschaft bugsierte Peter der Große sein Land energisch Richtung Europa. Fasziniert von der Pariser Académie des Sciences, die er 1717 besichtigt hatte, gründete er in Sankt Petersburg seine eigene Akademie. Mit opulentem Gehalt und freier Wohnung wurden Gelehrte angelockt, die sich auf mindestens fünf Jahre nach Russland verpflichteten. »In einer Zeit, in der die Berliner Akademie zum überwiegenden Teil aus französischen Gelehrten bestand«, schreibt Ingeborg Fleischhauer in ihrem Standardwerk »Die Deutschen im Zarenreich«, »rekrutierte die entstehende Petersburger Akademie in erster Linie deutsche Gelehrte.«

Eine gebürtige deutsche Prinzessin auf dem Zarenthron war es dann auch, die Peters Rekrutierungskurs intensivierte und etliche Regionen des Reiches mit deutschen Neusiedlern bevölkerte. Sophie Auguste von Anhalt-Zerbst kam 1762 zur Macht, indem sie ihren Ehemann, einen reformbemühten, aber politisch ungeschickten Enkel Peters des Großen, in einer Palastrevolution stürzte und sich an seine Stelle setzte. Als Katharina II. oder Katharina die Große – sie regierte bis zu ihrem Tod 1796 – prägte sie Russland im Sinn eines aufgeklärten Absolutismus. Bei ihrer Ansiedlungspolitik folgte sie dem Vorbild des Preußen-Königs Friedrich Wilhelm I. und dessen Maxime »Menschen halte ich für den größten Reichtum«.

Auch Russlands berühmter Universalgelehrter Michail Lomonossow (1711 bis 1765) plädierte nachdrücklich für Bevölkerungsvermehrung. Als Theoretiker der Kolonisation profilierte sich neben ihm der deutsche Historiker Ludwig von Schlözer, der jahrelang in Russland geforscht hatte und von Katharina besonders gefördert wurde. Er versicherte: Das Zarenreich, das Mitte des 18. Jahrhunderts 20 Millionen Untertanen zählte, könne mit seinen Naturschätzen leicht 200 Millionen ernähren. Alles, was es brauche, um noch reicher und größer zu werden, seien Menschen.

Zwischen 1762 und 1764 lud Katharina II. mit drei Manifesten und großzügigen Versprechungen Ausländer zur Ansiedlung ein: Bauern, Handwerker und Fabrikanten konnten sich in einem beliebigen Teil Russlands niederlassen und ihre angestammten christlichen Konfessionen frei ausüben (nur Juden blieben, wie schon bei Peter dem Großen, ausgeschlossen). Außerdem versprach die Herrscherin den Kolonisten, sie 30 Jahre von allen Steuern und Abgaben und für immer vom Kriegsdienst zu befreien. Jede bäuerliche Kolonistenfamilie sollte, unabhängig von der Familiengröße, Land von 30 Desjatinen (etwas mehr als 30 Hektar) bekommen. Davon waren 15 Desjatinen als Ackerland sowie je 5 Desjatinen als Weide-, Wald- und Gartenland vorgesehen. Das waren verlockende Bedingungen. Die russischen Untertanen des Zaren – in ihrer Masse Leibeigene, also Sklaven – konnten davon nur träumen. So begann 1764/65 eine massive Einwanderung ins Wolgagebiet. Die meisten dieser Siedlerpioniere waren Armutsflüchtlinge aus Hessen. Wahrscheinlich wäre der Andrang nach Russland angesichts der verheerenden Folgen des Siebenjährigen Krieges (1756 bis 1763), in den alle europäischen Großmächte verwickelt waren, noch viel größer gewesen. Doch Preußen, Österreich, Frankreich und verschiedene deutsche Kleinstaaten reagierten auf die russischen Angebote mit strikten Auswanderungsverboten; sie drohten privaten Werbern, die Katharina II. aussandte, sogar die Todesstrafe an, denn die russische Konkurrenz gefährdete eigene Siedlungsprojekte.

Eine zweite Kolonisationsbewegung inszenierte Katharina II. in den achtziger Jahren des 18. Jahrhunderts. Das Zarenreich hatte die Türkenkriege siegreich beendet und den Osmanen die Krim und weite Teile des Schwarzmeergebiets abgejagt. Weil die nun bevölkert werden mussten, passte es ins strategische Kalkül, dass Preußen gerade einen Teil seiner Untertanen vergraulte: die Mennoniten, die zur christlichen Minderheit der Täufer gehörten und jede Art Wehrdienst grundsätzlich ablehnten. Unter dem religiös toleranten Friedrich dem Großen waren sie aus Holland und Friesland nach Preußen eingewandert. Der 1786 auf den Thron gelangte Friedrich Wilhelm II. aber verfügte, dass die Mennoniten in Preußen fortan Grund und Boden nur noch erwerben durften, wenn sie entgegen ihrer Religion Kriegsdienst leisteten. Das kam für die strenggläubigen Täufer nicht in Frage. 1787 siedelten sich die ersten von ihnen, denen die russische Krone unbegrenzte Religionsfreiheit und unbefristete Freistellung vom Militärdienst zugesichert hatte, im südrussischen Schwarzmeergebiet an.

Ein Vierteljahrhundert nach Katharinas erstem Einladungsmanifest beackerten mehrere zehntausend Kolonisten Gebiete vor allem in »Neurussland«, wie die Schwarzmeerregion offiziell hieß. An der Wolga hatten sich etwa 30000 deutsche Siedler niedergelassen. Doch der neue Anfang war für viele von ihnen außerordentlich hart. Schon die monatelange beschwerliche Anreise, verbunden mit Klimawechsel und Infektionsgefahren, war riskant; nicht wenige Kolonisten starben vor der Ankunft an ihrem Ziel. Dann waren die örtlichen russischen Behörden meist dem plötzlichen Ansturm nicht gewachsen. »Statt der versprochenen Häuser fanden die Siedler Pfählchen vor, die die künftigen Dorfplätze markierten. Es fehlte an Holz und Zimmerleuten, Geräten, Saatgut und Vieh, medizinischer und geistlicher Betreuung«, notiert Alfred Eisfeld in seinem Buch »Die Russland-Deutschen«. Hinzu kamen periodische Überfälle von Nomadenstämmen. Obendrein waren die ersten Siedler nicht immer die arbeitswilligsten und sozialverträglichsten Gesellen. Im Bemühen, schnelle Erfolge vorzuweisen, hatten die zaristischen Werber unter anderem entflohene Sträflinge, gescheiterte Offiziere und ruinierte Kaufleute angeheuert. Der Abstand zwischen glaubens- und sittenstrengen Siedlergruppen wie den Mennoniten und diesem »Abschaum

Deutschlands«, wie die Kolonisten selbst ihre schwarzen Schafe nannten, hätte größer nicht sein können.

Die Realität der bäuerlichen Ansiedlungen war also vorerst noch weit von den Zielen der russischen Regierung und von den Träumen der Neuankömmlinge entfernt. Das Problem löste Fürst Potjomkin, Katharinas Liebhaber und starker Mann, auf seine Weise: Vor einer angekündigten Schiffsinspektionsreise der Zarin in die neurussischen Gebiete ließ er flugs die blühenden Landschaften errichten, die Katharina 1787 am Unterlauf des Dnjepr zu sehen wünschte – in Form von Siedlungsattrappen. Die »Potemkinschen Dörfer« erfüllten ihren Zweck – und gingen als Inbegriff politischer Augenwischerei in die Geschichte ein. Die realen Erfahrungen der frühen deutschen Siedler aber prägten ein anderes Sprichwort: »Erste Generation – Tod, zweite Generation – Not, dritte Generation – Brot«.

Zu Beginn des 19. Jahrhunderts verstärkten neue Einwanderungswellen das deutsche Element in Russland, das sich auch dank dem üblichen Kinderreichtum schnell vermehrte. Neben weiteren Mennoniten aus Preußen waren vor allem Bauernfamilien aus verschiedenen Teilen Süddeutschlands unter ihnen. Auch in jenen Gebieten des ehemaligen Königreichs Polen, die das zaristische Russland bei der dritten polnischen Teilung 1795 an sich gebracht hatte, siedelten sich deutsche Bauern- und Handwerkerfamilien an.

Zar Alexander I. erließ im Jahr 1804 ein neues Edikt zur Kolonisierung, das diesmal eine qualitative Vorauswahl unter den Siedlungswilligen und einen mitzubringenden Mindestbesitz gebot. Die Neuen sollten den Russen in Landwirtschaft und Handwerk als Vorbilder dienen und hatten das Recht, zusätzliches Land auf eigene Rechnung zu kaufen. Von diesem Recht machte die folgende Zuwanderergeneration so regen Gebrauch, dass einige Jahrzehnte später deutsche Kolonisten im Wolgagebiet und im Schwarzmeerraum zu den größten Landbesitzern gehörten.

Im Jahr 1825 zeigte ein Schlüsselereignis der russischen Geschichte, wie sehr die Deutschrussen bereits in der Elite des Zarenreichs mitmischten: Einige waren führend am sogenannten Dekabristenaufstand liberaler Intellektueller und Offiziere beteiligt, andere an der drakonischen Konterrevolution im Namen der gottgewollten Zarenherrschaft.

Die adligen Offiziere, die hinter der Rebellion steckten, hatten im »Vaterländischen Krieg« den Eindringling Napoleon bis nach Paris gejagt – und waren dabei mit den umwälzenden Ideen der Französischen Revolution in Berührung gekommen. Ihre Forderung nach konstitutionellen und republikanischen Reformen kündigte wie ein erstes Donnergrollen das heraufziehende Zeitalter der Attentate und Revolutionen an. Unter den 112 verurteilten Verschwörern finden sich mindestens 16 deutsche Namen. Der prominenteste war Paul Pestel, ein Spross sächsischer Siedler. Er bezahlte sein republikanisches Manifest »Russkaja Prawda« (»Russische Wahrheit«) 31-jährig mit dem Leben. Gleichzeitig taten sich mehrere Generäle des Zaren mit deutschem Migrationshintergrund, wie man heute sagen würde, bei der gnadenlosen Verfolgung der Verschwörer hervor; einer der Häscher, General Alexander Benckendorff, wurde Chef der neugegründeten »Dritten Abteilung«. Die berüchtigte Geheimpolizei sollte alle Unruhen im Keim ersticken. In ihr wirkten so viele deutschstämmige Beamte, dass sie im Volksmund die »Deutsche Abteilung« hieß.

Die russisch-deutsche Symbiose, die sich quer durch alle politischen Lager zog, hinterließ tiefe Spuren im russischen Wortschatz. Vom »Schlagbaum« über den »Buchgalter« (der Buchstabe H existiert im Russischen nicht) und die »Schtraf« bis zum »Butterbrod«, das natürlich mit zweimal rollendem

R zu sprechen ist – es wimmelt von deutschen Lehnwörtern im Russischen.

Um die Mitte des 19. Jahrhunderts hoben sich viele von Deutschen besiedelte Gebiete Russlands bereits durch sichtbaren Wohlstand von ihrer russischen Nachbarschaft ab. Zu dieser Zeit waren die gehobenen Positionen im Außenministerium zu 57 Prozent, im Kriegsministerium zu 46 Prozent, im Post- und Verkehrsministerium zu 62 Prozent in der Hand von Deutschstämmigen. Diese Situation rief besorgte russische Kommentare hervor – doch vorerst wog bei den meisten alteingesessenen Russen der halb staunende, halb befremdete Respekt für die energischen und arbeitsamen Deutschen die Neidgefühle auf.

Aus dem Gegensatz von russischer Trägheit und deutscher Tatkraft schlägt einer der schönsten Klassiker der russischen Literatur seine Funken: Iwan Alexandrowitsch Gontscharows 1859 publizierter Roman »Oblomow«. Der lethargische Gutsherr Oblomow verdämmert seine Tage sinnierend auf dem Diwan, während sein deutscher Verwalter Stolz zackig und effizient für Ordnung sorgt und das Gut vor dem Ruin bewahrt.

Eine Zuspitzung der latenten Gegensätze zwischen russischen und deutschstämmigen Bauern wurde durch die überfällige Aufhebung der bäuerlichen Leibeigenschaft durch Zar Alexander II. im Jahr 1861 verhindert. Nun neigte sich die privilegierte Sonderstellung, die deutsche Kolonisten rund ein Jahrhundert lang genossen hatten, dem Ende zu. Etappenweise wurden sie in den Folgejahren den russischen Bauern gleichgestellt. Während aber viele von diesen nach der Aufhebung der Leibeigenschaft in die Städte abwanderten, nutzten die Deutschen die nun einsetzende Konjunktur in der Landwirtschaft. Im Juli 1871 billigte der Zar ein Gesetz, das die bisher zeitlich unbegrenzten Kolonisten-Privilegien durch einen zehnjährigen Übergangsstatus ersetzte, nach dessen Ablauf die Zugewanderten den russischen Bauern als Staatsbürger völlig gleichgestellt waren. Sie hießen nun auch nicht mehr »Kolonisten« – dieser Begriff war in der beginnenden imperialistischen Ära missverständlich geworden –, sondern »Siedler-Eigentümer«.

Dass die deutschstämmigen Untertanen längst loyale russische Staatsbürger waren, stand ohnehin außer Zweifel. So stolz viele von ihnen ihre kulturellen Traditionen pflegten, so unverbrüchlich war ihre politische Treue gegenüber dem russischen Heimatboden, dem sie ihre ganze Existenz abgerungen hatten. Daran änderte auch die Tatsache nichts, dass nach der Gründung des Deutschen Reiches 1871 beiderseits der Grenzen ein säbelklirrender Nationalismus um sich griff, der sich zum Pressekrieg ausweitete. In den achtziger und neunziger Jahren des 19. Jahrhunderts beanspruchten »alldeutsche« Ideologen die Siedlergebiete in Russland als nationalen deutschen Besitz und Lebensraum – ein Anspruch, der in Russland nicht nur bei den »panslawistischen« Chauvinisten die Alarmglocken schrillen ließ. Die Germanophobie griff um sich – ausgerechnet während eines Wirtschaftsaufschwungs, in dessen Verlauf drei deutschstämmige Finanzminister amtierten. Ein von außen gestiftetes Misstrauen beargwöhnte das »innere Deutschland in Russland«. Krieg und Revolution, Hitler und Stalin warfen ihre Schatten voraus. Eine russische Volkszählung im Jahr 1897 ergab bei einer Gesamtbevölkerung von 126 Millionen knapp 1,8 Millionen deutschstämmige Bürger. Gut drei Viertel von ihnen waren Dörfler und ein knappes Viertel Städter; im Gefühl kultureller Überlegenheit blickten Letztere auf die Dörfler herab. Überwiegend waren die Russlanddeutschen Lutheraner; Katholiken und Mennoniten stellten Minderheiten von 13,5 und 3,7 Prozent.

Die Revolution von 1905, Auftakt zu einem blutigen Jahrhundert, erschütterte das zaristische Russland. Aber die deutschstämmige Bevölkerung erwies sich als zuverlässige Stütze der Monarchie. »Eine glänzende Lektion erteilen die Deutschen unserem Patriotismus«, war sogar in der nationalistischen russischen Presse zu lesen. In einigen südrussischen Gebieten bildeten sich Selbstschutzverbände, um das Übergreifen von Revolten auf deutsche Siedlungsgebiete zu verhindern. Als der Zar der Revolution ein parlamentarisches Zugeständnis machen musste und 1906 die erste russische Staatsduma zusammentrat, gliederten sich die Deutschen wie selbstverständlich verschiedenen russischen Parteien ein. Von der Möglichkeit, eine eigene deutsche Partei zu gründen, machten sie keinen Gebrauch. Und linksaußen traf man sie kaum. Die überwiegende Mehrheit der Russlanddeutschen neigte zur konstitutionellen Monarchie. »Wir Deutschen waren immer monarchisch eingestellt, kaisertreu, vorwiegend konservativ und staatstragend, durchaus ›konterrevolutionär‹«, betonte ein Petersburger Monarchist.

Nur in den Ostseeprovinzen und im Königreich Polen waren exklusiv deutsche Parteien mit nationalen Parolen entstanden; vor allem unter jüngeren Deutschbalten hatte die rassistisch getönte alldeutsche Propaganda Widerhall gefunden (»Als Balten sind wir nichts, als Deutsche – Glieder einer hochwertigen Kulturrasse«).

Bei Kriegsausbruch sprach Zar Nikolai II. am 4. August 1914 erstmals von Deutschland als dem Erbfeind Russlands. Umso nachdrücklicher betonten die deutschen Siedler ihre Treue zum Zarenreich und ihren Hass auf ein Deutschland, das sich frech auf die russische Heimat geworfen habe. Mehr als 300 000 Soldaten und 15 bis 20 Prozent der höheren Offiziersränge und des Generalstabs kämpften im Ersten Weltkrieg als Deutschstämmige für

Russland. General Pawel von Rennenkampff führte 1914 gar russische Truppen ins deutsche Ostpreußen. Derweil wurde deutscher Besitz in Landwirtschaft, Industrie und Handel gesetzlich beschnitten, und die deutsch-russischen Familien litten daheim oft schwer unter dem Stigma des »inneren Feindes«. Das hängte ihnen nicht nur ein aufgehetzter Mob an, der vor Pogromen nicht zurückschreckte. Auch die revolutionären Parteien agitierten heftig gegen sie. Den Linken waren die deutschen Russen gleich doppelt verdächtig: als vermeintliche feindliche Agenten – und als notorische Stützen der Monarchie.

So wurde die bürgerliche Revolution im Februar 1917, die alle antideutschen Kriegsgesetze aus der letzten Phase der Zarenherrschaft aufhob, von den Deutschrussen mit Jubel begrüßt. Doch die Atempause vor der bolschewistischen Machtergreifung währte nur kurz.

Nach der Oktoberrevolution wurden die Deutschen – wie alle anderen formell gleichen Nationalitäten des Sowjetreiches – ins Prokrustesbett der kommunistischen Ideologie und Praxis gepresst. Nur eine winzige Minderheit von kriegsgefangenen deutschen Kommunisten stand auf Seiten der Revolution. Ihr Kopf war der von Lenin geschätzte Ernst Reuter (1889 bis 1953). Der spätere Regierende Bürgermeister von West-Berlin organisierte im Sommer 1918 den ersten Sowjetkongress der Wolgadeutschen, kehrte aber wenig später nach Deutschland zurück. Im Bürgerkrieg von 1917 bis 1921 sympathisierten die Deutschen, die an ihrem schwer erarbeiteten Besitz hingen, überwiegend mit den Gegnern der Roten.

Im Rahmen der ideologisch gepriesenen sowjetischen »Völkergemeinschaft« existierte von 1923 bis 1941 die »Autonome Sozialistische Sowjetrepublik der Wolgadeutschen«, in der noch eine Weile eine begrenzte kulturelle, sprachliche und religiöse Eigenständigkeit erhalten blieb. Die Hungerkatastrophen von 1921 und vom Anfang der dreißiger Jahre, letztere von der Zwangskollektivierung ausgelöst, trafen die deutschstämmigen Siedler mindestens so schwer wie den Rest der Sowjetbevölkerung. Erst recht dezimierte der stalinsche Terror die russischdeutschen Familien.

Der Gipfel des Schreckens aber kam nach dem deutschen Überfall auf die Sowjetunion 1941. Weil sich unter den Wolgadeutschen angeblich ein (frei erfundenes) Heer von feindlichen Spitzeln tummelte, erließ Stalin im August 1941 kurzerhand ein Dekret über die Auflösung der Wolgarepublik. Fast eine Million Menschen wurden rücksichtslos in Viehwaggons hinter den Ural und nach Zentralasien deportiert. Viele kamen auf dem Transport um, andere schufteten sich bei eisiger Kälte und Hungerrationen in einer »Arbeitsarmee« zu Tode oder fielen als »deutsche Faschisten« dem Terror der Lager zum Opfer. Eine Ahnung vom Martyrium der Sowjetdeutschen vermittelt der einstige Gulag-Häftling Gerhard Wolter in seinem erschütternden Buch »Die Zone der totalen Ruhe«.

Auch nach dem Ende der Stalin-Ära und nach der sowjetamtlichen Rehabilitierung versagten die Behörden den Wolgadeutschen die Rückkehr in ihre Heimat. Die große Mehrheit von ihnen sah schließlich als Zukunftsperspektive nur die Auswanderung ins Land ihrer Vorfahren. So setzte mit dem Beginn der Entspannungspolitik in den siebziger Jahren eine Ausreisebewegung ein, deren Sog immer stärker wurde: Allein von 1990 bis 2001 kamen mehr als 1,8 Millionen Russlanddeutsche in die Bundesrepublik. Die relativ wenigen, die geblieben sind, findet man im heutigen Russland bisweilen dort, wo man sie nicht gerade erwartet: In der Staatsduma sitzt eine von ihnen sogar in der Fraktion der Kommunisten.

Selbst in der Zentrale des Inlandsgeheimdienstes FSB, der berüchtigten Lubjanka im Moskauer Stadtzentrum, sind Russlanddeutsche tätig. Und als ein Moskauer SPIEGEL-Korrespondent sich im Herbst 1999 im beginnenden zweiten Tschetschenien-Krieg auf den Weg an die Front machte, brachte ihn ein Sicherheitsmann mit dem Pkw ins Krisengebiet und heil wieder zurück. »Mein Chef ist Russlanddeutscher«, sagte der FSB-Mann, »er will nicht, dass einem Deutschen hier etwas passiert.«

Es kann durchaus etwas Beruhigendes haben, wenn nicht ein Oblomow über die persönliche Unversehrtheit wacht, sondern ein Stolz.

Treibgut am Donaustrand

Hitlers Traum vom »Tausendjährigen Reich« brachte Hunderttausenden Deutschen in Südosteuropa Tod oder Vertreibung. Wer überlebte und blieb, büßte hinter dem Eisernen Vorhang. Eine Reise zu den letzten Deutschen zwischen Puszta und Schwarzmeerküste.

Von Walter Mayr

Der Weg ist derselbe wie vor 300 Jahren. Es geht stromabwärts, Kurs Südost. Vorbei an Passau und Wien, Bratislava, Budapest und Belgrad gleiten die Schiffe Richtung Schwarzes Meer. An Bord sind Donaukreuzfahrt-Touristen. Von Sonnendecks mit Whirlpool aus schauen sie aufs Ufer. Auf Landschaften, in denen seit zehn Generationen Deutsche siedeln.

Ofener Bergland. Schwäbische Türkei. Batschka. Banat. Dobrudscha.

Verschüttete Seelenlandschaften. Namen aus der Vorväter-Zeit. Zusammengepfercht in »Ulmer Schachteln«, hölzernen Einwegbooten, machten erste Siedler sich Ende des 17. Jahrhunderts über die Donau auf nach Südosten: Bauern und Handwerker aus Schwaben wie der Pfalz, aus dem Elsass und Lothringen. Sie folgten dem Ruf Habsburger Kaiser, verwüstetes Land wieder fruchtbar zu machen nach den Türkenkriegen. Die Mutigsten trug es noch übers Donaudelta hinaus – bis in die Steppen des Zarenreichs. Tausende Kilometer zu Wasser, Wochen der Entbehrung und eine ungewisse Zukunft vor Augen: Die Auswanderer, gewöhnt an die Fesseln deutscher Kleinstaaterei, gingen mit

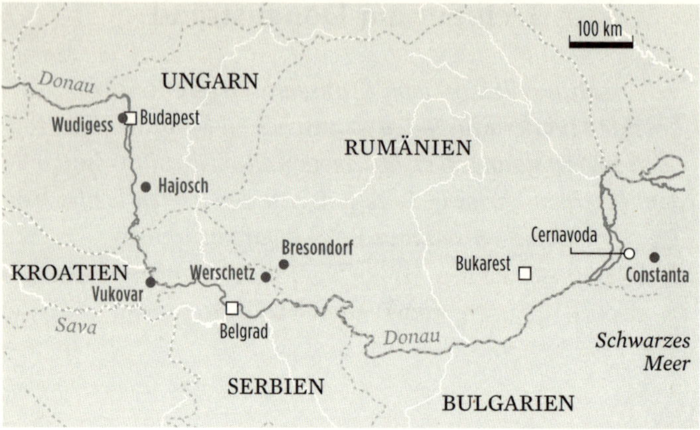

der weiten Reise durch die Pannonische Tiefebene das Wagnis ihres Lebens ein.

Hunderttausende ließen sich nieder, zu beiden Ufern des Stroms, und setzten sich fest. Zu Beginn des 20. Jahrhunderts lebten noch bis zu eineinhalb Millionen Schwaben, wie deutschsprachige Siedler der Einfachheit halber später genannt wurden, in Kronländern Ungarns. Zusätzlich waren auf rumänischem Boden Siebenbürger Sachsen und Landler zu Hause, Zipser, Bergland-, Buchenland- sowie Dobrudschadeutsche.

Zwei Weltkriege und einen Systemkrach später – die Wende von 1989 – sind zwischen Budapest und Constanta allenfalls 120 000 Menschen deutscher Muttersprache verblieben. Geschlossene Siedlungen, Fotokulissen für Kreuzfahrt-Touristen auf Landgang, gibt es nicht mehr. Nur wer Umweg und Mühe nicht scheut, der trifft noch Übriggebliebene. Verstreut wie Findlinge auf weiter Flur, wie Treibgut am Donaustrand, bevölkern sie die Ufer als letzte Zeugen des Deutschtums in Südosteuropa: schwäbische Knopfharmonikaspieler am Rand der Puszta, Volksliedsänger zwischen

Kriegsruinen an der kroatischen Donau, und am Schwarzen Meer eine Dobrudschadeutsche, die als Kind dem rumänischen König diente.

Wudigess, Ungarn

Plötzlich stand er in der Tür, der Vetter aus dem Westen. Nach fast 40 Jahren. Die Verwandtschaft in Wudigess (Budakeszi) staunte nicht schlecht: Salopp war die Kleidung des Vetters und flott sein Mundwerk. »Ich kenne hier jede Straße«, sprach er beim ersten Besuch, »bis runter zum Budapester Moskau-Platz; Vater hat mir alles erzählt.« Der forsche junge Mann, der schon damals mehr wusste als andere, war Joseph »Joschka« Fischer, in Deutschland geborener Sohn des gleichnamigen Fleischhackers aus der Wudigesser Waldgasse 1.

Zwölf Jahre später, inzwischen als Bundesaußenminister vereidigt, erschien Joschka junior seiner ungarischen Sippe erneut. Diesmal erwartete ihn eine Hundertschaft Verwandter. »Die habe ich extra für ihn zusammengetrommelt«, sagt Katalin Dobos Fischer.

Cousine »Kata« ist 73 und so etwas wie die gute Seele des Fischer-Clans in Wudigess, einer vor den Toren Budapests im Ofener Bergland gelegenen Kleinstadt. Zwischen Gugelhupf und mürben Nussschnecken in ihrem Haus an der Petőfi-Straße breitet Kata Fotos aus, die den Vetter und werdenden Geostrategen Joschka zeigen, wie er in der Polstergarnitur seiner Blutsverwandten eigenen Wurzeln nachspürt.

Dass der ehemalige Steinewerfer dabei, mit einem strammen Großneffen im Strampelanzug auf dem Schoß, bisweilen komisch dreinschaut, erklärt Cousine Kata in der Mundart der Donauschwaben rückblickend so: »Des hat'r net wölla, aber er hat miassa« – dem Joschka, heißt das, blieb keine Wahl. Von sechs Geschwistern war Joschka Fischers Vater der Einzige, der 1946, bei Beginn der Vertreibungen, Ungarn verließ. Zurück ins Württembergische ging er mit seiner Frau, ins Stammland der Vorfahren. In jenen Landstrich, den der Urahn Jakob Fischer aus Friedingen in Oberschwaben 1731, sieben Generationen zuvor, verlassen hatte – um sich einzuschiffen für die Reise hinunter an den Mittellauf der Donau.

Fruchtbar waren sie und mehrten sich, samt ihrem Vermögen: die Fischers von Wudigess. Zwischen schwäbischen Greißlern und Hutmodistinnen, Küfern, Wagnern und Brunnengräbern machten sie ihr Geld in der Fleischhacker-Zunft. Schwarzweißbilder aus der Vorkriegszeit belegen vornehme sonntägliche Landpartien: Großvater Georg Fischer, piekfein im Anzug mit Krawatte und Strohhut, Joschka senior daneben mit Schwerenöterlächeln und Kippe im Mund. Man sprach schwäbisch und fühlte ungarisch. Den 1867 beginnenden und ab 1918 lauter werdenden Forderungen nach Magyarisierung leisteten die Fischers Folge: aus Georg wurde György, aus Josef József. Im eher bürgerlichen Wudigess verfingen die volksdeutschen Lockrufe, die ab den Dreißigern aus dem nationalsozialistischen Berlin herüberdrangen, weniger als anderswo.

Als gegen Kriegsende, Heiligabend 1944, erste Sowjet-Panzer durch Wudigess rollten, schlug den Fischers trotzdem die Stunde. Sie teilten das Schicksal von fast 500 000 ungarischen Donauschwaben: Wer Mitglied in der Waffen-SS oder auch nur im Volksbund gewesen war, wer seinen deutschen Namen behalten oder sich sonstwie antiungarischer Gesinnung verdächtig gemacht hatte, der kam auf die »Liste« und wurde vertrieben; wer bleiben durfte, verlor Besitz und Bürgerrechte. Kata Fischer blieb. Sie sprach fortan kein Schwäbisch mehr auf offener Straße und bekam

PETER SCHINZLER/DER SPIEGEL

Die Metzgerei von Joschka Fischers Großvater in Budakeszi

trotzdem zu spüren, dass ihr, als Tochter von »Schwaben und Kulaken«, wie es nun hieß, der Weg an die Universität versperrt bleiben würde. Sie schlug sich durch im sozialistischen Ungarn und erzählt heute klaglos davon, in der Sprache ihrer Kindheit. Die meisten am Ort verbliebenen Schwaben hingegen zählen zur »stummen Generation« – sie verstehen Schwäbisch nicht mehr. Was Wudigess war, wird es nicht wieder.

Auf dem Friedhof liegen sie nun, die Donauschwaben, die hier jahrhundertelang Brückenbauer waren zwischen den Völkern. Ihre Namen über den Gräbern sind in Stein oder Marmor gehauen, auf Deutsch oder Ungarisch. Joschka Fischer, sagt Kata, ziehe es ein ums andere Mal an diesen Ort. Vielleicht, weil sich beim Blick aufs Fischersche Familiengrab Weltgeschichte in kleinere Geschichten übersetzen lässt – Geschichten über Großvater Georg, über Toni-Bacsi, den Onkel, und über das traurige Ende des Vetters Feri. Im Januar 1945 tot unterhalb der Budapester Burg geborgen, während des mörderischen Endkampfs um Ungarns Hauptstadt, zahlte Vetter Feri den Preis für seine Wahl: Er diente, sagt Kata, als Kurier der faschistischen Pfeilkreuzler oder der Waffen-SS.

Hajosch, Ungarn

Wer war dafür und wer dagegen? Die NS-Zeit spaltete donauschwäbische Familien und Dorfgemeinschaften. »Trittst Du hier als Deutscher ein, soll Dein Gruß ›Heil Hitler‹ sein«: Wo dieser Spruch über der Haustür gestanden habe, wohnten die Nazi-Treuen, sagt Stefan Gauss. Er selbst, geboren 1933, hat als HJ-Pimpf aufsagen gelernt: »Freiheit das Ziel, Sieg das Panier! Führer befiehl! Wir folgen Dir!« Gauss repetiert die alten Sprüche mechanisch. Wie einer, der eine rostige Waffe noch einmal hervorholt, nachdem sie jahrzehntelang in der Ecke gestanden hatte. Dann nimmt er sich die Knopfharmonika zur Brust, strafft sich und spielt steinernen Gesichts ein Lied zu Ehren der Gottesmutter: »Maria von Hajosch, hell glänzende Sonn, Du bist ja die Schönste im himmlischen Thron.«

Hajosch an der schwäbischen Weinstraße, wo Gauss' Haus steht, liegt 156 Kilometer donauabwärts von Budapest. Der Weg dorthin führt durch gottverlassene Puszta-Flecken, durch eine Gegend, über die der Nationaldichter Sándor Petöfi schrieb, hier flögen die Jahre davon »wie ein Vogelschwarm nach einem Schuss«. Entlang der Überlandstraße frieren Nutten im Schnürlregen, und in Judiths Gasthaus steht Kuttelgulasch auf dem Herd.

Schwaben in dieser Gegend? Ja, sagt Gauss, der im Weinkeller mit Freunden über selbstgekeltertem Cabernet und Bierschinkensemmeln sitzt, »seit mehr als 300 Jahren«. Vom Bussenberg bei Biberach seien die Vorfahren gekommen. Und zum Bussenberg haben sie nun eine Kopie der Statue ihrer Schutzheiligen zurückgebracht, der Maria von Hajosch. Weil sie spüren, dass die Zeit der Schwaben hier zu Ende geht, und weil der Kreis sich schließen soll.

Krieg und Vertreibung haben Gauss und die anderen noch überlebt – manche sind zehnmal vertrieben worden und immer wieder heimlich zurückgekommen. Hajosch mit seinem denkmalgeschützten Ensemble aus 1100 Weinkellern war ein schwäbisches Vorzeigedorf.

Inzwischen erkunden Sprachforscher und Fachleute für altgermanische Bräuche die Restbestände dessen, was erhalten blieb. »Unsere schwäbische Kultur geht in'n Schwund«, sagen die Hajoscher. Und das, wo doch die bleierne Zeit für Ungarndeutsche seit 20 Jahren vorbei ist. Wo doch das sowjetische Ehrenmal in Hajosch, eine geköpfte griechische

Siegesgöttin, vom roten Stern befreit und zum Mahnmal für vertriebene Schwaben umgewidmet worden ist, mit neuer Aufschrift: »Ferne der Heimat zu fremden Leut', hat der Sturm uns wie Staub zerstreut.«

Die Kinder aber und die Enkel, so klagen die Hajoscher, die wollen nichts mehr vom Schwabenbrauch wissen. Sie sagen »Pfui, Oma, wie hässlich«, wenn eine von ihnen noch einmal die Tracht mit den sechs Unterröcken anzieht, und auch der alte Gauss, Samtweste über bestickter weißer Bauernbluse, ahnt an diesem Abend im Gewölbe des Weinkellers, dass hier keiner mehr singen wird, wenn sie nicht mehr singen. Und so spielt er noch eine letzte Runde, Liebeslieder, Hauerlieder, Schwabenlieder. Zum Abschied folgt: »Kehr ich einst zur Heimat wieder« mit dem Refrain: »Mein Schwoweland, mein Heimatland«.

Als alle still sind, legt Gauss die Knopfharmonika beiseite, schaut kurz in die Runde und sagt unvermittelt: »Ihr wisst sicher nicht, was ihr da gerade gesungen habt; das war das Schlesierlied.« Kurzerhand umgedichtet hat man es, zur Rückmarschmusik für Donauschwaben, sagt Gauss: »Damals, als Hitler auch uns in die Urheimat zurückholen wollte.«

Vukovar, Kroatien

Eine Stadt, die mit bis zu 8000 Granaten täglich beschossen wurde, braucht Zeit, um ihre Wunden zu heilen. Und Menschen, die es fertigbringen, inmitten zerborstener Stuckfassaden das Erbe besserer Tage zu sehen.

Dara Mayer bringt das fertig. Sie führt Fremde durch Vukovar, einst ein barockes Juwel, im Herzen Syrmiens am kroatischen Donauufer gelegen. »Heldenstadt« nennt sich Vukovar heute, beinahe 20 Jahre nachdem Jugoslawiens

Volksarmee und serbische Freischärler die Provinzmetropole erst sturmreif geschossen und dann eingenommen haben. Dara Mayer war da schon in Sicherheit, durchs Maisfeld am Stadtrand geflüchtet mit ihren Kindern, und ab ins Land der Vorfahren, nach Deutschland. Sechs Jahre lang hat sie dort Geld verdient, als Köchin, als Altenpflegerin, dann war plötzlich Schluss. Asylantrag abgelehnt, Antrag auf deutsche Staatsbürgerschaft desgleichen – »wegen fehlenden Nachweises über die Pflege deutscher Sprache und Kultur« in Titos Jugoslawien, sagt Mayer bitter: »Aber jeden Polen mit deutschem Schäferhund haben sie eingebürgert.«

Zurück in ihrer zerstörten Heimatstadt leitet sie nun, wie zum Trotz, den »Verein der Deutschen und Österreicher« in Vukovar, wo sich noch 107 Menschen zur deutschen Minderheit bekennen. »Jetzt sind wir letzte Mohikaner«, sagt Dara Mayer, die ihre Rente von 200 Euro monatlich aufbessert, indem sie Deutschen auf Durchreise die Stadt erklärt.

Bis zum Zweiten Weltkrieg war ein Drittel der Einwohner Vukovars deutscher Abstammung. Unter ihnen: Jakob Graf zu Eltz, Nachfahre des Mainzer Kurfürsten Philipp Karl zu Eltz, der Gut Vukovar 1736 erworben und wenig später mit einem Schloss bedacht hatte. Über die Jahrhunderte kamen, beglichen aus den Schatullen derer zu Eltz, weitere Schmuckstücke dazu: Votivkapelle, Sommerpavillon und Weingärten, auf denen importierter Rheinriesling gedieh.

Was ist geblieben? Das schwer getroffene Schloss wird restauriert, die Votivkapelle beim Friedhof bröckelt unter dem von Granatbeschuss zerstörten Dachstuhl, und unweit der Weingärten steht nun ein Mahnmal für die Toten der Massenerschießung auf der Schweinefarm bei Ovcara 1991. Dara Mayer zeigt die Orte, nennt die Opferzahlen und schweigt über das, was der Krieg mit ihr selbst gemacht hat.

Zwischen den Ruinen von Armenhaus und Kornspeicher, wo sie in einem zur Hälfte leerstehenden Haus wohnt, hütet sie ein Bild ihres Enkels Roman, der blond, blauäugig und noch keine drei Jahre alt ist. Manchmal sagt er auf Deutsch zu ihr: »Oma, pass gut auf dich auf.« Dann geht es ihr besser. Der Kleine »ist mein Medikament«, sagt Dara und lacht. Rasch bricht sie auf, sie hat noch zu tun an diesem Abend. Es geht hinunter ans Ufer der Donau. Genau in der Strommitte verläuft seit den jugoslawischen Erbfolgekriegen die Grenze: Drüben, am anderen Ufer, ist jetzt Serbien, Ausland. Hüben ist Kroatien. Dara steuert auf einen Zweckbau zu und steigt, vorbei an einer Marmortafel, auf der ihr Neffe Emil als toter »Vaterlandsverteidiger« geehrt wird, hinauf in einen karg möblierten Saal. Zwei Dutzend Senioren erwarten sie: Das Ensemble der »Drei Rosen von Vukovar« ist angetreten.

In der ohnehin artenreichen musikalischen Landschaft des Balkans zählen die »Drei Rosen von Vukovar« zweifelsfrei zu den exotischsten Gewächsen: Sie ziehen mit deutschem Liedgut durch den Osten Kroatiens. »Curri« – Mädchen –, »Ruhe jetzt, es geht los«, ruft der Chorleiter. Die überwiegend betagten Sängerinnen, ergänzt um einige rüstige Herren, ruckeln sich noch einmal zurecht, und dann heben sie an: Kufsteinlied, Schwabenlied, und schon kommt, »brännend häisser Wiestensand«, Freddy Quinns Heimwehhymne.

»Harte Arbeit, karger Lohn«: Davon können sie hier, nach Jahrzehnten im alten Jugoslawien, nun wirklich ein Lied singen, der alte Friseur Feger, Herr Pfeifer aus dem Gummiwerk in Borovo und Dara Mayer – die Einzigen, die noch ausreichend Deutsch sprechen, um den Text zu verstehen. Alle anderen lesen von einem Bildschirm über dem Keyboard ab, wo ihnen die Strophe happenweise serviert wird.

Es ist ein anrührendes, trauriges Bild, wie sie da beim Karaoke zusammenstehen: die letzten Deutschen in Kroatiens Heldenstadt. Ihre Gemeinschaft wird sich auflösen. Wie Salz in der Suppe.

Werschetz, Serbien

Sie stellten 550000 Untertanen der jugoslawischen Monarchie, die Deutschen an den Ufern von Donau und Sava. Sie waren Handwerker, Händler und Ackerbauern, inmitten von Serben und Ungarn, Kroaten, Juden, Zigeunern, Rumänen. Fast ein Vierteljahrtausend lang ging das so. Seit jener Zeit, als erste Siedler die Steppen der nordserbischen Vojvodina in Kornkammern verwandeln halfen. Erst nach 1934, als im Schwäbisch-Deutschen Kulturbund zunehmend die »Erneuerer« zu Wort kamen und nationalsozialistische Weltanschauung wie verdorbenes Saatgut unter die Landsleute brachten, nahm die Tragödie ihren Lauf.

Durch Hitlers Traum vom »Tausendjährigen Reich« gerieten die Donauschwaben zwischen die Fronten. Am Ende des Zweiten Weltkriegs, der etwa einer Million Jugoslawen das Leben gekostet hat, bezahlten die ansässigen Schwaben, gleich welcher Gesinnung, den Preis.

Tito-Partisanen, flankiert von aufgewiegelten Zivilisten, machten Sippenhaft geltend: Ihrem Rachefeldzug fielen bis 1948 mehr als 60000 Deutsche zum Opfer. Es kam zu Massenerschießungen, Vergewaltigungen, Vertreibung oder zur Deportation in die Sowjetunion. Auf Grundlage der Beschlüsse des »Antifaschistischen Rats der Nationalen Befreiung Jugoslawiens« von 1944 folgte flächendeckende Enteignung.

Die Beschlüsse sind bis heute nicht widerrufen. Von denen, die den Krieg überlebten, ohne sich vom Fleck zu rühren, bekennen sich heute keine 10 000 mehr zur deutschen Minderheit auf ehemals jugoslawischem Boden: letzte Nachkommen derer, die »vom Nationalsozialismus instrumentalisiert worden waren oder sich hatten instrumentalisieren lassen«, wie der Historiker Holm Sundhaussen schreibt.

Wer weiß heute noch, dass die serbische Batschka rund um Apatin Kernland des katholischen Widerstands gegen den Nationalsozialismus war? Und dass, andererseits, die für ihre Gräueltaten berüchtigte 7. SS-Freiwilligen-Gebirgs-Division »Prinz Eugen« ein paar hundert Kilometer weiter östlich, im Banat, aufgestellt worden war?

Eine Reise zu den letzten Deutschstämmigen Serbiens führt über blutgetränkten Boden. Zu alten Männern, die am Donauufer unter der Festung Peterwardein, dem einst mächtigsten Bollwerk des christlichen Abendlandes gegen die Osmanen, in einem Vereinsraum unter einer Bayern-Fahne ihr Schicksal in gebrochenem Deutsch beklagen: »Wir sind Verlorene. Der deutsche Staat nicht willen unsere Jugend unterstitzen.« Und die Reise führt, immer der rumänischen Grenze zu, auch nach Werschetz (Vršac), ins frühere geistige und politische Zentrum der Deutschen im serbischen Banat. Werschetz liegt am südöstlichen Rand der schier endlosen Pannonischen Tiefebene, eingebettet in erste Karpaten-Ausläufer wie eine Perle in ihre Fassung.

Die Erinnerung an das Grauen von gestern hat in dieser Stadt weder Ort noch Namen. Es gibt Partisanen-Denkmäler. Aber es gibt keine Schilder, Gedenktafeln, Hinweise darauf, dass Werschetz noch Anfang des letzten Jahrhunderts mehrheitlich eine Stadt der Deutschen war. Die Stelle, wo viele von ihnen verscharrt sind, findet nur, wer kundige Begleiter hat.

Konstantin Spajić, Spross der ältesten serbischen Familie von Werschetz/Vršac, kennt den Weg. Es geht zuerst die

Straße runter Richtung rumänische Grenze, dann hinter der Schokoladenfabrik links und zu Fuß zum Schindanger. Dort, wo die Werschetzer jahrzehntelang ihre Tierkadaver abluden und wo heute unter Krähenschwärmen im Riedgras sich ein Rechteck abzeichnet, liegen sie: die Knochen derer, die hier Opfer des Volkszorns wurden.

Das Massaker an Dutzenden Donauschwaben aus der Dreilaufergasse, das der Werschetzer Schriftsteller Dragi Bugarcic im Roman »Die Nebengasse« verewigte, lastet bis heute auf der Stadt. Weil da Verbrechen mit Verbrechen vergolten und bis heute nicht gesühnt wurden. Der Streit darüber, ob ein Kreuz für alle unschuldigen Opfer der Gewalt, also auch die deutschen, auf dem Schindanger stehen soll, währt seit Jahren. Konstantin Spajić kämpft öffentlich für das Kreuz. Seine Familie siedelt hier seit 300 Jahren, er selbst führt die serbisch-deutsch-österreichische Freundschaftsgesellschaft von Werschetz/Vršac, und er will, dass seine Stadt ihr Gedächtnis wiederfindet. Natürlich weiß auch Spajić, wie das Unheil seinen Lauf nahm: wie die Hitlerjugend in Werschetz mit Aufmärschen begann, wie der schwäbischdeutsche Kulturbund völkisches Gift mischte und schließlich die anrückende Wehrmacht 1941 mit fliegenden Fahnen und selbstgebackenem Kuchen begrüßt wurde.

Nur, wo in dieser Stadt mit ihren wie steinerne Zeigefinger in den Himmel gereckten Türmen über der katholischen Kirche, der größten ganz Serbiens – wo wird hier des Leids der Unschuldigen gedacht?

Allgegenwärtig sind, zwischen sorgsam restaurierten Fassaden aus der Sezession, die Orte namenlosen Grauens. Die vergitterten Arrestzellen beim alten Gericht: noch in Gebrauch; im Kellergewölbe der Brauerei Zoffmann, wo gefoltert wurde, ist der Liter Bier für umgerechnet einen Euro im Angebot; und neben dem alten Bahnhof aus der

Habsburger Zeit sind die Lagerhallen erhalten, in denen etwa tausend deutsche Kriegsgefangene litten – darunter der schließlich 1948 zu Tode gefolterte Adalbert von Neipperg. Das heute serbische Vršac hat mit der erst habsburgischen, dann jugoslawischen Vielvölkerstadt des letzten Jahrhunderts nur mehr wenig gemein. Dem Naturlyriker Nikolaus Lenau, immerhin, haben sie hinter Partisanen-Büsten im Stadtpark inzwischen ein Denkmal gesetzt.

Lenaus Gedicht »Blick in den Strom«, ein vorweggenommener Epilog beinahe aufs Schicksal der Völker am Donauufer, beginnt mit den Worten: »Sahst Du ein Glück vorübergehn, das nie sich wiederfindet, ists gut in einen Strom zu sehn, wo alles wogt und schwindet.«

Bresondorf, Rumänien

Wie die Zeiten sich ändern. Wer heute vom serbischen Vršac aus zur rumänischen Grenze fährt, nähert sich der Festung Europa: Hinter dem Grenzbalken beginnt das Reich der EU.

Früher war es so: Wer sich von Rumänien kommend auf Vršac zubewegte, wollte das Schattenreich des größenwahnsinnigen Despoten Ceauşescu verlassen. Und im blockfreien Jugoslawien den Westen riechen. Schlimmstenfalls durch Flucht über die grüne Grenze.

Noch immer sieht das geteilte Banat auf rumänischer Seite rückständiger aus, mit seinen Schlaglochpisten, mit verwilderten Gesellen unter Pelzmützen und fröhlichem Müßiggang vor verfallenden Häusern – ein Abbild duldsam in Kauf genommener Verwahrlosung.

Die Dörfer und ihre neuen Bewohner müssen noch zueinander finden. An die 300 000 Banater Schwaben, die den Westen Rumäniens verließen, haben Lücken gerissen. Wer durch Ortschaften wie Bresondorf (Brezoni) fährt und gerade recht zur Kirchweih kommt, wird Augenzeuge eines Totentanzes in jahrhundertealten Kulissen.

Da ist zur Feier des Tages der Pfarrer aus der nächsten Kleinstadt gekommen, da bettelt die älteste im Dorf verbliebene Schwäbin in der Menge um neue Batterien für ihr Hörgerät, und die Jugendlichen von der Volkstanzgruppe »Enzian« flirten auf Rumänisch. Mit Walkman im Ohr, Handy in der Linken und Kippe im Mund warten sie vor der Kirche, bis der Pfarrer mit der Messe fertig ist, formieren sich dann in Steirerjoppen und Dirndln zur Polka und lassen schließlich einen einstudierten älplerischen Juchzer hören: »Nix ois wia Tanz'n«.

Natürlich ist es nicht überall so trist. Andernorts gibt es sie noch: deutschstämmige Bürgermeister, Schriftsteller, Pastoren; Lehrer auch, die in altehrwürdigen Lyzeen zu Temeschwar oder Hermannstadt das humanistische Erbe hochhalten. Eine Gemeinschaft aber bilden die 50000 Übriggebliebenen deutscher Muttersprache nicht mehr. Rumäniens Staatssekretär im Außenministerium hat gleichwohl Ende 2010 verkündet, er sei glücklich darüber, dass die deutsche Minderheit unverändert »den Schwarzwald mit dem Schwarzen Meer« verbinde.

Constanta, Rumänien

Ob er an Martha Panchici, geborene Wolf, gedacht hat? Sie lebt, mehr als 2000 Kilometer von der Donauquelle entfernt, am Rande der Schwarzmeer-Metropole Constanta. Und ist die letzte im Land verbliebene Dobrudschadeutsche, die noch in der Sprache ihrer Kindheit erzählt.

Sie waren ja nie mehr als 17000, Nachfahren jener Schwaben, die mit ihren »Ulmer Schachteln« bis an die Küsten der Ukraine und Südrusslands vorgestoßen waren, ehe sie schließlich aus dem Zarenreich zurück nach Rumänien flohen. Die Ersten erreichten die damals noch osmanische Dobrudscha 1841. Ein Jahrhundert später verordnete Adolf Hitler, die Kolonisten von der Schwarzmeerküste, ein »nicht haltbarer Splitter des deutschen Volkstums« in Südosteuropa, seien heimzuholen. Die organisierte Umsiedlung ins Reich nahm ihren Lauf.

»Im Pferdewagen«, sagt Martha Panchici, die damals neun Jahre alt war, ging es zum Donauhafen Cernavoda und weiter mit einem Ausflugsdampfer nach Serbien, von dort dann mit der Eisenbahn nach Lohr am Main – nur der Beginn jahrelanger Irrwege und Alpträume. Das Kind Martha lernt unter Fliegerbomben und in Flüchtlingstrecks die Heimat seiner Vorfahren kennen. Bei Kriegsende sind Martha und ihre Familie unter 2000 Unglücklichen, die während des Vorrückens der Roten Armee auf die weite Reise zurück in die Dobrudscha geschickt werden. Sie landen in Constanta, der Stadt am Schwarzen Meer: Sehnsuchtsziel den einen, Verbannungsort den anderen. Der römische Dichter Ovid verfluchte in Constanta sein Schicksal. Der rumänische Poet Mihai Eminescu widmete der Stadt Verse von Dauer: »Ich hab nur noch ein Streben, in ferner Abendstille, lasst mich in Frieden sterben, an Ufers Meeresfülle.«

Marthas Schicksal in Constanta ist prosaisch. Kaum 14 Jahre alt, meldet sie sich anstelle ihrer Mutter, die von den kleineren Geschwistern gebraucht wird, zur Zwangsarbeit. Und landet hinter vergitterten Fenstern im Kellergeschoss eines stattlichen Gebäudes an der Schwarzmeerküste, in Eforie Süd. Es dauert, bis sie versteht, wer über ihr residiert: Rumäniens König Michael I., von den Kommunisten kaltgestellt, aber offiziell noch in Amt und Würden, nutzt das Anwesen als Sommersitz. »Wenn er zum Strand ging, machten wir die Zimmer rein«, sagt Martha. Diskretion sei

Pflicht gewesen: »Er kam natürlich nicht zu uns, um uns die Hand zu geben.« Die Erinnerungen an jene zwei Jahre im Kellergeschoss, als sie »verhungert« wäre, hätten ihr nicht Wachsoldaten Brot durchs Kellerfenster geworfen, trägt die stolze alte Dame bis heute bei sich. Sie, die nach ihrer Hochzeit mit einem rumänischen Eisengießer unter dem Namen Martha Panchici durch die kommunistischen Schreckensjahre ging, hat von der Bundesregierung bis heute »keinen Heller« Entschädigung gesehen für Haft und Zwangsarbeit – anders als ihre Landsleute, die nach Westen ausgewandert sind: »Die Deutschen schmeißen uns weg«, sagt sie, »uns aus der Dobrudscha, die wir geblieben sind.«

Beim Damenkränzchen mit Mehlspeisen, mittwochs gegen zehn Uhr früh im Haus des Deutschen Forums Constanta, ist die Plaudersprache inzwischen Rumänisch. Weil keiner mehr übrig ist aus Marthas Kindheitswelt, aus jener Dobrudscha, über die der spätere Generalfeldmarschall Helmuth von Moltke einst schrieb: »Stundenlang reitest du über diese einförmige Wüste, bevor du ein elendes Dorf ohne Bäume oder Gärten in irgend einem wasserlosen Tal entdeckst.«

Was Moltke »trostlose Einöde« nannte, war für Martha Heimat – den Verlust bemisst sie allein. Ihre Erlebnisse hat sie niedergeschrieben. Elf handgeschriebene Seiten, und am Ende drei schlichte Zeilen Bilanz: »Nun das war mein Leben und ist mein Leben. Was noch kommt, steht in Gottes Hand. Panchici Martha.«

Wo der deutsche Osten lag

Die politische Landkarte wurde immer wieder neu geschrieben.

Von Dieter Langewiesche

Das vereinte Europa, das nun entsteht, sucht nach einer gemeinsamen Geschichte. Sie soll die unterschiedlichen Geschichtserfahrungen zusammenführen und aussöhnen. Das bedeutet nicht, dem Einzelnen, den Nationen die eigenen Geschichtserinnerungen zu nehmen, indem sie über einen europäischen Leisten geschlagen werden. Es geht vielmehr darum, die nationalen Erinnerungsgeschichten miteinander zu verknüpfen und sie in eine Zukunft zu öffnen, die nicht mehr den nationalpolitischen Gegensätzen der Vergangenheit folgt.

Wie schwer jedoch ein offenes Gespräch unter Europäern auch heute noch ist, zeigt sich immer wieder, wenn die historische Konfliktgeschichte des sogenannten »deutschen Ostens« zur Debatte steht. So geriet die Berliner Stiftung »Flucht, Vertreibung, Versöhnung«, die gerade aufgebaut wird, sofort in Verdacht, vornehmlich deutsche Vertreibungserinnerungen pflegen zu wollen. Welche Wirkung von ihr oder dem »Europäischen Netzwerk Erinnerung und Solidarität« ausgehen wird, das ja eine europäische Erinnerungskultur entwickeln soll, lässt sich noch nicht abschätzen.

Offenkundig ist jedoch, dass alle diese geschichtspolitischen Erinnerungsstätten auf das 20. Jahrhundert blicken. Doch welche Kontinuitäten leiten sich her aus der Zeit davor? Und wo liegen die Brüche? Was verstand man zu verschiedenen Zeiten unter »deutscher Osten«, und wo in Europa lag er überhaupt? Danach zu fragen ist wichtig, denn der »deutsche Osten« ist ein Stereotyp, dessen Bedeutung sich im Laufe der letzten beiden Jahrhunderte mehrfach verändert hat.

Eine Nation – ein Nationalstaat: Als dieses Leitbild seit dem späten 18. Jahrhundert den europäischen Kontinent umzugestalten begann, waren territoriale Konflikte unausweichlich. Denn um viele Gebiete konkurrierten mehrere Nationen. Das Zukunftsprojekt Europa der Nationen versprach, ein demokratisches Ideal zu erfüllen, doch von ihm gingen zugleich Gefahren aus. In voller Schärfe sichtbar wurden sie erstmals in den Revolutionen von 1848. Binnen weniger Monate verwandelte sich der demokratische Traum vom europäischen Völkerfrühling in den Alptraum eines nationalpolitischen Kampfes aller gegen alle.

Die deutsche Nation stand im Zentrum dieser Konflikte. Sie hatte über Jahrhunderte stets in vielstaatlicher Gestalt gelebt. Als sie es 1848 unternahm, sich nach dem Vorbild der westlichen Nachbarn staatlich zu vereinen, musste dies an nahezu allen Grenzen, die der neue Nationalstaat erhalten sollte, zu Auseinandersetzungen führen. Das ließ sich nicht vermeiden; zu verflochten waren die rivalisierenden

Dieter Langewiesche

Der 1943 in Österreich geborene Experte für die Geschichte des Liberalismus und Nationalismus in Deutschland hat sich auch intensiv mit nationalen Gründungsmythen befasst. Der überzeugte Europäer ist emeritierter Professor für Neuere Geschichte an der Universität Tübingen und wurde 1996 mit dem renommierten Leibniz-Preis ausgezeichnet.

historischen Ansprüche benachbarter Nationen und ihre Siedlungsgebiete. Damals schienen der deutschen Nationalversammlung in Frankfurt am Main und dem österreichischen Reichstag in Kremsier/Kroměříž in Mähren sogar Lösungen für einen friedlichen Ausgleich zu gelingen. Mit dem Scheitern der Revolution scheiterten jedoch auch diese hoffnungsvollen Versuche.

Die deutsche Nationalbewegung träumte 1848 davon, ihren Nationalstaat in den Grenzen des Deutschen Bundes von 1815 zu errichten, also bis nach Südtirol und an die Adria, östlich bis an die Leitha, ganz Böhmen und Mähren einschließend. Das hätte bedeutet, die Habsburgermonarchie in eine deutsch-österreichisch und eine ungarisch beherrschte Hälfte aufteilen zu müssen und dauerhaft mit der italienischen Nation in Konflikt zu geraten. Europäische Kriege hätten gedroht. Der kleindeutsche Nationalstaat hingegen, für den sich die Frankfurter Paulskirche schließlich mit knapper Mehrheit entschied, war für die Nachbarn erträglich. Das gilt auch für die Entscheidung der Paulskirche, Preußens Osten, also West- und Ostpreußen sowie Posen, in den künftigen deutschen Nationalstaat zu integrieren. West- und Ostpreußen gehörten zwar nur kurze Zeit zum Deutschen Bund, doch sie waren Glieder des preußischen Staates und wurden deshalb, obwohl sie größtenteils dem preußischen Beuteanteil an den polnischen Teilungen des 18. Jahrhunderts entstammten, fraglos für die deutsche Nation beansprucht. Nur im mehrheitlich polnisch besiedelten Posen war das anders. Erst im Revolutionsjahr 1848 wurde dieses Gebiet dem Raum zugeschlagen, den die deutsche Nation für ihren Staat beanspruchte. Hier entstand ein nationalpolitischer Konfliktherd, der im deutschen Kaiserreich immer wieder zu schweren Auseinandersetzungen mit den Polen in Preußen führte. 1848 war dies noch nicht abzusehen, und es störte die europäischen Nachbarn nicht, dass die polnische Nationalrevolution scheiterte und Polen eine dreigeteilte Nation ohne Staat blieb.

Indem sich die deutsche Nation 1848/49 im nationalstaatlichen Gründungsakt von der alten deutschen Kaisermacht Österreich trennte, übergab sie ihr eine heikle politische Zukunftsaufgabe. Sie musste nach Wegen suchen, ihren vielen Nationalitäten politische Mitwirkungsmöglichkeiten, aber auch Autonomien zu bieten, ohne den Zusammenhalt des Vielvölkerreichs zu gefährden. Rund 7,8 Millionen Deutsche lebten als größte Nationalität unter 35 Millionen Bürgern der Habsburgermonarchie.

Spätestens 1866, als der Ausschluss Österreichs aus Deutschland auf dem Schlachtfeld von Königgrätz/Hradec Králové bestätigt wurde, stand die deutsche Bevölkerung in der Habsburgermonarchie vor der Aufgabe, sich von der deutschen Nation zu lösen. Ein identitätspolitischer Trennungsstrich war notwendig. Er gelang. Die Deutschen in Österreich bekannten sich zwar weiterhin zur überstaatlichen deutschen Kulturnation, doch zur jungen deutschen Staatsnation gehörten sie nicht. Das ist auf beiden Seiten akzeptiert worden.

Die Deutschen in den böhmischen Ländern etwa, für die sich nach dem Ersten Weltkrieg die Bezeichnung Sudetendeutsche einbürgerte, waren Bürger der Habsburgermonarchie und nicht »unerlöste« Deutsche, die »heim ins Reich« strebten. Diese Parole schuf erst die NS-Volkstumspolitik – und grenzte sich damit scharf vom 19. Jahrhundert ab.

Anders als die Italiener kannte die deutsche Nation im 19. Jahrhundert nämlich keine »unerlösten« Gebiete – »Irredenta« – jenseits des Deutschen Reichs oder der Habsburgermonarchie. Dies gilt für alle Bevölkerungsgruppen, die außerhalb dieser beiden Staaten im östlichen und südöstlichen Europa lebten und sich zur deutschen Kulturnation zählten, weil sie sich nach Abstammung, Sprache und Kultur als Deutsche fühlten.

Deutsche in Bessarabien etwa, deren Vorfahren im frühen 19. Jahrhundert russischen Werbern gefolgt waren und in dem neurussischen Territorium am Schwarzen Meer relativ geschlossene deutsche Siedlungskolonien gegründet hatten – 1812 waren sie russisch, zuvor osmanisch, nach 1918 rumänisch. Sie pflegten ihre deutschen Wurzeln, doch ein politisches Programm war damit nicht verbunden. Es hätte bei der Habsburgermonarchie oder dem Deutschen Reich auch keinen staatlichen Ansprechpartner dafür gefunden.

Der Erste Weltkrieg und seine Folgen schufen jedoch eine gänzlich neue Situation. Das nationalsozialistische Deutschland machte die Bessarabien-Deutschen schließlich zu »Volkstumssplittern«, die »heim ins Reich« zu holen waren. Die Sowjetunion, die das Gebiet 1940 erneut besetzt hatte, stimmte, wie im Hitler-Stalin-Pakt bereits zuvor vereinbart, zu, die rund 85 000 Bessarabiendeutschen nach Deutschland umzusiedeln. Hier kamen die meisten zunächst in Lager und wurden dann auf dem Besitz vertriebener Polen angesiedelt. Deshalb erfasste sie der große Strom von Flucht und Vertreibung, als Deutschland den Krieg verlor und die gigantische Westverschiebung Polens erfolgte.

Der Ort des »deutschen Ostens« in Europa änderte sich mit dem Zeitgeschehen, das zeigt das Schicksal der Bessarabiendeutschen. Denn ihre neue Heimat befand sich in einem neuen deutschen Osten: in den westlichen Gebieten des eroberten Polens, die das nationalsozialistische Deutschland ab 1939 dem Reich östlich der bisherigen Staatsgrenze angegliedert hatte und mit Deutschen besiedeln wollte. So wanderte der deutsche Osten. Ein erster großer Schub setzte mit dem Ende des Ersten Weltkriegs ein. »Deutscher Osten« lag nun in der Tschechoslowakei und Polen, zwei neugegründeten Staaten, die Gebiete der untergegangenen Habsburgermonarchie und des verkleinerten Deutschen Reiches umfassten. Hier lebten Deutsche, die zuvor deutsche oder österreichische Staatsbürger gewesen waren. Nun waren sie ungefragt oder auch wider Willen zu polnischen oder tschechoslowakischen Bürgern deutscher Nationalität geworden.

Wenn die nach dem Ersten Weltkrieg radikal veränderte europäische Staatenordnung friedlich gefestigt werden sollte, mussten alle Beteiligten ihre nationalpolitischen Leitbilder überdenken und ändern. Nicht mehr der ethnisch-kulturell einheitliche Nationalstaat als Ideal, sondern ein Nationalitätenstaat, der einem neuen Selbstverständnis folgt: Die nationalen Minderheiten erhalten verfassungsrechtlich gesicherte politische Rechte, die es ermöglichen, sich staatsbürgerlich und gesellschaftlich zu integrieren, ohne genötigt zu werden, die angestammte nationale Kultur aufzugeben. Die stärkste Bereitschaft dazu unter allen Nationen in Mittel- und Ostmitteleuropa war von den Deutschen und Ungarn gefordert. In der Habsburgermonarchie hatten sie dominiert, in deren Nachfolgestaaten sanken sie ab zu Minderheiten, und die eigenen Republiken, die ihnen die europäische Friedensordnung aus der habsburgischen Konkursmasse zugestand, empfanden sie als nationale Rumpfstaaten.

Der kleinen Republik Österreich haben viele Zeitgenossen nicht zugetraut, überleben zu können. Sich mit der Weimarer Republik zu vereinen, wie es die Provisorische Nationalversammlung des zunächst ausgerufenen »Deutschösterreich« im November 1918 beschlossen hatte, verboten die alliierten Sieger, obwohl US-Präsident Woodrow Wilson das Selbstbestimmungsrecht der Nationen zu einem seiner Kriegsziele erklärt hatte. Die junge Republik entwickelte jedoch rasch ein eigenes Staatsbewusstsein.

Erst das nationalsozialistische Deutschland machte sie zu einem neuen deutschen Osten, der national nur »erlöst« werden könne, wenn er sich mit dem Deutschen Reich vereine. Diese Politik, die nicht die Existenz von zwei deutschen Staaten anerkennen wollte, mündete 1938 in den sogenannten Anschluss Österreichs, den viele als großdeutsche Vollendung der kleindeutschen Staatsgründung von 1871 feierten. Er war jedoch das Ergebnis einer Gewaltpolitik des nationalsozialistischen Deutschlands, das unter der Parole »Heim ins Reich« 1938 seine militärische Expansion gen Osten einleitete. Hitler ließ Österreich in »Ostmark« umbenennen.

Mit dem »Dritten Reich« veränderte sich der Ort des deutschen Ostens in Europa erneut fundamental. Aus Auslandsdeutschen als Bürgern von Staaten im östlichen Europa, deren Vorfahren vielfach schon seit Jahrhunderten dort lebten, wurden nun Volksdeutsche, die von den nationalsozialistischen Machthabern als Instrument ihrer Expansionspolitik eingesetzt wurden. Mehr als sieben Millionen von ihnen lebten östlich und südöstlich der Grenzen des Deutschen Reichs, in den Plänen für ein »germanisiertes« Europa war ihnen eine wichtige Rolle zugedacht. Tatsächlich wurden während des Zweiten Weltkriegs mehr als eine Million Volksdeutsche in das Deutsche Reich oder in eroberte Gebiete umgesiedelt und erhielten die deutsche Staatsangehörigkeit.

»Deutscher Osten« wurde im Zweiten Weltkrieg zu einem rassistischen Eroberungs- und Vernichtungsprogramm. Hitlers Politik, ein riesiges deutsches Ostimperium zu schaffen und sich damit Europa untertan zu machen, brach radikal mit dem, was bis dahin »deutscher Osten« gewesen war. In einer Hinsicht folgten die Nationalsozialisten jedoch durchaus dem Leitbild des 19. Jahrhunderts: Ziel war der national homogene Staat, nun jedoch rassisch-biologisch aufgeladen. Die deutsche Aggression vernichtete alle Ansätze, umzudenken und nationale Minderheiten ohne Assimilationszwang zu vollberechtigten Staatsbürgern zu machen. Vor allem in der Tschechoslowakei hatte es solche Versuche gegeben. Was daraus geworden wäre und für die deutsche Minderheit, die mehr als ein Fünftel der Bevölkerung stellte, bedeutet hätte, kann niemand wissen. Vor allem aber schuf die deutsche Politik bei den Völkern, die der deutschen Gewalt und Vernichtung ausgesetzt waren, wie bei den Alliierten die Überzeugung, eine dauerhafte Befriedung Europas sei nur mit Nationalstaaten ohne Minderheiten möglich. Deshalb entstanden bei den späteren Alliierten bereits seit 1940 Pläne, nach Kriegsende durch große Umsiedlungen alle Deutschen im künftigen deutschen Staat zu konzentrieren, um die Wiederkehr einer deutschen Heim-ins-Reich-Politik zu verhindern.

Einen deutschen Osten sollte es im neuen Europa nicht mehr geben. Die nationalsozialistische Gewaltpolitik hatte ihn zum Sinnbild von Entrechtung und Vernichtung gemacht. Die nationalstaatliche Neuordnung setzte in Mittel- und Osteuropa erneut riesige Zwangstransfers in Gang. Viele Nationen erlitten sie; auch die deutsche.

Noch in der Gegenwart, mehr als ein halbes Jahrhundert nach diesem Geschehen, fällt es schwer, die Erinnerung daran in Geschichtserfahrungen zu überführen, die aufeinander hören und sich wechselseitig zu verstehen suchen. Aber nur wenn dieses Gespräch über die Geschichtsgräben der Geschichte hinweg gelingt, kann »deutscher Osten«, dieses Stereotyp, das seine Bedeutung mit dem Zeitgeschehen immer wieder änderte, zu einem europäischen Erinnerungs- und Verständigungsort werden. Breslau, das heutige Wroclaw, ist ein Beispiel dafür. Aus dieser deutschen Stadt ist eine polnische geworden. Einst zur polnischen Krone, dann zu Böhmen, schließlich zu Preußen gehörig, galt sie in den nationalpolitischen Debatten während der Weimarer Republik als ein »Bollwerk des deutschen Ostens«.

Unter der nationalsozialistischen Herrschaft wurde sie ein anderer Ort. Die jüdischen Breslauer wurden in die Emigration getrieben, deportiert und ermordet. Im Krieg kamen Rüstungsbetriebe und ausländische Zwangsarbeiter, dann strömten deutsche Flüchtlinge aus dem Osten in die Stadt, schließlich setzten Vertreibung, Flucht und Zwangsaussiedlung der Deutschen ein, und es kamen polnische Vertriebene aus den ostpolnischen Gebieten, die an die Sowjetunion fielen. Breslau wurde polonisiert und blieb doch lange für Polen eine Fremde, die man sich als Heimat erst erschließen musste. Heute ist Wroclaw eine weltoffene Stadt, die sich ihrer wechselvollen Geschichte stellt und das vielfältige Leid von Flucht und Vertreibung zu einem Thema macht, mit dem man sich auseinandersetzt. Sie ist auf dem Weg zu einem europäischen Erinnerungsort, in dem ganz unterschiedliche Geschichtserfahrungen zusammenfinden können, ohne ihre Besonderheiten zu verlieren.

TEIL III

KRIEG, FLUCHT, VERTREIBUNG

Die Waisen von Versailles

Nach dem Ersten Weltkrieg wurde die osteuropäische Landkarte komplett umgestaltet, Millionen Deutsche fanden sich in neuen Staaten wieder. In Oberschlesien tobte zeitweilig ein Bürgerkrieg.

Von Dietmar Pieper

Lange bevor irgendjemand etwas davon ahnen konnte, nahm das Schicksal von Millionen Menschen eine neue Wendung, als sich im Jahr 1914 ein polnischer Pianist und der amerikanische Präsident zum ersten Mal begegneten. Von diesem Tag an wurden Ignacy Paderewski, ein weltberühmter Musiker mit Wohnsitz in Kalifornien, und der ins Weiße Haus gewählte Hochschullehrer Woodrow Wilson zu politischen Weggefährten. Gemeinsam sollten sie europäische Geschichte schreiben. Paderewskis große Stunde kam im letzten Jahr des Ersten Weltkriegs. Unter Wilsons Führung hatten die Vereinigten Staaten ihre Neutralität aufgegeben und kämpften nun an der Seite Frankreichs und Großbritanniens gegen das deutsche Kaiserreich und die Habsburgermonarchie. Im Januar 1918, während Europa noch ein Schlachtfeld war, stellte der US-Präsident sein »Programm des Weltfriedens« vor. Wohl nie zuvor hatte die Menschheit einen Plan mit solchem Anspruch aus dem Mund eines so Mächtigen vernommen; der missionarische Horizont reichte vom Selbstbestimmungsrecht der Nationen bis zur Schaffung eines Völkerbundes. In Punkt 13 seines 14-Punkte-Programms versprach Wilson einen »unabhängigen polnischen Staat, der die von unbestritten polnischen Bevölkerungen bewohnten Gebiete einschließen sollte«. Auch »ein freier und sicherer Zugang zum Meere« müsse zum Staatsgebiet gehören. Es war ein Triumph für alle polnischen Patrioten. Ganz besonders aber triumphierte Ignacy Paderewski. Er hatte es geschafft, Wilson für die polnische Sache zu begeistern. Punkt 13 war Paderewskis Punkt. Und er war die Ouvertüre für eine grundlegende Neuordnung Osteuropas.

Als der Krieg im Herbst 1918 zu Ende ging, war das lange Zeit Unvorstellbare eingetreten: Ausgerechnet die drei Dynastien, die sich Polen im 18. Jahrhundert zur Beute gemacht hatten, waren erledigt, die Hohenzollern, die Habsburger und die Romanows. In drei Schritten, 1772, 1793 und 1795, hatten Preußen, Österreich und Russland das Königreich Polen unter sich aufgeteilt. Jetzt war für die Polen der Tag gekommen, an dem ihr geschundenes Vaterland neu erstehen sollte. Und sie waren nicht die Einzigen, die mit großen Erwartungen in die neue Zeit gingen. Überall in Osteuropa wollten sich nationale Bewegungen endlich die Rechte nehmen, die ihnen von den Monarchen verwehrt worden waren.

Am 7. Oktober 1918 proklamierten die Machthaber in Warschau einen unabhängigen polnischen Staat und übernahmen einige Tage darauf die Befehlsgewalt über die Armee. Drei Wochen später stürmten auch die benachbarten Tschechen voran in die Unabhängigkeit. In Prag wurde die Tschechoslowakische Republik ausgerufen. Der Philosoph und Politiker Tomáš G. Masaryk, der bald danach zum ersten Präsidenten gewählt wurde, hatte es in den

Monaten zuvor vermocht, Amerikanern, Briten und Franzosen deren Bedenken gegen die Staatsgründung auszureden. Von einer Beruhigung der Lage konnte aber keine Rede sein. Für die Deutschen, die im Osten des Reiches ansässig waren, fing der Ärger jetzt erst richtig an.

In der preußischen Provinz Posen zum Beispiel kam es Ende Dezember 1918 zu einem Aufstand gegen die deutsche Obrigkeit. Auslöser war eine friedliche Demonstration polnischer Bürger in der Provinzhauptstadt Posen. Sie hatten sich in großer Zahl versammelt, um ihr Idol Paderewski zu ehren. Der aus Amerika zurückgekehrte Freiheitsheld befand sich auf der Reise nach Warschau, wo er zum Ministerpräsidenten des jungen Staates ernannt wurde. Der antideutsche Handstreich brachte die Provinz Posen weitgehend unter polnische Kontrolle. Die völkerrechtliche Legitimierung durch den Friedensvertrag von Versailles ließ dann nicht lange auf sich warten. Das hatten sich die Deutschen ganz anders vorgestellt. Weder für die Militärs noch für die Masse der Bevölkerung war ja der Untergang der Monarchie gleichbedeutend mit einer totalen Niederlage. Das Land sei »im Felde unbesiegt«, lautete ein geflügeltes Wort. Die Erwartungen, Deutschland würde im Friedensvertrag glimpflich davonkommen, waren groß, und sie stützten sich auf tatsächliche oder vermeintliche Versprechungen von US-Präsident Wilson. Es war, wie es häufig ist: Jeder hörte, was er hören wollte. In deutschen Ohren klang Wilsons Parole vom Recht auf nationale Selbstbestimmung eher nach Vergrößerung als nach Verkleinerung. Millionen Österreicher und Sudetendeutsche hofften nach dem Zerfall der Wiener k.u.k. Monarchie auf den Anschluss ans Deutsche Reich.

Wunschdenken und Irrtümer gab es nicht nur auf Seiten der Verlierer, auch die Sieger fanden keine klare Linie. Der neue Anspruch, den Völkern ihre nationale Selbstbestimmung zu überlassen, kollidierte vielfach mit herkömmlicher Machtpolitik. Wie sie ihre Prioritäten zu setzen gedachten, machten die Alliierten rasch deutlich: Als die Provisorische Nationalversammlung in Wien im November 1918 den Beschluss fasste, Österreich an Deutschland anzuschließen, kam sogleich das Veto der Siegermächte. Es störte auch nicht weiter, dass die aus dem Habsburgerreich hervorgegangene Tschechoslowakei ein neuer Vielvölkerstaat war, in dem die nationale Mehrheit der Tschechen zumindest in den Anfangsjahren etwas gleicher war als die Minderheiten. Slowaken und Ungarn stellten einen erheblichen Anteil der Bevölkerung; die größte dieser Gruppen aber waren die Deutschböhmen, für die sich rasch die von einem Gebirgszug hergeleitete Bezeichnung Sudetendeutsche einbürgerte. Als frischgewählter Präsident stellte Masaryk sogleich die Verhältnisse klar: »Wir – die Tschechen – haben unseren Staat geschaffen. Dadurch wird die staatsrechtliche Stellung unserer Deutschen bestimmt, die ursprünglich als Immigranten und Kolonisten ins Land kamen.« Später ging Masaryk zwar auf die Sudetendeutschen zu, aber der Ton war gesetzt.

Freiheitsheld Paderewski

Republikgründer Masaryk

Oberschlesien-Kämpfer Korfanty

MICHAEL NICHOLSON/CORBIS | AKG | ULLSTEIN BILD

Das Versailler Diktat

Zu Beginn des Jahres 1919 richteten sich die Augen der Welt auf Paris. Dort tagte die erste Mega-Konferenz des 20. Jahrhunderts mit dem Ziel, der Welt eine neue Ordnung, eine Friedensordnung zu geben. Das jedenfalls war die erklärte Absicht des US-Präsidenten, der monatelang in der französischen Hauptstadt Quartier bezog. Für Wilsons Verhandlungspartner – den Franzosen Georges Clemenceau, den Briten David Lloyd George und den Italiener Vittorio Orlando – war es eher ein Lippenbekenntnis. Meist kamen die vier in der Residenz des amerikanischen Präsidenten zusammen, wo sich die Herren über riesige Landkarten beugten. Was gab es nicht alles zu regeln! Europa, die arabische Welt, Afrika, überall mussten Interessen bestimmt, Gebiete zugeteilt und Grenzen neu gezogen werden. Die Hauptaufgabe aber war immer wieder: Wie weiter mit Deutschland?

Am genauesten wusste der Franzose, was er wollte. Clemenceaus oberstes Ziel hieß: Das Deutsche Reich musste so klein wie möglich gehalten werden; Polens Stärke würde Deutschlands Schwäche sein. Dass westliche Reichsgebiete wie das Elsass an Frankreich fallen würden, war sowieso klar. Dem Briten ging das in vielem zu weit. Lloyd George wollte zum Beispiel verhindern, dass durch überzogene polnische Forderungen die »Saat eines künftigen Krieges« gelegt würde. Er ahnte: Deutschland wird, »wenn es das Gefühl hat, dass es im Frieden von 1919 ungerecht behandelt worden ist, Mittel finden, um seine Überwinder zur Rückerstattung zu zwingen«.

Als deutlich wurde, dass sich die Gebietsansprüche der Polen gegenüber den Deutschen auf 84000 Quadratkilometer summierten, hielt Lloyd George entschieden dagegen. Schließlich einigte man sich auf ein Gebiet von 43 000 Quadratkilometern, die vor allem Posen und Westpreußen umfassten. In zwei Bezirken sowie in Oberschlesien sollten die Menschen in Volksabstimmungen entscheiden, ob sie sich dem deutschen oder dem polnischen Staat angliedern wollten. Danzig wurde im Versailler Vertrag mit Wirkung zum 15. November 1920 zur Freien Stadt unter dem Mandat des Völkerbundes erklärt. Glücklich allerdings war niemand mit dem Ergebnis, ganz im Gegenteil. Paderewski murrte, vor allem im Hinblick auf Danzig und Oberschlesien sei das Diktat der Sieger ein »grausamer Schlag«. Und den Deutschen war der Versailler Vertrag aus vielen Gründen verhasst. Die Gebietsverluste im Osten empfanden sie als willkürlich und äußerst ungerecht.

Der sozialdemokratische Reichsaußenminister Hermann Müller erklärte im Juli 1919 vor der Nationalversammlung: »Wir lassen keinen Zweifel darüber, dass wir mit allen loyalen Mitteln die Revision dieses Vertrages erstreben werden.« Das war eine gemäßigte Stimme, viele Deutsche redeten erheblich radikaler.

Während die Pariser Verhandlungen noch liefen, hatte die Oberste Heeresleitung der Reichswehr Pläne für einen Feldzug gegen Polen ausgearbeitet, die aber in der Schublade blieben. Danach träumten führende Militärs eine Weile davon, auf eigene Faust einen selbständigen deutschen »Oststaat« zu errichten. Reichswehr-Chef Hans von Seeckt giftete noch Anfang der zwanziger Jahre: »Polens Existenz ist unerträglich, unvereinbar mit den Lebensbedingungen Deutschlands. Es muss verschwinden und wird verschwinden durch eigene Schwäche und durch Russland, mit deutscher Hilfe.«

Durch Versailles verlor Deutschland insgesamt 10 Prozent seiner Bevölkerung und 13 Prozent seines Gebiets, dazu

80 Prozent seiner Eisenerz- und 26 Prozent seiner Steinkohlenlager, 40 Prozent seiner Hochöfen und 15 Prozent seiner landwirtschaftlichen Nutzfläche. Und das Land wurde zweigeteilt. Am 20. Januar 1920 übernahm Polen weite Teile der Provinzen Posen und Westpreußen. Der Polnische Korridor entstand. Die Menschen, die dort lebten, waren nicht gefragt worden. Weit verbreitet war die Klage, die der Gutsbesitzer Nordewin von Koerber-Koerberode einer Berliner Zeitung übermittelte: »Das Land, das in harter Arbeit zu einer Perle unter den deutschen Landen geworden ist, das Land, wo Hunderttausende unserer Volksgenossen schlummern, ist vom Vaterland abgetrennt und einem Fremdvolke ausgeliefert.« Der adlige Gutsherr harrte auf seiner Scholle aus und wurde später als Abgeordneter der deutschen Volksgruppe in den polnischen Sejm gewählt. Viele seiner Landsleute aber verließen ihre Heimat, freiwillig oder unter dem Druck der neuen Verhältnisse. Die unter polnische Herrschaft geratenen Deutschen waren die »Waisen von Versailles«, schreibt der britische Historiker Richard Blanke: »Beinah über Nacht sahen sie sich nicht mehr als Teil der herrschenden Schicht in einem starken und wirtschaftlich hoch entwickelten Nationalstaat, sondern als verletzliche und beargwöhnte Minderheit.«

So wie preußische Behörden jahrzehntelang die Germanisierung des Landes betrieben hatten, so machten die Polen nun Politik gegen die Deutschen. »Das fremde Element wird sich umsehen müssen, ob es sich anderswo besser befindet«, erklärte der spätere polnische Bildungsminister Stanislaw Grabski im Oktober 1919. Mit propagandistischem Eifer verbreiteten die neuen Herren Statistiken darüber, wie stark der Anteil der Deutschen im ehemaligen Reichsgebiet zurückging – vielerorts von mehr als der Hälfte der Einwohner auf einstellige Prozentanteile.

Kampf um Oberschlesien

Besonders schwierig waren die Verhältnisse in Oberschlesien. In der Region um Oppeln und Kattowitz hatte sich über die Jahrhunderte ein multiethnisches Patchwork herausgebildet, in dem deutsche und polnische, jüdische und tschechische Identitäten miteinander verwoben waren. Aber das Zeitalter des Nationalismus hatte auch in Oberschlesien seine Spuren hinterlassen. Der Germanisierungspolitik stand eine polnische Nationalbewegung gegenüber, die das slawische Selbstbewusstsein hochhielt. Durchaus mit Erfolg: Bei der Reichstagswahl 1907 kam die Polnische Nationaldemokratische Partei (Polenpartei) im Regierungsbezirk Oppeln auf 39,5 Prozent der Stimmen.

Nach Inkrafttreten des Versailler Vertrages mussten die deutsche Armee und die Beamtenschaft abziehen. Die Verwaltung übernahm eine alliierte Kommission unter Vorsitz eines französischen Generals. Es war eine Zeit der Wirren, die sich bis zum Bürgerkrieg hochschaukelten. Auf deutscher wie auf polnischer Seite kämpften Geheimorganisationen und paramilitärische Verbände um die regionale Vorherrschaft. Oberschlesien wurde zum Aufmarschgebiet der Freikorps, die in den Gründungsjahren der Weimarer Republik eine unheilvolle Rolle spielten. Geradezu ein Markenzeichen der oberschlesischen Wirren waren auf deutscher Seite die sogenannten Fememorde: Tatsächliche oder vermeintliche Verräter wurden ohne viel Federlesens umgebracht. Anlass war häufig der bloße Verdacht, mit den Polen gemeinsame Sache zu machen. Der Historiker Bernhard Sauer, der die Fememorde im Detail untersucht hat, kommt zu dem Ergebnis: »Es waren in der Regel Unschuldige, die ermordet wurden«, und »die Opfer hatten nicht die geringsten Möglichkeiten, sich gegen die erhobenen

Beschuldigungen zu verteidigen«. Eines der Opfer war Josef Nowak. Der angebliche polnische Spion, sagten seine Söhne später, »hatte sich lediglich wiederholt dahin geäußert, dass der gegenseitige Brudermord in Oberschlesien sinnlos wäre, da das Volk sowieso verraten und verkauft sei. Man könne das gegenseitige Morden unmöglich als einen Kampf um die Freiheit bezeichnen.« Den Mord an ihrem Vater schildern die Söhne in allen blutigen Details: »Um Mitternacht des 4. Juni wurde er plötzlich von sogenannten Grenzschutzsoldaten aus dem Bett geholt und wie ein Tier durch das Dorf getrieben, wobei die Soldaten fortgesetzt mit Seitengewehren und Gewehrkolben auf ihn einschlugen.« In derselben Nacht schnappten sich die Fememörder drei weitere Männer. Zuletzt warfen sie ihre Opfer in einen Steinbruch und schlugen sie dort tot. Besonders berüchtigt war die »deutsche Spezialpolizei«, geleitet von Heinz Oskar Hauenstein. Als Zeuge vor Gericht sagte Hauenstein einmal auf die Frage, wie viele Fememorde seine Organisation in Oberschlesien begangen habe: »Die genaue Zahl kann ich nicht angeben. Aber ich habe mir einen kleinen Überschlag gemacht und bin auf die Zahl 200 gekommen.« Da im Juni 1922 eine Amnestie für politisch motivierte Straftaten erging, blieben Verbrecher wie Hauenstein straffrei.

Führender Kopf auf polnischer Seite war Wojciech Korfanty, der bis 1918 den Vornamen Albert trug. Von 1903 bis 1912 hatte er als Abgeordneter der Polenpartei dem Deutschen Reichstag angehört. Nach dem Versailler Frieden ernannten ihn die Alliierten zum polnischen Kommissar für die Organisation des Plebiszits. Gleichzeitig wussten alle, dass Korfanty auch den bewaffneten polnischen Kampf anführte. Jedem Teilnehmer versprach er eine Kuh als Geschenk, sobald Oberschlesien polnisch wäre – die Korfanty-Kuh wurde bald sprichwörtlich. Am 20. März

1921 fand schließlich die Abstimmung über die künftige Staatszugehörigkeit Oberschlesiens statt. 707 000 Stimmen entfielen auf Deutschland, 479 000 auf Polen. Nach dem unklaren Ergebnis brachen heftige Konflikte um die künftige Grenzziehung aus. Mit französischer Unterstützung besetzten Korfantys Freischärler einige Gebiete, in denen die Menschen überwiegend für Polen gestimmt hatten. Im Mittelpunkt des polnischen Aufstandes stand das katholische Kloster St. Annaberg. Aber die Deutschen schlugen zurück, allen voran Hauensteins Paramilitärs, die sich mittlerweile »Organisation Heinz« nannten. Ende Juni 1921 schlossen die Bürgerkriegsparteien einen Waffenstillstand.

Die Alliierten teilten Oberschlesien schließlich auf, ein Vertragswerk besiegelte im Mai 1922 die neue Ordnung. 30 Prozent der Fläche, aber 46 Prozent der Bevölkerung kamen zu Polen. Die Deutschen mussten auch das ökonomische Filetstück abgeben, die Industrieregion um Kattowitz. Die meisten oberschlesischen Bergwerke und Hütten wurden polnisch.

Über den Tag der offiziellen Machtübernahme in Kattowitz, das nunmehr Katowice hieß, bemerkte Korfanty später: »Für mich war es der schönste Tag in meinem Leben.«

Für die Deutschen blieb die Ostgrenze eine offene Wunde. Berlin war zwar realistisch genug, 1925 im Vertrag von Locarno die neue Westgrenze zu akzeptieren. Aber gegenüber dem Nachbarn im Osten gelobte die Reichsregierung lediglich Gewaltverzicht, mehr nicht.

Damit war es 1939 auch vorbei. Mit dem Angriff der Deutschen auf Polen begann der Zweite Weltkrieg.

Auf verlorenem Posten

Sudetendeutsche Sozialdemokraten suchten eine Verständigung mit den Tschechen. Sie kämpften gegen den »Anschluss« ans Hitler-Reich, wurden von den Nazis verfolgt – und mussten doch auch ihre Heimat verlassen.

Von Norbert F. Pötzl

Der Textilarbeiter Josef Seliger, Mitglied der Provisorischen Nationalversammlung Deutsch-Österreichs, beschrieb schon im November 1918 die Lage nüchtern: Die von Deutschen bewohnten Regionen Böhmens, »acht voneinander durch die breite Kluft des tschechischen Siedlungsgebiets geschiedene und so weit auseinandergerissene Landfetzen«, seien unmöglich »zu einem einheitlichen Staats- oder Verwaltungsgebiet zu vereinigen«. Trotzdem protestierte der stellvertretende Landeshauptmann Seliger bei der neuen Regierung in Prag, als tschechisches Militär die noch zu Österreich gehörenden Gebiete am 3. November 1918 besetzte. Und er rief, weil die deutschböhmischen Abgeordneten am 4. März 1919 nicht an der konstituierenden Sitzung der neuen österreichischen Nationalversammlung teilnehmen durften, zum Generalstreik und zu Kundgebungen »für das Selbstbestimmungsrecht« auf.

Zehntausende demonstrierten an diesem Tag in den deutschsprachigen Grenzgebieten der im Oktober 1918 ausgerufenen Tschechoslowakischen Republik für einen Anschluss an Österreich. Nach dem Zerfall der Habsburgermonarchie am Ende des Ersten Weltkriegs hatten Tschechen und Slowaken mit Billigung der Siegermächte einen Nationalstaat gegründet – die 3,2 Millionen Deutschböhmen, die 23 Prozent der Gesamtbevölkerung ausmachten, wurden nicht gefragt. Der Tag endete blutig: Tschechische Sicherheitskräfte schossen an mehreren Orten in die Menge und töteten 53 Menschen. Der 4. März 1919 wurde zu einer schweren Hypothek für das weitere Zusammenleben von Tschechen und Deutschen.

Wie der Arbeiterführer Seliger, der im Sommer 1919 zum ersten Vorsitzenden der Deutschen Sozialdemokratischen Arbeiter-Partei (DSAP) in der ČSR gewählt wurde, schwankten viele seiner Landsleute zwischen Einsicht ins Unabänderliche und Aufbegehren gegen Unterdrückung durch die nationalistische tschechische Mehrheit. Zwar hatte Fritz von Gebsattel, seit 1909 deutscher Generalkonsul in Prag und mit den Verhältnissen im Land vertraut, in einem Bericht ans Berliner Auswärtige Amt im Oktober 1918 die Aussichten optimistisch beurteilt. Auch wenn »selbstverständlich nicht alle … nationalpolitischen Wünsche« der Deutschen »Erfüllung fänden«, meinte der Diplomat, »so könnten sie doch in dieser Beziehung des größten Entgegenkommens von Seiten der Tschechen sicher sein«. Denn es liege »im dringendsten eigensten Interesse« der Tschechen, »die kulturell und wirtschaftlich hochentwickelte, kapital- und steuerkräftige deutsche Minorität auf nationalem und wirtschaftlichem Gebiet zufriedenzustellen«.

Aber Gebsattel täuschte sich. Die »Sudetendeutschen«, wie man sie nun nach dem Gebirgszug im Norden der ČSR nannte, wurden zunehmend drangsaliert. Im Herbst 1924 wurden 7000 deutsche Eisenbahner entlassen und durch Tschechen ersetzt, Ähnliches geschah dann auch bei Post, Polizei und Zoll. Das war Wasser auf die Mühlen deutscher Nationalisten und schwächte die auf Ausgleich bedachten

Kräfte. Der Nachfolger des 1920 gestorbenen Seliger, der Brünner Rechtsanwalt Ludwig Czech, setzte leidenschaftlich auf die Zusammenarbeit »von Volk zu Volk«. Doch die DSAP, die im April 1920 bei den ersten Wahlen zum Prager Parlament 44 Prozent aller deutschen Stimmen bekommen hatte, verlor 1925 die Hälfte ihrer Wählerschaft. Vier Jahre später wurde Czech, wie zwei weitere deutsche Politiker vom Bund der Landwirte und von den Christlich-Sozialen, sogar Minister in der Prager Regierung. Aber sie waren nur Feigenblätter für die tschechische Mehrheit, die auch die Slowaken und Ungarn im Ostteil der Republik gegen sich aufbrachte.

Die Weltwirtschaftskrise, die überdurchschnittlich hohe Arbeitslosenzahl unter den Deutschböhmen und deren fortschreitende Diskriminierung brachten der nationalistischen Sudetendeutschen Partei (SdP) des Bankangestellten und Turnerbund-Funktionärs Konrad Henlein aus Asch großen Zulauf. Bei den Parlamentswahlen 1935 errang die SdP 44 der 66 deutschen Sitze. Henlein versicherte Hitler im November 1937 in einem geheim gehaltenen Brief, die SdP sei nationalsozialistisch und ersehne nichts mehr als die »Einverleibung ins Reich«. Dagegen kämpfte die DSAP nun an der Seite tschechischer Patrioten. Immer öfter kam es zu gewalttätigen Auseinandersetzungen zwischen Henlein-Anhängern und ihren Gegnern. Der sudetendeutsche Sozialdemokrat Volkmar Gabert, der später SPD-Vorsitzender in Bayern wurde, erinnerte sich an die »bürgerkriegsähnliche Situation« 1937/38: In den Arbeitergebieten seines Heimatbezirks Teplitz-Schönau, wo es »fast überall sozialdemokratische Mehrheiten« gab, organisierte die DSAP Motorradstaffeln der »Republikanischen Wehr«, die versuchte, die Republik mit Waffen gegen die Übergriffe der Henlein-Partei zu schützen.

AKG

Einmarsch der Wehrmacht ins Sudetenland im Oktober 1938

Zwei Wochen bevor Ende September 1938 die Abtretung des Sudetenlands an das Deutsche Reich besiegelt wurde, rief Wenzel Jaksch, der im März jenes Jahres Czech im DSAP-Vorsitz abgelöst hatte, Deutsche und Tschechen zur Besonnenheit auf: »Lassen wir uns nicht einreden, dass das eine Volk nur aus Teufeln besteht und das andere nur aus Engeln.«

Das Münchner Abkommen bedeutete für die deutschböhmischen Demokraten ein ebenso großes Debakel wie für die Tschechen. »Die Großmächte«, klagte Jaksch, »haben über die Abtretung der sudetendeutschen Gebiete entschieden. Wir sind die Opfer dieser Entscheidung geworden.«

Während die Mehrheit der Sudetendeutschen der einrückenden Wehrmacht zujubelte, flohen die DSAP-Funktionäre ins Landesinnere Böhmens. In der letzten Ausgabe der Parteizeitung »Sozialdemokrat« am 9. November 1938 schrieb Jaksch: »Es ist das Recht des Besiegten, den Kopf hoch zu tragen, wenn er für eine gute Sache gestritten hat und durch fremde Schuld gefällt worden ist. Ein gewaltiges Schicksal hat uns auf verlorenen Posten gestellt.«

Nachdem Hitlers Armee am 15. März 1939 auch in die sogenannte Rest-Tschechei einmarschiert war, mussten die antinazistischen Deutschen um ihr Leben fürchten. Von den rund 80 000 DSAP-Mitgliedern flohen schätzungsweise 30 000 ins Ausland, über 10 000 wurden zumindest zeitweilig inhaftiert. Unter denen, die das Land verließen, war auch Wenzel Jaksch. Der 1896 geborene Böhmerwäldler schlug sich, als Wintersportler getarnt, zu den Beskiden durch, einem Mittelgebirge an der polnischen Grenze. Die letzte Nacht in seiner Heimat verbrachte er in dem kleinen Dorf Ostravica bei einer Bauernfamilie. Mit ihr trank er und sang unter anderem das Volkslied »Teče voda, teče«, eine Lieblingsweise des ersten tschechoslowakischen Präsidenten Tomáš G. Masaryk. Jaksch notierte: »Es war ein rührender Abschied von den kleinen Leuten des tschechischen Volkes.« Jaksch emigrierte nach England. Das ersparte ihm das Schicksal seines Vorgängers Czech, der 1942 im KZ Theresienstadt starb. Mit dem Präsidenten der tschechischen Exilregierung, Edvard Beneš, traf sich Jaksch erstmals am 3. August 1939 in London. Aber vergebens bemühte er sich, die von Beneš immer nachdrücklicher geforderte Vertreibung der Sudetendeutschen nach dem Krieg durch eine Übereinkunft zu verhindern. Nach Kriegsende musste Jaksch untätig miterleben, wie Beneš die Deutschen generell zu »menschlichen Ungeheuern« erklärte, die man aus dem Land jagen müsse. Erst 1949 ging Jaksch aus England in die Bundesrepublik und zog 1953 für die SPD in den Bundestag ein.

Als Nachfolger von Hans Krüger (CDU), der 1964 wegen seiner NS-Vergangenheit als Vertriebenenminister zurücktreten musste – er hatte bereits am Hitler-Putsch 1923 teilgenommen und war während des Krieges als »Sonderrichter« für zahlreiche Todesurteile im heutigen Polen verantwortlich –, wurde Jaksch zum Präsidenten des Bundes der Vertriebenen gewählt. Bei Jaksch konnten die Delegierten sicher sein, dass er eine weiße Weste ohne braune Flecken hatte.

Zweierlei Erbe

Danzig, die einst so reiche Hansestadt, erlebte eine lange, wechselvolle Geschichte zwischen Deutschen und Polen, bis sie Feinde wurden – und sich wieder versöhnten.

Von Annette Großbongardt

Auch wenn hier der Zweite Weltkrieg ausbrach, die Hecken müssen doch geschnitten werden. Gleich neben den Heldengräbern von Major Henryk Sucharski und seinen im Kampf gefallenen Kameraden lassen die städtischen Gärtner ihre Motorsägen knattern. Es ist ein kalter, regnerischer Herbstmorgen, nur ein paar Besucher bleiben an dem kleinen Friedhof der Gedenkstätte Westerplatte stehen, betrachten die Trümmer der zerschossenen Kaserne, steigen die Anhöhe zum Mahnmal empor und denken: Hier also war es.

Hier auf der polnischen Halbinsel, einst ein beliebtes Ostseebad, begann am 1. September 1939 »bei anhaltend schönem Spätsommerwetter«, wie der Danziger Günter Grass später notierte, jener Wahnsinn, in dem rund 60 Millionen Menschen sterben sollten. Grass war damals elf Jahre alt, er hörte den Geschützdonner im Arbeiterviertel Langfuhr, wo seine Eltern einen kleinen Kolonialwarenladen betrieben. Es war 4.45 Uhr, als das deutsche Kriegsschiff »Schleswig-Holstein« seine Granaten auf das polnische Munitionslager auf der Westerplatte feuerte. Major Sucharski und seine 180 Männer wehrten sich so standhaft, dass die Deutschen Sturzkampfbomber einsetzen mussten, um den Widerstand zu brechen.

Nur 15 Minuten braucht man mit dem Auto von hier bis zur Danziger Innenstadt, in der nichts mehr an diesen Krieg erinnert. Die Altstadt, die zu über 90 Prozent in Trümmern lag, sieht so schön und prächtig aus wie zu ihren Glanzzeiten im 16. und 17. Jahrhundert: die alten Patrizierhäuser mit ihren eleganten Stufengiebeln, fast jede Fassade ein Kunstwerk der Backsteingotik, der Renaissance oder des flämischen Manierismus. Vom Turm des Rechtstädtischen Rathauses überblickt man die liebevoll restaurierten Gassen, die Zugänge zur Stadt, die aussehen wie Triumphbögen. Im schlossartigen »Grünen Tor«, einst als Residenz der polnischen Könige gebaut, hat nun Lech Walesa sein Büro.

Danzigs Rechtstädtisches Rathaus am Langen Markt
(Fotochromdruck um 1895)

Die Altstadt von Danzig wurde so früh und so gelungen wiederaufgebaut wie nur wenige andere im zerbombten Nachkriegseuropa. Es sieht so aus wie früher, und doch ist alles ganz anders. Danzig heißt nun Gdansk, hat 450 000 Einwohner und gehört zur polnischen Woiwodschaft Pomorskie, Pommern. Vor dem Krieg lebten hier 95 Prozent Deutsche, in der Schillerstraße, der Hundegasse und am Langen Markt, der Prachtstraße der Stadt. Heute gibt es hier nur noch etwa tausend Deutschstämmige, und die Straßen heißen jetzt Kasprowicza, Ogarna und Dlugi Targ. Für die geflüchteten und vertriebenen Deutschen kamen Ost-Polen, die ihrerseits von den Russen verdrängt worden waren. Der Schriftsteller Stefan Chwin, selbst Danziger, nennt sie deshalb »Stadt der doppelten Vertreibung«. Aber auch das deutsche Danzig der Vorkriegszeit ist nur ein Teil der Geschichte. Bevor die reiche Hansestadt 1793 an Preußen fiel, 1871 schließlich Teil des Deutschen Reiches wurde, unterstand sie mehr als drei Jahrhunderte lang der Polnischen Krone.

Danzig ist eine Stadt der wechselnden Herrscher, die ihre Identität immer wieder neu finden musste. Ihre Geschichte ist die eines glanzvollen Aufstiegs – und des totalen Verlustes. Polnische und deutsche Familiengeschichten kreuzten sich hier früh zu europäischen Biografien.

Im Jahr 997, als Danzig zum ersten Mal schriftlich erwähnt wurde, lebten dort baltische und pomoranische Siedler. Um 1200 entstand die erste deutsche Gemeinde. Selbstbewusst erhob sich die Stadt 1454 gegen den herrschenden deutschen Ritterorden. Der polnische König Kasimir IV. Jagiello dankte es den Danzigern mit Privilegien, darunter dem Recht, eigene Münzen zu prägen. Das sollte ihren enormen Wohlstand mitbegründen. So wuchs Danzig zur reichsten Stadt in Polen und zum wichtigsten Ostseehafen. 80 Prozent des Exports, vor allem Getreide, flossen von hier ins übrige

Europa. Neben Deutschen und Polen bevölkerten Niederländer, italienische Bankiers, Franzosen, Schotten, Engländer und Ungarn die Hansestadt, russische Kaufleute trieben Handel. Vergebens protestierten die stolzen Danziger Ratsherren gegen die zweite polnische Teilung, mit der sie an Preußen fielen – seitdem weigerten sie sich, ihre Amtsroben zu tragen. Die Stadt verkam zur preußischen Provinz, erst die Industrialisierung im 19. Jahrhundert brachte wieder etwas Aufschwung, vor allem mit dem Schiffbau.

Als Günter Grass 1927 hier geboren wurde, war Danzig ein Kuriosum. Nach dem Ersten Weltkrieg war die deutsche Stadt vom Reich abgetrennt worden und unterstand nun als »Freie Stadt Danzig« der Aufsicht des Völkerbundes. Außenpolitisch gehörte sie zu Polen.

Die merkwürdige Konstruktion sollte dem gerade wieder gegründeten Staat den Zugang zur Ostsee sichern. Die Zollbeschränkungen, die immer prekärere wirtschaftliche Lage spürten auch die Eltern von Grass in einem »immer knapperen Warenangebot«. Ihr Geschäft, erinnert sich Grass, lief »mäßig bis schlecht«. Vor allem die Beamtenfrauen ließen anschreiben. Günter musste die Schulden eintreiben, immerhin wurde er mit ein paar Prozent beteiligt.

Die Nationalsozialisten eroberten Danzig spielend, und auch Günter Grass wurde ein Hitlerjunge, ein »Jungnazi«, wie er später bekannte. Jeden Angriff der Wehrmacht empfand er als berechtigten Schlag gegen die polnischen »Meuchelmörder«. Er diente als Luftwaffenhelfer im Hafen, mit 15 meldete er sich sogar freiwillig zur Wehrmacht.

Für die 17-jährige Budzimira Muzyk war das Leben da schon längst zur Katastrophe geworden. Die Muzyks, eine reiche, angesehene Familie, gehörten zur polnischen Minderheit Danzigs. Der Großvater war Reeder, auf seinem Salonschiff »Monika« tanzten die Danziger. Budzimiras Vater hatte einen guten Posten bei der British and Polish Trade Bank, die Familie bewohnte ein großzügiges Apartment, hatte Dienstmädchen, ein Klavier, einen Wagen, ein Häuschen im Grünen. Auch mit den deutschen Nachbarn verstand man sich gut. Deren Tochter Marianne war Budzimiras beste Freundin. Polen und Deutsche, so erinnert sich die Polin, die heute Wojtalewicz-Winke heißt, »lebten ganz normal zusammen«. Ihr Vater liebte Polen glühend, an Feiertagen hisste er die Fahne. Das störte niemanden – bis die Nazis kamen. »Ihr polnischen Schweine, raus aus Danzig!«, brüllten die Hitlerjungen und warfen Steine nach Budzimira, die bei den polnischen Pfadfindern war. Die übermalten Nazi-Plakate, auf denen stand: »Danzig war deutsch, ist deutsch und bleibt deutsch«. Mit dem Vater, Mitglied der nationalistischen Bewegung »Polnischer Westverband«, druckte sie Flugblätter: »Danzig war polnisch, ist polnisch und bleibt polnisch!«

Im Juni 1939 besuchte Propagandaminister Joseph Goebbels Danzig. »Ich stehe hier auf dem Boden einer deutschen Stadt«, rief er, tönte von »blutsmäßiger Verbundenheit«. »Sieg heil!«, antworteten die deutschen Danziger, sie hatten Transparente gespannt: »Wir wollen heim ins Reich.« SA-Leute stoppten Budzimira und ihre Pfadfinderkameraden, weil sie nicht die Hand zum Hitlergruß erhoben hatten. »Wir sagten, wir sind Polen, wir können uns dazustellen, aber die Hand heben wird nicht«, erzählt Wojtalewicz. Die SA-Männer nahmen sie mit, bedrohten sie, ließen sie aber später wieder frei. »Das waren furchtbare Zeiten«, erinnert sich die heute 86-jährige Polin, die eine ungebrochene Lebenskraft ausstrahlt, »ich habe so viel Hass gesehen.« Noch am Tag des Kriegsbeginns wurde ihr Vater verhaftet und, nach schweren Misshandlungen und Arbeitsdienst, im nahen Konzentrationslager Stutthof erschossen. Fast nackt musste er sich sein Grab schaufeln, bevor ihn ein Genickschuss traf. Er war 42 Jahre alt.

Weil sich ihre Mutter einer Zwangsgermanisierung widersetzte, wurde die Familie deportiert. In Warschau schloss sich Budzimira dem Widerstand gegen Hitler an, kämpfte im Warschauer Aufstand. Das letzte Kriegsjahr überlebten sie wieder in Danzig. Bei der Eroberung setzte die Rote Armee alles daran, die Stadt, die Hitler zur Festung erklärt hatte, zu zerstören.

Die elfjährige Deutsche Helga Joachimiak lag zitternd unter dem Bett, als ihre Mutter von Russen vergewaltigt wurde, »einer nach dem anderen«, es schien nicht zu enden. Ihre Wohnung wurde geplündert, schließlich einfach beschlagnahmt, nun von Polen. In einer Hütte schlugen sie sich durch. Während nach dem Krieg noch mehr als 250 000 Deutsche vertrieben wurden, blieb ihre Familie, weil ihr Vater als Arzt gebraucht wurde. Sie wurden polonisiert, »Einpolung« nennt es Joachimiak. In ihrer Kindheit hatte sie gar keine Polen wahrgenommen: »Vor 1945 gab es hier für mich nur Deutsche.« Nun ging sie in die polnische Schule und lernte die Sprache so gut, dass später keiner mehr merken sollte, wo sie herkommt. Auch nicht bei der Arbeit in der ehemals deutschen Schichau-Werft, die nun Lenin-Werft hieß. Selbst zu Hause mit den Kindern sprach sie nie Deutsch, »aus Angst, sie könnten sich in der Schule verplappern und wir würden bestraft«. »Hätten wir damals gewusst, dass wir hier mal eine Minderheit gründen werden!«, sagt Joachimiak, 77. Sie sitzt aufrecht, tadellos gekleidet und geschminkt im Saal des Minoritätenbundes, den alte deutsche Danziger 1990 nach der Wende gründen durften. In der Zimmerecke steht die deutsche Fahne.

Das Haus, in dem die deutsche Minderheit nun ihren Sitz hat, war mal ein deutsches Hotel. Manchmal bleiben Besucher aus Deutschland auf der Straße stehen und rufen: »Da hab ich immer getanzt, es war herrlich!« Solche Heimwehtouristen kamen häufig in den achtziger und neunziger Jahren nach Danzig. »Sie wollten ihr Elternhaus noch mal sehen, ihre Schule, die Kirche, wo sie getauft wurden«, berichtet der Stadtführer Marian Fifielski. Er hat längst ein neues Spezialgebiet: Danzig, die Grass-Stadt. Nicht nur in der »Blechtrommel« wurde sie zur Heimat seiner Romanfiguren.

Fifielski ist ein wandelnder Grass-Atlas: Hier im Spielwarenladen hat Oskar Matzerath seine Blechtrommel bekommen, in der polnischen Post arbeitete Jan Bronski, der Geliebte der Mutter, da war die preußische Petri-Schule, wo nicht nur Grass, sondern auch Ministerpräsident Donald Tusk zur Schule ging – mit Fifielskis Frau. An manchen Häusern blättert Farbe ab, darunter kommen alte deutsche Schriftzüge zum Vorschein, wie »Caffee, Tee, Biscuits, Chocolaten« am Eckladen gegenüber der Werft. »Achtung«, ruft Fifielski, »gleich kommt die Kapelle, wo Mahlke aus ›Katz und Maus‹ als Ministrant diente.« Wir fahren vorbei an der Maiwiese, wo Oskar eine Nazi-Kundgebung in Walzertakt versetzt, am Marktplatz, wo sich die Großmutter warme Ziegel unter die Röcke schieben ließ, bis zum Elternhaus im Labesweg 13, heute »Ulica Lelewela«. Es ist DDR-grau und niedrig, im Erdgeschoss gleich rechts liegt die Zwei-Zimmer-Wohnung, in der Grass aufwuchs. Schon lange wohnen hier polnische Mieter, aber noch immer gibt es das Klo im Treppenhaus, für das Grass sich so schämte, dass er keinen Freund zum Spielen zu sich einladen wollte.

Grass verließ Danzig 1944 als 17-Jähriger auf dem Weg an die Front. Nun ist er ihr Ehrenbürger, das änderte sich auch nicht, als er 2006 verspätet bekannte, er habe der Waffen-SS angehört. Einige, wie Walesa, waren zornig, doch sie vergaben ihm nach einem reumütigen Brief an die Bürger von Gdansk.

Der Schriftsteller Chwin hat ihn verteidigt. Er hält Grass' Verdienste für größer als das Versäumnis. »Die Blechtrommel«, mit der Grass Danzig immerhin zur Weltliteratur erhob, hatte er als junger Intellektueller in einem verschmutzten Raubdruck verschlungen. Auch die Schlöndorff-Verfilmung 1979 war illegal – er sah sie in einer Privatvorführung des örtlichen Parteisekretärs. »Die Partei dachte, mit solchen Gunstbeweisen könne sie uns Autoren ködern.«

Die deutsche Vergangenheit Danzigs gehörte zu den Tabus im kommunistischen Polen, Chwin trug dazu bei, es zu brechen. Schon früh begann er aufzuspüren, »was in Danzig von Deutschland übriggeblieben war«. In seinem Roman »Tod in Danzig« (1995) beschreibt Chwin fast liebevoll den dramatischen Exodus der Deutschen 1945 aus Danzig – und wie in ihre Wohnungen mit bezogenen Betten und gefüllten Schränken dann heimatvertriebene Polen einziehen. Auch Chwins Eltern waren Flüchtlinge. Seine Mutter kam aus Warschau, wo sie als Krankenschwester die Gräuel des brutal niedergeschlagenen Aufstands erlebt hatte, sein Vater aus Wilna, wo er vor der Roten Armee geflohen war. In einem Wohnhaus für Arbeiter der Schichau-Werft wuchs Chwin auf. Eines Tages, erzählt er, klopfte ein älteres deutsches Paar an die Tür. »Schweigend standen sie in der Mitte des Zimmers, schauten wortlos auf das Fenster, die Fensterbank, auf die Heizung, den Fußboden, auf die Türklinke. Ich fühlte mich wie auf frischer Tat ertappt.« Nutzte man nicht ein Haus, das einer deutschen Familie weggenommen worden war? Menschen, die vielleicht mit den Hitlerverbrechen gar nichts zu tun hatten? Die Wohnung habe ja leer gestanden, beruhigte er sein Gewissen.

Mitgefühl für die Deutschen, sagt er, gab es damals nicht. »Die Menschen, die nach dem Krieg in Danzig angesiedelt wurden, meinten, diese Stadt stünde ihnen als Reparation zu – als Entschädigung für die unvorstellbaren Leiden, die sie von deutscher Seite erlitten hatten.« Als sein Buch erschien, kritisierte ihn seine Mutter harsch: »Du meinst es zu gut mit den Deutschen, das haben sie nicht verdient.«

Chwin sitzt im kleinen Dozentenzimmer an der Uni, wo er Literaturgeschichte lehrt. Am Haken hängt seine Helmut-Schmidt-Mütze, die er aus Hamburg von einem Autorentreffen mitgebracht hat. »Du siehst aus wie ein Vorkriegsdanziger«, hört er öfter, wenn er sie trägt.

Nicht weit entfernt liegt die Lessingstraße, nun Grottgera, wo sein Roman spielt. Hier, zwischen Kastanien, Ulmen und Linden, hatten die Deutschen ihre Vorortvillen mit Fachwerk, Erkerchen und Apfelbäumen im Garten. Dass die neuen Danziger Fremde waren, ist für Chwin ein Grund, warum gerade hier 1980 die Solidarność geboren wurde. »Die Arbeiterproteste schweißten die atomisierte Gesellschaft zu einer Gemeinschaft zusammen, die langsam ihre eigene Identität und Kraft fand.«

Mit dem Erfolg der Solidarność bekam Danzig enorme Bedeutung für das Nachkriegspolen, wurde zum Stolz der Nation, wenn der Glanz heute auch beschädigt ist durch die internen Querelen der Bewegung. Wie sehr sich inzwischen der Blick auf die deutsche Geschichte Danzigs geöffnet hat, kann man im »Museum der Freien Stadt Danzig« sehen.

Piotr Mazurek ist Vorsitzender der »Gesellschaft der Freunde der Stadt Danzig«, die 1970 gegründet wurde, um die polnischen Wurzeln hervorzukehren und so zu beweisen, dass Danzig ursprünglich gar nicht deutsch sei. Heute sagt Mazurek, ein Historiker: »Das Deutschtum gehört zum Erbe dieser Stadt, sie hat sowohl Polen wie Deutschen viel zu verdanken.« In der preußischen Zeit etwa sei viel modernisiert worden, vor allem das Verkehrswesen. So zeigt das Museum unterschiedslos seine sorgsam zusammengetragenen Exponate, seien es »polnische« wie historische Dienstausweise der polnischen Post, achtzig Jahre alte Zeugnisse – vom polnischen Gymnasium – oder »deutsche« wie die Holzkleiderbügel der »Begeda-Bekleidungs-Gesellschaft für Danziger Beamte« oder Firmenschilder: »Artur Penkert, Eisenwarenhandlung«.

Budzimira Wojtalewicz, die mutige polnische Danzigerin, deren Vater im KZ starb, hat sogar einen Deutschen geheiratet. Ihr Widerstandsgeist brachte sie auch in die verbotene Solidarność-Bewegung, sie half bei Kontakten zum Westen. Doch die Geheimpolizei saß ihr so im Nacken, dass sie schließlich 1986 nach Deutschland ging. Sie hat die Brücke geschlagen. In Atzelgift im Westerwald, wo sie jetzt zu Hause ist, hat sie Schul- und Vereinspartnerschaften mit Danzig angestoßen, in Schulklassen erzählt sie unermüdlich ihre Geschichte. »Es ist ein anderes Deutschland heute«, sagt sie. Vor der Hochzeit stellte sie ihrem Mann nur eine Bedingung: Mehrere Monate im Jahr verbringt sie in Danzig.

Helga Joachimiak, die polonisierte deutsche Danzigerin, hatte zwei polnische Ehemänner. Jetzt ist die Witwe fast jeden Tag im Haus der deutschen Minderheit. »Wir sind froh, dass wir nun hier unser kleines Deutschland haben.« Nebenan wartet schon eine fröhliche Kaffeerunde älterer Damen auf sie. Bitterkeit, sagt sie, spüre sie längst keine mehr, sie habe wunderbare Nachbarn. Und wenn sie ihre Enkelin in Gladbeck besucht, findet sie alles sehr, sehr schön in Deutschland. »Doch nach spätestens zwei Wochen«, bekennt sie, »hab ich Heimweh nach Danzig.«

»Am Leben bleibt niemand«

Das Besatzungsregime der Deutschen in Polen zählt zu den schrecklichsten Kapiteln des Zweiten Weltkriegs. Das Land verlor durch den Nazi-Terror fast 18 Prozent seiner Bevölkerung.

Von Michael Sontheimer

An seinem Kriegsziel ließ Adolf Hitler vor dem Angriff auf Polen keinen Zweifel. Es handle sich »nicht um das Erreichen einer bestimmten Linie oder neuen Grenze«, sagte er zu Generälen und Kommandeuren der Wehrmacht, die er am 22. August 1939 auf dem Obersalzberg empfing. Es gehe um »die Vernichtung des Feindes«. Am 1. September 1939 fielen deutsche Soldaten im Nachbarland ein. Die deutlich überlegene Wehrmacht marschierte so schnell voran, dass die polnische Regierung 16 Tage später nach Rumänien flüchten musste. Am 27. September gaben die Verteidiger Warschaus auf, die letzten polnischen Truppen kapitulierten neun Tage darauf.

Über Polen senkte sich der Alptraum einer Besatzung, die mehr als fünf Jahre währen sollte. Länger als in irgendeinem anderen eroberten Land konnten hier die Nationalsozialisten durchexerzieren, wie sie mit in ihren Augen »rassisch minderwertigen« Menschen verfahren.

Als Vollstrecker setzte Hitler den 39-jährigen Juristen Hans Frank ein, seit 1923 Mitglied der NSDAP und brutaler Verfechter ihrer Rassenideologie. Frank regierte als »Generalgouverneur« in Krakau ein Rumpfpolen, nachdem der Westen Polens – so groß wie Bayern und Hessen zusammen, mit etwa zehn Millionen Einwohnern – dem Deutschen Reich einverleibt worden war; den Osten des Landes hatte, gemäß dem Hitler-Stalin-Pakt, die Rote Armee besetzt. Ungeniert prahlte Frank mit seinem Schreckensregiment, das sich von der vergleichsweise gemäßigten Praxis im »Protektorat Böhmen und Mähren« unterscheiden sollte. Einem Journalisten vom »Völkischen Beobachter« sagte er 1940: »In Prag waren zum Beispiel große rote Plakate angeschlagen, auf denen zu lesen war, dass heute sieben Tschechen erschossen worden sind.« Da habe er sich gesagt: »Wenn ich für je sieben erschossene Polen ein Plakat aushängen lassen wollte, dann würden die Wälder Polens nicht ausreichen, das Papier herzustellen für solche Plakate.«

Deutsche Soldaten begingen in Polen von Anfang an Kriegsverbrechen. Ein Soldat des Infanterieregiments 41 notierte: »Überall werden polnische Zivilisten und Soldaten herausgezogen. Als die Aktion beendet ist, brennt das ganze Dorf. Am Leben bleibt niemand, haben auch alle Hunde erschossen.« Die Wehrmachtsoldaten, die über keinerlei Kriegserfahrung verfügten, sahen überall Heckenschützen und eröffneten übereilt das Feuer – oft auf Kameraden. Sobald polnische Soldaten nur auf sie schossen, steckten sie als Vergeltung ganze Dörfer in Brand oder nahmen Geiseln und erschossen diese.

Walter Wessel, Oberst der 29. motorisierten Infanteriedivision, befahl nach einem Gefecht bei Ciepielów, 300 gefangenen polnischen Soldaten die Uniformjacken auszuziehen – und ließ sie als Partisanen erschießen. Juden wurden während des »Polenfeldzugs« noch nicht systematisch verfolgt. Doch immer wieder brach sich der Antisemitismus deutscher Soldaten Bahn. Im Kriegstagebuch eines Maschinengewehr-Bataillons heißt es: »Sämtliche männlichen Einwohner stehen in einem großen Viereck unter Bewachung.

Eine Ausnahme bilden nur die Juden. Diese stehen nämlich nicht, sondern sind angehalten, im Knien ein Dauergebet zu verrichten.«

An dem Tag, als sich die letzten polnischen Soldaten ergaben, verkündete Hitler vor dem Reichstag, dass er »eine neue Ordnung der ethnografischen Verhältnisse« in Europa schaffen werde. Die Führung bei diesem Projekt übertrug er dem Reichsführer SS Heinrich Himmler, der nun auch »Reichskommissar für die Festigung deutschen Volkstums« wurde. Himmler ließ einen Generalplan Ost ausarbeiten, der die deutsche Kolonisierung bis zum Ural vorsah. Der Osten sei von jeher »deutscher Schicksalsraum gewesen«, verkündete Joseph Goebbels. Der Propagandaminister prophezeite: »Harte Bauerngeschlechter werden im Osten die Wacht halten.« Die Siedler sollten, so der SS-Führer Reinhard Heydrich, als Bollwerk gegen die »Sturmflut Asiens« dienen. Der annektierte westliche Teil Polens sollte schnell »entpolonisiert« und »eingedeutscht« werden. Rund acht Millionen Juden und Polen sollten dafür ins Generalgouvernement verschoben werden. An ihrer Stelle sollten Volksdeutsche aus dem Baltikum, aus Wolhynien und Galizien dort angesiedelt und so ins Reich »heimgeholt« werden. Ein Mitarbeiter des Deutschen Auslandsinstituts führte aus: »Kommen zum Beispiel mit einem Einwanderertransport aus dem Baltikum 20 deutsche Bäckermeister, so müssen in Posen und im übrigen Warthegau 20 polnische Bäckereien evakuiert werden.« Nur einen Koffer durfte jeder der ins Generalgouvernement Deportierten bei sich tragen, »pro Pole eine Decke (keine Betten)«. Wertpapiere und Wertsachen mitzunehmen war generell verboten, »mit Ausnahme des Eherings«. Himmler ordnete an, die in den annektierten Ostgebieten lebenden Menschen rassisch zu klassifizieren. Auf einer »Deutschen Volksliste« wurden die angeblich Deutschstämmigen in vier Gruppen eingeteilt. Diese reichten von bekennenden Deutschstämmigen, die sofort eingebürgert wurden, bis hin zu Polen, die man für »eindeutschungsfähig« hielt und in der Regel zur »Erziehungsarbeit« ins Altreich deportierte. Sie bekamen die deutsche Staatsbürgerschaft auf Bewährung.

Ziel der Nationalsozialisten war es, die Polen in ein Volk von Sklaven zu verwandeln. Himmler schrieb im Mai 1940 »über die Behandlung der Fremdvölkischen«: »Für die nichtdeutsche Bevölkerung des Ostens darf es keine höhere Schule geben als die vierklassige Volksschule.« Deren Ziel habe zu sein: »Einfaches Rechnen bis höchstens 500, Schreiben des Namens, eine Lehre, dass es ein göttliches Gebot ist, den Deutschen gehorsam zu sein und ehrlich, fleißig und brav zu sein.« Lesen, so der Reichsführer SS zum künftigen Curriculum für Polen, »halte ich nicht für erforderlich«. Hitler erklärte im Oktober 1940, dass »alle Vertreter der polnischen Intelligenz« umzubringen seien. SS-Gruppenführer Heydrich instruierte die Chefs der Einsatzgruppen der Sicherheitspolizei, die verbliebenen Vertreter des »politischen Führertums« der Polen müssten »unschädlich gemacht werden und kommen ins KZ«. Heydrich sorgte auch dafür, dass sofort Listen angelegt wurden, auf denen »Lehrer, Geistlichkeit, Adel, Legionäre, zurückkehrende Offiziere usw.« erfasst wurden.

Neben Gutsbesitzern stand der einflussreiche katholische Klerus im Visier der neuen Herren. Allein in der westpreußischen Diözese Kulm-Pelplin ermordeten Deutsche 214 Geistliche. In Westpreußen sägten protestantische Volksdeutsche Kreuze der Katholiken ab und demolierten Marienstandbilder. Der Kampagne gegen die Intelligenz fielen rund 60000 Polen zum Opfer.

Im Herbst 1939 herrschten in dem besetzten Land oft planloser Terror und Willkür. Der Distriktschef von Radom drohte zum Beispiel mit der Todesstrafe, wenn jemand

Bäume im Wald fällte, um an Brennholz zu kommen. Im ganzen Land liquidierten SS- und Polizeitrupps nach eigenem Gutdünken angebliche polnische Nationalisten. Mit Umsiedlungen und Vertreibungen erzeugten Himmlers Volkstumskämpfer Angst, Unruhe und Chaos.

Am schlimmsten traf es bald die Juden. Fast zwei Jahre bevor im »Altreich« der gelbe Stern auf der Kleidung vorgeschrieben wurde, mussten Juden in Polen weiße Armbinden mit blauem Davidstern tragen. SS-Planer Heydrich hatte schon am 21. September 1939 angeordnet, »das Judentum« in den Städten »im Ghetto zusammenzufassen, um eine bessere Kontrollmöglichkeit und später Abschubmöglichkeit zu haben«. Das erste große Ghetto errichteten die Besatzer in Lodz, das sie in Litzmannstadt umbenannten, im »Reichsgau Wartheland«, für dessen »Eindeutschung« 3,7 Millionen Polen und 400 000 Juden umgesiedelt werden sollten. Regierungspräsident Friedrich Uebelhoer ließ Ende April 1940 auf zunächst vier Quadratkilometern 144 000 Juden zusammenpferchen; im Schnitt mussten sich im Lodzer Ghetto sechs Menschen einen Wohnraum teilen.

Mitte November 1940 schufen die Besatzer das Ghetto in Warschau mit mindestens einer halben Million Bewohnern. Bald starben in dem »Judenreservat« monatlich mehr als 5000 Menschen an Hunger, Fleckfieber und anderen Seuchen. Der italienische Schriftsteller Curzio Malaparte schrieb in seinem Roman »Kaputt«, dass Generalgouverneur Frank ihm die hohe Mauer des Ghettos gezeigt und gesagt habe: »Die Juden, die Ärmsten, sind alle brustkrank; diese Mauer schützt sie wenigstens vor dem Wind.« Mit der Errichtung des Lemberger Ghettos Ende 1941 waren die allermeisten polnischen Juden gefangen – und konnten nun der »Sonderbehandlung« zugeführt werden, wie die planmäßige Ermordung im Amtsdeutsch genannt wurde.

»Die Judenfrage muss im Laufe des Krieges gelöst werden«, schrieb Franz Rademacher, der Leiter des »Judenreferats« im Auswärtigen Amt, »da sie nur so ohne allgemeines Weltgeschrei erledigt werden kann.« Es ist kein schriftlicher Befehl Hitlers für die »Endlösung der Judenfrage« überliefert, doch spricht einiges dafür, dass der Diktator seine Entscheidung für die Vernichtung der europäischen Juden im Herbst 1941 gefällt hat. Generalgouverneur Frank fragte in Berlin nach, was mit den Juden geschehen solle. Daraufhin, so verkündete er Mitte Dezember 1941 seinem Kabinett in Krakau, habe man ihm erklärt: »Liquidiert sie selber.« Franks Konsequenz daraus: »Meine Herren, ich muss Sie bitten, sich gegen alle Mitleidserwägungen zu wappnen. Wir müssen die Juden vernichten, wo immer wir sie treffen.«

Zügig wurden die Einrichtungen für den Massenmord geschaffen. Das erste Vernichtungslager ließ die SS im November 1941 in Kulmhof/Chelmno bauen. Es folgten bis Sommer 1942 Todesfabriken in Auschwitz, Belzec, Sobibór, Treblinka und Majdanek. Die größten Schwierigkeiten bereitete die zunächst mangelhafte Tötungstechnik. SS-Männer vergifteten Juden anfangs in geschlossenen Lastwagen mit Auspuffgasen, aber das ging den Mördern nicht schnell genug. Die gewünschten Ergebnisse erzielten die SS-Experten dann bei der Vergiftung von sowjetischen Kriegsgefangenen und Polen in Auschwitz mit dem blausäurehaltigen Insektizid Zyklon B. Im Vernichtungslager Auschwitz-Birkenau ermordete die SS mehr als eine Million Menschen. Himmlers Männer lieferten 33 Tonnen Gold – eingeschmolzene Ringe, Münzen und Zahngold – an die Reichsbank in Berlin.

Manche Polen sahen »eine eigentümliche Fügung göttlicher Vorsehung« im Judenmord, wie ein katholischer Priester meinte: »Neben so vielem Unrecht, das die Deutschen unserem Land angetan haben und weiterhin antun, haben sie in dieser Hinsicht einen guten Anfang gemacht und eine Möglichkeit aufgezeigt, die polnische Bevölkerung von der jüdischen Plage zu befreien, einen Weg, der natürlich weniger grausam, jedoch konsequent vom dereinst befreiten Polen selbst einzuschlagen ist.«

Verbreiteter als Antisemitismus aber war unter Polen die Sympathie und Solidarität mit Juden. Im Generalgouvernement überlebten Zehntausende Juden die Besatzung. Die allermeisten waren von Polen versteckt worden, obgleich die Deutschen gewöhnlich die ganze Familie erschossen, wenn bei ihr ein Jude gefunden wurde. Schon bei geringen Vergehen wurden Polen als Zwangsarbeiter nach Deutschland geschickt; über zwei Millionen wurden so versklavt.

Die deutsche Besatzungspolitik in Polen war von Anfang an von einem unauflösbaren Widerspruch geprägt: Man kann nicht vernichten, was man ausbeuten will. Deutlich zeigte sich dieses Dilemma, nachdem Himmler befohlen hatte, Lublin und den Kreis Zamo zu einem deutschen »Großsiedlungsgebiet« im Generalgouvernement zu machen. Ende November 1942 begannen Polizisten mit der brutalen Evakuierung von über 100000 polnischen Bauern, um Platz für 20000 Volksdeutsche zu schaffen. Die Alten und Kinder wurden in »Rentendörfer« umgesiedelt, Arbeitsfähige zur Zwangsarbeit nach Deutschland geschickt und angeblich »Minderwertige« und »Unzuverlässige« nach Auschwitz deportiert.

Die Polen flüchteten vor den Polizeitrupps in die Wälder, schlossen sich zu Widerstandsgruppen zusammen und machten das Generalgouvernement für Deutsche unsicher. Je unerträglicher die Unterdrückung und das Morden durch die Deutschen wurden, desto mehr Polen sagten sich, dass es besser sei, im Kampf zu sterben, als darauf zu hoffen, dem Verderben zu entgehen.

Die vernichtende Niederlage der Wehrmacht in Stalingrad im Januar 1943 beflügelte den Widerstand im ganzen Land. Generalgouverneur Frank beklagte sich am 20. April 1943 beim Chef der Reichskanzlei: »Die Morde an den Deutschen nehmen in furchtbarer Weise zu; Züge werden überfallen, Transportwege unsicher gemacht.« Einen Tag zuvor hingen im Warschauer Ghetto Plakate an den Mauern: »Brüder, die Stunde des Kampfes und der Rache an den Okkupanten hat geschlagen. Wehrfähige, schließt euch alle den Kämpfern an! Greise und Frauen sollen Hilfsdienste leisten. Ergreift die Waffen!« Doch an Waffen mangelte es. Von den rund 1200 Aufständischen hatte nur etwa jeder zehnte eine Pistole; ihnen standen bald an die 2000 schwerbewaffnete Polizisten und SS-Männer gegenüber. Gegen die jüdischen Widerstandskämpfer setzten die Deutschen Flammenwerfer ein. Einen Monat lang führten die Aufständischen einen verzweifelten Guerillakampf gegen die Besatzer. Einige tausend Juden wurden sofort erschossen, etwa 50 000 kamen in den Gaskammern von Treblinka ums Leben. Am 16. Mai 1943 meldete Jürgen Stroop, der SS-Führer im Distrikt Warschau: »Das ehemalige jüdische Wohnviertel in Warschau besteht nicht mehr.«

Die Antwort der Deutschen auf das Erstarken des Widerstands war noch mehr Terror. In Warschau richteten sie von Oktober 1943 bis Juli 1944 insgesamt 2705 Polen öffentlich hin. Rund 4000 starben außerdem bei heimlichen Exekutionen. Generalgouverneur Frank erkannte allerdings, dass die Deutschen zahlenmäßig zu schwach waren, um die Polen dauerhaft durch ein Schreckensregiment zu unterjochen. Er sah ein, dass »dieser negative, ablehnende, vernichtende Kurs praktisch nicht mehr durchführbar« sei. Den Polen müsse eine Perspektive geboten werden, es bedürfe einer pragmatischen Kulturpolitik und einer besseren Ernährung.

In einem Brief an Hitler stellte Frank die Schließung von Schulen ebenso in Frage wie die Massenverhaftungen und -erschießungen durch die deutsche Polizei. Unter Hinweis auf die Ermordung polnischer Offiziere durch die Sowjets in Katyn regte Frank an, die Polen in den »aktiven Abwehrkampf gegen den Bolschewismus einzubeziehen«. Doch Hitler, der auf rücksichtslose Härte setzte, ging auf solche Überlegungen nicht ein. Der dem »Führer« hörige Frank erließ im Januar 1944 den Befehl, dass für jeden getöteten Deutschen hundert Polen hinzurichten seien.

Eine weitere große Tragödie während der deutschen Besatzung ereignete sich im Sommer 1944. Die »Armia Krajowa«, die Heimatarmee der polnischen Exilregierung, wollte Warschau unbedingt vor dem Einmarsch der sowjetischen Armee selbst zurückerobern und begann am 1. August einen bewaffneten Aufstand. Nach dem Attentat auf Hitler und der erfolgreichen Landung der Alliierten in der Normandie glaubten polnische Patrioten, die Deutschen würden sich aus Warschau zurückziehen. Die Aufständischen konnten die Hälfte Warschaus westlich der Weichsel befreien, doch die Besatzer schlugen mit aller Brutalität zurück. Die Rote Armee hatte zwar teilweise das Ostufer der Weichsel erreicht, wollte aber diese Stellungen erst einmal sichern. Himmler, den Hitler mit der Niederschlagung des Aufstands beauftragt hatte, ließ die SS-Truppen wahllos Zivilisten erschießen, bis die Munition knapp wurde. Mit fast 40 000 Mann starteten die Deutschen eine Offensive gegen die Rebellen in der Altstadt. Es kam zu erbitterten Häuserkämpfen, doch den Aufständischen fehlte es an Erfahrung, Waffen und Munition. Mehr als 150 000 Menschen starben bei den Kämpfen. Bevor die Heimatarmee nach 63 Tagen kapitulierte, setzte sie noch einen Funkspruch aus Warschau ab: »Ein Volk, in dem solche Tapferkeit lebt, ist unsterblich.«

Als die Rote Armee endlich 1944 dem Horror der deutschen Herrschaft in Polen ein Ende zu bereiten begann, glich das Land einem Leichenfeld. Von 35 Millionen Menschen, die zu Kriegsbeginn in Polen gelebt hatten, waren 6 Millionen zu Tode gekommen – knapp 18 Prozent der Bevölkerung.

Auf Krakau, die Hauptstadt des Generalgouvernements, stießen Soldaten der Roten Armee am 17. Januar 1945 vor. In Franks Diensttagebuch findet sich der Eintrag: »Der Herr Generalgouverneur verlässt mit einer Wagenkolonne bei herrlichstem Winterwetter und strahlendem Sonnenschein die Burg zu Krakau.« Auf dem Weg ins heimische Bayern verbrannte Frank mit drei Mitarbeitern den größten Teil der mitgenommenen dienstlichen Akten.

Vor dem Internationalen Strafgerichtshof in Nürnberg wurde Frank wegen Kriegsverbrechen und Verbrechen gegen die Menschlichkeit angeklagt. In einem lichten Moment räumte er ein: »Tausend Jahre werden vergehen und diese Schuld von Deutschland nicht wegnehmen.« Doch in seinem Schlusswort klagte Hans Frank über die an Deutschen im Osten begangenen »Massenverbrechen entsetzlichster Art«, die jede »Schuld unseres Volkes schon heute restlos getilgt« hätten. Seine Schuld büßte er am Galgen.

»Mit den Wölfen heulen«

Weil Hitler die tschechische Industrie für seinen Krieg brauchte, schonte er das Land zunächst. Das Attentat auf Heydrich brachte die Wende.

Von Norbert F. Pötzl

Schon kurz nach dem Münchner Abkommen und dem »Anschluss« des Sudetenlands ans Deutsche Reich im September 1938 hatte Hitler der Wehrmachtsführung klargemacht, dass er »die Rest-Tschechei erledigen« wolle. Am 14. März 1939 beorderte er Staatspräsident Emil Hácha nach Berlin und setzte ihm so lange mit Drohungen zu, bis dieser einwilligte, »das Schicksal des tschechischen Volkes und Staates vertrauensvoll in die Hände des Führers zu legen«. Die Slowakei hatte sich am selben Tag, in Absprache mit der deutschen Regierung, vom tschechischen Landesteil losgesagt.

Am 16. März proklamierte Hitler das »Reichsprotektorat Böhmen und Mähren«. Hácha blieb im Amt, auch eine tschechische Regierung und eine tschechische Armee existierten. Das seltsame Gebilde verfügte über eine formale Autonomie, war jedoch abhängig von den Weisungen des »Reichsprotektors« Konstantin von Neurath. Dessen Anordnungen wurden von Hácha und seinen Ministern freilich in schwejkscher Manier teils verwässert, teils verschleppt – ein augenzwinkerndes Verhältnis. Eine große Prager Tageszeitung schrieb bereits im Oktober 1938: »Wenn wir nicht mit den Engeln singen können, dann werden wir mit den Wölfen heulen.« Zwar kam es am 28. Oktober 1939, dem erstmals unter deutscher Besatzung gefeierten tschechoslowakischen Unabhängigkeitstag, zu Massendemonstrationen und Streiks, bei denen zwei Menschen starben sowie neun studentische »Rädelsführer« erschossen und 1200 Studenten ins KZ Oranienburg deportiert wurden; zudem wurden die tschechischen Hochschulen geschlossen. Ansonsten aber hatten Tschechen, die keinen Widerstand leisteten, unter den Besatzern vergleichsweise wenig zu leiden. Denn Hitler brauchte die hochentwickelte tschechische Industrie, die außerhalb der Reichweite alliierter Bomber lag, für seine Kriegsmaschinerie. Deshalb erhielten die Tschechen auch Lebensmittelkarten.

Am 27. September 1941 war es indes mit der milden Protektoratspolitik vorbei. Neurath wurde beurlaubt, an seine Stelle trat, formal als Vize, SS-Obergruppenführer Reinhard Heydrich. Am 2. Oktober erläuterte er hochrangigen Funktionären des Besat-

PICTURE ALLIANCE / DPA

Reinhard Heydrich, stellvertretender Reichsprotektor von Böhmen und Mähren (undatierte Aufnahme)

zungsregimes seine Zukunftsvision, »dass dieser Raum einmal deutsch werden muss und dass der Tscheche in diesem Raum letzten Endes nichts verloren hat«. Man brauche allerdings »Ruhe im Raum, damit der tschechische Arbeiter für die deutsche Kriegsleistung hier vollgültig seine Arbeitskraft einsetzt und damit wir bei dem riesigen Vorhandensein von Rüstungsindustrien hier den Nachschub und die rüstungsmäßige Weiterentwicklung nicht aufhalten«. Dazu gehöre, »dass man den tschechischen Arbeitern natürlich das an Fressen geben muss – wenn ich es also deutlich sagen darf –, dass er seine Arbeit erfüllen kann«. Man müsse aber »den Tschechen zeigen, wer Herr im Hause ist«.

Den Ministerpräsidenten Alois Eliáš ließ Heydrich wegen angeblicher Geheimkontakte zum tschechischen Widerstand zum Tode verurteilen, ebenso 404 Oppositionelle. Zugleich verbesserte er die medizinische Betreuung und soziale Sicherung der Arbeiter und schuf Stipendien, mit denen tschechische Studenten an Hochschulen des Reiches studieren konnten. Im Ausland entstand dadurch der Eindruck, als hätten sich die Tschechen unter der deutschen Herrschaft ganz komfortabel eingerichtet. Das widersprach den Interessen der von Edvard Beneš in London geführten Exilregierung. Deshalb schickte sie Fallschirmagenten nach Prag, die am 27. Mai 1942 einen Anschlag auf Heydrich verübten; er erlag sieben Tage später seinen Verletzungen. Grausam, wie es Beneš wohl erwartet hatte, übten die Deutschen Rache: Sie brannten das Dorf Lidice nieder, erschossen 173 männliche Einwohner und verschleppten über 300 Frauen und Kinder ins KZ.

Lidice wurde zum Fanal. Die Weltmeinung über die scheinbar so schicksalsergebenen Tschechen schlug um. London und Paris annullierten ihre Unterschriften unter das Münchner Abkommen. Beneš war seinem Ziel, Zustimmung für die Vertreibung der Sudetendeutschen zu gewinnen, ein Stück näher gekommen.

»Taifun des Völkerdramas«

Binnen weniger Wochen eroberte die Rote Armee Anfang 1945 den Großteil Ostdeutschlands. Die Nazis nutzten sowjetische Übergriffe gegen Zivilisten, um die Deutschen zum militärisch sinnlosen Widerstand zu zwingen.

Von Uwe Klußmann

Der Kanonendonner, der in den frühen Morgenstunden des 12. Januar 1945 etwa 40 Kilometer westlich von Baranów nahe der Weichsel in Mittelpolen die Erde beben lässt, läutet das Ende des deutschen Ostens ein. Beim massiven Artilleriebeschuss der vorderen deutschen Linien kommt vielerorts ein Viertel der betroffenen deutschen Soldaten um.

Dem Granatenhagel folgen Tausende sowjetische Panzer und Selbstfahrlafetten, die nach Westen vorstoßen. Auf breiter Front durchbrechen die Sowjets die deutschen Linien vom Süden Polens über Warschau bis zur Grenze Ostpreußens. Unmittelbar zuvor haben Moskaus Militärs die feindlichen Stellungen sorgfältig aufgeklärt, aus der Luft und zu Lande mit Hilfe polnischer Späher. Gezielt zerschlagen die Angreifer die Nachrichten- und Verbindungsstäbe der Wehrmacht.

Stalins Truppen stürmen vorwärts und kesseln Einheiten der Wehrmacht ein. Von den Deutschen lernen heißt, sie besiegen lernen, lautet die unausgesprochene Devise. Denn auf ähnliche Weise ist die Wehrmacht drei, vier Jahre zuvor mit ihrer Blitzkriegstaktik tief nach Russland eingedrungen. Die Panzertruppen der Roten Armee stoßen täglich 40 bis

50 Kilometer, vereinzelt sogar 60 bis 70 Kilometer nach Westen vor. Am 17. Januar erobern die Sowjets Tschenstochau, zwei Tage später überschreiten Angriffsspitzen einer Garde-Panzerarmee die Reichsgrenzen. Am 25. Januar stehen die Sowjets vor Posen, am 27. Januar vor Königsberg.

Am folgenden Tag erscheint in der Wochenzeitung »Das Reich« ein Leitartikel von Propagandaminister Joseph Goebbels, der den Ernst der Lage eingesteht: »Die Entwicklung im Osten hat einen dramatischen Charakter angenommen. Die Sowjets sind mit Massen von Menschen und Material angetreten, die alle bisherigen Vorstellungen überschreiten.«

An Schwerpunkten, wo sie die deutsche Front durchbrechen, sind die Sowjets der Wehrmacht an Fußtruppen, Artillerie und Panzertruppen um das Neun- bis Zehnfache überlegen. Stalins Armee setzt vor der deutschen Ostgrenze 2,2 Millionen Soldaten, 6460 Panzer und 32 143 Geschütze ein, um Hitlers Reich den Todesstoß zu versetzen. Dennoch tut der »Führer« so, als glaubte er, es werde »im Großen und Ganzen gelingen, die jetzt eingenommene Linie zu halten«, wie Goebbels am 26. Januar in seinem Tagebuch notiert.

Doch die Stoßkraft der Sowjets wirft alle deutschen Verteidigungspläne über den Haufen. In den letzten Januar-Tagen stößt die Rote Armee bei Küstrin an die Oder vor. Von dort, wo die Wehrmacht die »Nibelungenstellung« bezieht, sind es nur noch 70 Kilometer bis Berlin. Das oberschlesische Industrierevier fällt den Sowjets bis Anfang Februar weitgehend unversehrt in die Hände – wie von Stalin gewünscht. Der »Woschd«, Führer, wie auch er sich nennen lässt, hatte bereits im November 1944 bei einer Besprechung in Moskau auf die Landkarte getippt und Schlesien als »Soloto«, Gold, bezeichnet. Da bleibt Hitler nur noch der Appell an den Herrgott. In seiner letzten Rundfunkansprache appelliert der »Führer« am 30. Januar an die Deutschen, sie sollten nun »vor den Allmächtigen treten und ihn um seine Gnade und seinen Segen bitten«. Die Deutschen hören aus den Radios die Stimme eines »Führers«, die erschöpft und verzweifelt klingt. Doch auch sein Gegenspieler in Moskau ist vom jahrelangen Kriegführen angeschlagen.

Marschall Georgij Schukow, der seine Truppen bis an die Oder geführt hat, trifft Anfang März einen Oberbefehlshaber, der in Gesten und Redeweise »eine große Müdigkeit« zeigt und »gründlich erschöpft« wirkt. Dem Marschall erläutert Stalin offenherzig seine Pläne: Die polnische Westgrenze werde künftig an Oder und Neiße verlaufen, und der polnische Staat werde sowjetisiert. Denn ein »bürgerliches Polen«, das an die Sowjetunion grenze, könne er »nicht zulassen«. Damit ist klar, dass die deutsche Bevölkerung aus den Gebieten östlich von Oder und Neiße verschwinden soll. Und dass alles recht ist, was dazu beiträgt: martialische Befehle wie von Schukow («Wir werden uns grausam rächen für alles«) und die skrupellose Agitation eines Ilja Ehrenburg. Der Schriftsteller aus jüdischer Familie, der in jungen Jahren in Paris als Bohemien Gedichte über die Jungfrau Maria verfasst hatte, ist am Hofe des Seminarschülers Stalin zum Hassprediger mutiert. In zahllosen Zeitungsaufsätzen schürt er die Verachtung der Sowjetsoldaten für Deutschland als »Land der Mörder«. Im Januar 1945 fordert der Pamphletist, »mit den Deutschen ein für alle Mal abzurechnen«.

Zwar gibt es für die im Nachkriegsdeutschland immer wieder publizierte Behauptung, Ehrenburg habe dazu aufgerufen, mit Gewalt den »Rassenhochmut der deutschen Frauen« zu brechen, keinen Beleg. Doch schürt Ehrenburg 1945 Hass auch gegen weibliche Deutsche: »Wir verachten sie, weil sie die Mütter, Frauen und Schwestern von Henkern sind.« Und im April 1945 schreibt er in der Armeezeitung »Roter Stern«, in Deutschland könne man »wirkliche Hexen« sehen. Die Deutschen nennt er »Menschenfresser«, die keine »Gutscheine auf Menschlichkeit« zu erwarten hätten. »Es gibt kein Deutschland: Es gibt nur eine gewaltige Bande, die auseinanderrennt«, so Ehrenburg. Für diese Tirade wird er am 14. April 1945 überraschend im Parteiorgan »Prawda« gerügt. Unter der Überschrift »Genosse Ehrenburg vereinfacht« moniert ein leitender Parteifunktionär, Ehrenburg sehe nicht, dass es »verschiedene Deutsche« gebe. Das Zentralorgan zitiert aus einem Befehl Stalins vom Februar 1942, es sei »lächerlich, die Hitler-Clique mit dem deutschen Volk gleichzusetzen«. Denn, so Stalin: »Die Erfahrung der

Geschichte zeigt, dass die Hitler kommen und gehen, aber das deutsche Volk, der deutsche Staat bleibt.«

Wohl nicht zufällig lässt Stalin die Kritik an Ehrenburg am 14. April veröffentlichen. Denn zwei Tage danach beginnt die Rote Armee an der Oder die Operation zur Eroberung Berlins. Von jetzt an werden die Sowjets Gebiete besetzen, in denen sie die Deutschen beherrschen und wenn möglich für sich gewinnen wollen, auf dem Territorium der späteren DDR.

Die Hassbotschaften Ehrenburgs und anderer Sowjetpropagandisten wirken fatal, als die durch fast vier Jahre Krieg verrohte sowjetische Armee deutschen Boden betritt. In Ostpreußen, laut Stalin »die Brutstätte des deutschen Imperialismus«, plündern Soldaten Wohnungen, vergewaltigen massenhaft Frauen und Mädchen. Sie erschlagen ihre Opfer und töten Ehemänner und Väter, die sich zu wehren versuchen. Eine zügellose Soldateska zündet Dörfer an.

»Ringsum Feuer, Raub, Vergewaltigung«, erinnert sich Lew Kopelew, der als Major der Roten Armee mit hilflosem Entsetzen beobachtet, was die Soldaten treiben. Weil er deutsche Zivilisten mit einem Lkw in Sicherheit bringt, wird der promovierte Germanist wegen »Propagierung des bürgerlichen Humanismus« für zehn Jahre in ein Straflager gesteckt. Der 26-jährige Artillerieoffizier Alexander Solschenizyn erlebt in Ostpreußen, wie Sowjetsoldaten, getrieben von Todesangst, Rachedurst und erstickter Menschlichkeit, durch die Gegend hasten. Fünf Jahre nach dem Krieg wird er, in Lagerhaft, die Atmosphäre jener Wochen in der brennenden Beuteprovinz in dem Poem »Ostpreußische Nächte« beschreiben.

Der Hass der Sowjetsoldaten auf die Deutschen wächst noch durch die gewaltigen Verluste, die ihnen Wehrmacht und »Volkssturm« zufügen. Bei der Eroberung Ostpreußens verlieren die Sowjets die Hälfte der eingesetzten Soldaten. Sie zählen 458 314 Tote und Verwundete.

Die meisten Rotarmisten sind Männer aus armen Bauernfamilien, deren Jugend Hunger und Terror der Zwangskollektivierung überschattet hatten. Sie waren nie im Ausland gewesen. Sie erleben in deutschen Städten und Dörfern einen Kulturschock, der ihre Wut oft noch anheizt. Denn

AKG

Vormarsch sowjetischer Panzertruppen in Danzig, März 1945

sie glauben, der Wohlstand, den sie sehen, sei zusammengeraubt. Staunend stehen die Soldaten vor schweren Teppichen und Daunenbetten, sehen erstmals Kühlschränke und große Radioapparate. »Wir sind alle satt, Fleisch ist da und Speck«, schreibt ein Rotarmist am 31. Januar aus Ostpreußen nach Hause, wo das Volk hungert. Dass die militärische Führung ihre Truppen zum Plündern ermuntert, zeigen Befehle, die den Militärs erlauben, Pakete in die Heimat zu schicken, Soldaten bis zu 5 Kilogramm, Offizieren 10 und Generälen 16 Kilogramm.

Die traditionelle Faszination der Russen vom Westen und von Deutschland gerät beim Vormarsch der Roten Armee zu einer Farce. Soldaten setzen sich Filzhüte und Zylinder auf und fahren volltrunken mit Kutschen oder auf gestohlenen Fahrrädern umher. Sie ziehen sich deutsche Uniformen an und werden deswegen schon mal von Kameraden mit dem Feind verwechselt und erschossen. Sie schicken deutsche Postkarten nach Hause, bisweilen auch mit Porträts und Parolen von Hitler, bis die Armee dies verbietet.

Befehle etwa des Marschalls Konstantin Rokossowski, »schändliche Erscheinungen« von Übergriffen mit »glühendem Eisen« zu beseitigen, bewirken nur wenig. Auf die chaotischen Gewalttaten und Brandschatzungen folgen systematische ethnische Säuberungen der eroberten deutschen Ostprovinzen. Dabei spielt das Volkskommissariat für Innere Angelegenheiten, der Geheimdienst NKWD, die maßgebliche Rolle. NKWD-Chef Lawrentij Berija erlässt am 11. Januar 1945 einen Befehl («Streng geheim«), gezielt Mitglieder von NS-Organisationen, Polizisten, Richter und Journalisten festzunehmen. Berija fürchtet »Wühlarbeit« von Nazis in den besetzten Gebieten. In einem weiteren streng geheimen Befehl vom 6. Februar weist Berija an, in den besetzten deutschen Gebieten »alle zur körperlichen

Arbeit und zum Waffentragen fähigen Männer von 17 bis 50 Jahren« zur Zwangsarbeit in die Sowjetunion zu deportieren. Eine NKWD-Order vom 22. Februar sieht vor, die verschleppten Deutschen in sowjetischen Lagern »agenturmäßig-nachrichtendienstlich zu bearbeiten«, also mit Spitzeln zu durchsetzen. Doch das erleben viele der verschleppten Zivilisten gar nicht mehr. Tausende von ihnen sterben auf dem Weg in die Sammellager an Hungertyphus und anderen Krankheiten. Und im Verlauf des Arbeitseinsatzes in der Sowjetunion kommen von 210 000 deutschen Zwangsarbeitern 41 000 um.

Sowjetische Flugblätter auf Deutsch aber, die über den deutschen Linien abgeworfen werden, wie die »Front-Illustrierte für den deutschen Soldaten«, malen ein idyllisches Bild von den okkupierten Gebieten mit Fotos freundlicher Rotarmisten neben deutschen Großmüttern und Kindern: »In den von der Roten Armee besetzten Städten herrscht Ruhe und Ordnung.« Der Zivilbevölkerung, so heißt es, werde »ein ruhiges, normales Leben gesichert«. Mehr noch: Die Deutschen brächten »mit jedem Tag« den »russischen Soldaten und Offizieren größeres Zutrauen entgegen«. Weil diese Parodie potemkinscher Inszenierungen kaum einen Deutschen überzeugt, bleibt auch das von den Sowjets kontrollierte »Nationalkomitee Freies Deutschland« (NKFD) erfolglos, das mit Millionen Flugblättern («Organisierte Kapitulation – Eure Rettung«) und Lautsprechereinsätzen die Deutschen auffordert, den Widerstand einzustellen. Weinend, erbittert und hilflos erlebt der »Frontbeauftragte« des NKFD in Ostpreußen, Leutnant Heinrich Graf von Einsiedel, seine 60 »Fronthelfer«. Die NKFD-Männer, die sich in der sowjetischen Gefangenschaft von Hitler abgewandt haben, wollen ihre Landsleute in der Wehrmacht vor der Vernichtung retten. Doch obwohl die militärische Lage aussichtslos geworden ist, vertrauen ihnen nur wenige. NKFD-Mitglieder werden machtlose Zeugen einer »Vernichtungsorgie, wie sie noch kein zivilisierter Landstrich über sich hat ergehen lassen«, bilanziert Einsiedel bitter.

In dieser Lage folgen die Deutschen Goebbels, der Anfang März in einem Leitartikel in »Das Reich« fordert, im »Taifun dieses gigantischen Völkerdramas« dürfe man »nicht über Bord springen«, sondern müsse die »Ohren steif halten«. In der zur »Festung« erklärten Stadt Königsberg etwa verschanzen sich bewaffnete Greise und Kinder im »Volkssturm« in den Ruinen ihrer Heimatstadt. Sie werden angefeuert von Fanatikern wie dem NSDAP-Kreisleiter Ernst Wagner: »Kämpft wie Indianer und schlagt euch wie Löwen.« Wer am Sinn des Einsatzes zweifelt, dem droht der Kreisleiter im Gangsterjargon: »Wer nicht kämpfen will und abhaut, wird umgelegt.« An Straßenbäumen im Osten hängen die starr gefrorenen Leichen hingerichteter Soldaten, die dem Inferno entfliehen wollten. Die Toten tragen Schilder um den Hals mit Aufschriften wie »Ich habe mit den Bolschewiken paktiert«.

Viele Deutsche erfasst für Momente noch eine Wundergläubigkeit, die der Euphorie eines todkranken Tuberkulösen ähnelt. Um diese Stimmung zu erzeugen, tritt Goebbels am 8. März 1945 zum letzten Mal öffentlich auf, als die Wehrmacht die schlesische Stadt Lauban zurückerobert hat. Auf dem Marktplatz von Lauban hält er zwischen Häuserruinen und zerschossenen Wracks sowjetischer Panzer vor Soldaten eine Durchhalterede.

Vor laufenden Kameras der »Deutschen Wochenschau« klopft er dem 16-jährigen Hitlerjungen Wilhelm Hübner auf die Schulter, der das Eiserne Kreuz erhielt, weil er als Melder eingesetzt war. Danach hinkt er im benachbarten Görlitz in der Stadthalle ans Rednerpult. Bleiche Soldaten, Rüstungsarbeiter, Frauen und Hitlerjungen klatschen begeistert Beifall, als Hitlers treuester Kampfgefährte ankündigt, die Wehrmacht werde »in den nächsten Wochen und Monaten zu Großoffensiven antreten«. Den deutschen Soldaten, ruft Goebbels, werde ein »Schrei der Rache aus ihren Kehlen emporsteigen, vor dem der Feind erblassen wird«.

Zurückgekehrt ins zerbombte Berlin, versucht der Propagandaminister wenige Tage später zu ergründen, worin das Erfolgsrezept des Feindes im Osten besteht. Er lässt sich vom Generalstab ein Buch mit Lebensbeschreibungen und Fotos sowjetischer Generäle und Marschälle vorlegen. Die seien »im Durchschnitt außerordentlich jung«, so Goebbels beeindruckt, und hätten »eine reiche politisch-revolutionäre Tätigkeit hinter sich«. Die Sowjetmilitärs seien nicht nur »überzeugte Bolschewisten«, sondern auch »außerordentlich tatkräftige Menschen«, »aus gutem Volksholz geschnitzt«, nämlich »Söhne von Arbeitern, Schustern, Kleinbauern«. Fazit: Die »militärische Führerschaft der Sowjetunion« sei »aus einer besseren Klasse zusammengesetzt als unsere eigene«. Womöglich erinnert er sich für einen Moment daran, dass es selbst in der NSDAP einst Stimmen gegeben hatte, die abrieten, die Sowjetunion anzugreifen. 19 Jahre zuvor, am 19. Februar 1926, hatte ein 28-jähriger Nationalsozialist auf einer Versammlung im Stadttheater von Königsberg eindringlich vor »Sirenengesängen vom heiligen Kreuzzug gegen den Bolschewismus« gewarnt und prophezeit: »Wenn Russland erwacht, dann wird die Welt ein Wunder sehen.« Der Redner hieß Joseph Goebbels.

»Wir werden sie zurückholen«

Als einziger Politiker des NS-Regimes äußerte sich Propagandaminister Joseph Goebbels im Rundfunk 1945 zum Verlust der Ostgebiete.

Auszüge:

Die allgemeine Kriegslage hat, rein militärisch gesehen – um damit zu beginnen –, durch die erfolgreiche Sowjetoffensive aus dem Baranów-Brückenkopf eine jähe Veränderung erfahren, und zwar zu unseren Ungunsten. Es ist den bolschewistischen Stoßarmeen, die die sowjetische Kriegsführung an diesem gefährlichen Punkt in einer erdrückenden Übermacht versammelt hatte, nach schwersten, blutigsten und verlustreichsten Kämpfen gelungen, tief in den deutschen Ostraum vorzudringen und damit für uns eine Situation zu schaffen, die ausgesprochen bedrückend ist ... Wir befinden uns gegenwärtig in einer militärischen Krise, die in vielerlei Beziehung derjenigen ähnelt, die die Sowjetunion ihrerseits im Spätherbst 1941 bei der drohenden Umklammerung Moskaus und der Umschließung Leningrads verzeichnete, aber erfolgreich meisterte. Auch damals sah die ganze Welt ihre Sache für verloren an – mit Ausnahme der Sowjetführung selbst ...

Um es kurz zu machen, können wir also die Feststellung treffen, dass das Missgeschick und Unglück, das über uns hereingebrochen ist, zwar *sehr* schmerzhaft ist, aber keinesfalls etwa die Preisgabe unseres Sieges und die biologische Auslöschung des deutschen Volkes bedeutet. So schnell schießen die Preußen nicht – oder für diesen Fall treffender gesagt: hören die Deut-

Propagandaminister Joseph Goebbels
während einer Rede
(undatierte Aufnahme)

schen nicht mit dem Schießen auf! Wir haben im Osten eine neue Verteidigungslinie aufgebaut, die sowohl für die aktuellen Zwecke wie auch für kommende Operationen nur improvisierten Charakter trägt. Es ist klar, dass wir uns die Gebiete, die wir verloren haben, zurückholen werden und müssen. Wann und wie – darüber kann natürlich heute öffentlich noch nicht gesprochen werden. Aber unsere Entschlossenheit dazu ist fest und unerschütterlich …

Jeder Deutsche weiß, dass die Schreckensberichte aus dem Osten, die vielfach so scheußlich sind, dass die Feder sich sträubt, sie wiederzugeben, keine Phantasieprodukte der deutschen Kriegsagitation, sondern *schaurige* Wahrheit darstellen, die das Blut in den Adern erstarren lässt.

Rundfunkansprache am 28. Februar 1945, vollständig in:
Helmut Heiber (Hg.): »Goebbels Reden 1932–1945«,
Düsseldorf 1971/72.

Breslauer Apokalypse

Als »Festung« verteidigte sich die schlesische Landeshauptstadt fast drei Monate lang gegen die Rote Armee.

Von Uwe Klußmann

Der Feind sitzt mitten in der Festung. Die hektografierten Flugblätter, welche die Geheime Staatspolizei Karl Hanke, dem niederschlesischen NSDAP-Gauleiter und »Reichsverteidigungskommissar« von Breslau, im Februar 1945 vorlegt, sind eindeutig. Der Aufruf mit dem Titel »Der Freiheits-Kämpfer«, das »Organ der Freiheitsbewegung«, fordert: »Macht Schluss mit dem verlorenen Krieg!!! Richtet eure Waffen gegen die, die den Krieg verlängern«, und zwar »gegen Hitler und seine Terroristen«. Ein weiteres Flugblatt der kommunistischen Widerstandsgruppe versichert den Breslauern: »Habt keine Angst vor den Soldaten der Roten Armee.« Denn die kämen als Befreier. Gauleiter Hanke nimmt die Untergrundkämpfer so ernst, dass er öffentlich gegen sie polemisiert. In der »Schlesischen Tageszeitung« wettert er am 19. Februar gegen den »anonymen Wisch« und dessen »Agitationslügen«. Über die Rotarmisten, höhnt der frühere Staatssekretär im Reichspropagandaministerium, brauchte man »nur die in Breslau eingetroffenen Flüchtlinge zu befragen«. Auch sei es ein »plumper Schwindel«, wenn die Sowjets Flugblätter des »Nationalkomitees Freies Deutschland« (NKFD) in schwarz-weiß-roter Umrandung, den deutschen Reichsfarben, über der Stadt abwürfen. In einem NKFD-Flugblatt hatte Oberst Luitpold Steidle, später DDR-Gesundheitsminister, verkündet, Breslau könne »gerettet werden«, falls »die Stadt kampflos übergeben« werde.

Um Breslau, das am 15. Februar von der Roten Armee eingeschlossen wird, tobt eine Material- und Nervenschlacht. Etwa 200000 Zivilisten, darunter auch Kriegsgefangene, und 50000 Soldaten befinden sich in der noch unzerstörten schlesischen Metropole, die Hitler zur »Festung« hat ausrufen lassen. Die Festung kämpft gegen eine dreifache Übermacht.

Von den Breslauern und den Soldaten verlangt der Gauleiter: »Wir müssen Breslau halten, bis Hilfe von außen kommt!« Hanke, der die Eingekesselten »mit einem fanatischen Widerstandsgeist beseelt«, wie die »Deutsche Wochenschau« tönt, gelingt es, die Festung mit Propaganda und Terror eisern zu kontrollieren. Und Hitler verspricht den Eingeschlossenen Ende Februar in einem Funkspruch gar den »endgültigen Sieg«. Doch wer vernehmlich an den Worten des »Führers« zweifelt – wie der 30-jährige Breslauer Fritz Wernicke, der den sowjetischen Rundfunk hört, wie der Grenadier Stefan Konzek, der sich aus Verzweiflung selbst in die linke Hand schießt, oder der Volkssturmmann Fritz Schulz, der sich mit einem Kameraden zum Überlaufen verabredet –, den verurteilt ein Standgericht zum Tode. Auch 17 Angehörige der Widerstandsgruppe, die den »Freiheits-Kämpfer« verbreiten, werden von den Nazis umgebracht. Hanke gibt die Parole aus: »Wer den Tod in Ehren fürchtet, stirbt ihn in Schande.«

Während die Rote Armee die Stadt täglich mit Artillerie, Panzern und Fliegerbomben angreift und Rotarmisten mit Flammenwerfern Haus um Haus stürmen, mobilisiert Hanke selbst Kinder für den Kampf. Vom 7. März an werden zehnjährige Jungen und zwölfjährige Mädchen »arbeitspflichtig«, etwa für Küchendienste. Das Festungsleben spielt sich vor allem in Kellern und Ruinen ab.

Die Wehrmacht sprengt Häuser, ganze Straßenzüge und sogar Kirchen, um freies Schussfeld zu haben und eine Landebahn für Flugzeuge zu bauen. Kinder und Alte errichten Barrikaden aus Pflastersteinen und Straßenbahnwaggons, aus Kellerfenstern werden Schießscharten. Vielen Jungen ergeht es wie dem 14-jährigen Schüler Horst Gleiss. In einem verqualmten Kellerquartier wird er zunächst einer »Kampfgruppe Hitlerjugend« zugeteilt, mit der Aussicht, Sowjetpanzer anzugreifen. Den Jungen quält Todesangst. Schließlich landet er als Melder beim Volkssturm. Den Untergang seiner Heimatstadt wird Gleiss später in der zehnbändigen Dokumentation »Breslauer Apokalypse 1945« akribisch nachzeichnen.

Der Appell der Sowjets in Flugblättern und aus Großlautsprechern an die Verteidiger Breslaus, sie seien »Hitlers letztes Kanonenfutter«, verhallt wirkungslos. Selbst nach Hitlers Selbstmord am 30. April und der Kapitulation Berlins am 2. Mai kämpft Breslau weiter.

Doch »bis zum letzten Blutstropfen und bis zur letzten Patrone«, wie ein Leitartikel der »Schlesischen Tageszeitung« am 1. April 1945 fordert, will Gauleiter Hanke denn doch nicht durchhalten. Der Parteifunktionär steigt am sonnigen Morgen des 6. Mai in die gläserne Kuppel eines »Fieseler Storch« und blickt beim Abflug ein letztes Mal auf das zerbombte Breslau. Die Festung kapituliert noch am selben Tag. Die Soldaten ziehen in sowjetische Gefangenschaft, die Zivilbevölkerung erleidet Plünderungen, Hunger, Vergewaltigungen und schließlich die Vertreibung. Selbst die Nazi-Gegner, die unter Lebensgefahr den »Freiheits-Kämpfer« verteilt hatten, müssen im Juli 1945 ihre Heimat verlassen, auf Befehl des sowjetischen Stadtkommandanten.

Die Zeit der Abrechnung

Als Hitlers Krieg verloren war, erlitten Millionen Deutsche in Ostpreußen, Pommern und Schlesien eine Tragödie unvorstellbaren Grauens – sie flohen, doch oft viel zu spät, wurden gequält, erschlagen, vertrieben.

Von Christian Habbe

Es war ein trügerisch schöner Sommer. Nie zuvor sei ihm Ostpreußens Licht so stark, der Himmel so hoch, die Ferne so mächtig erschienen wie 1944, schrieb Hans Graf von Lehndorff, Arzt und Chronist, in sein Tagebuch. Dabei füllten sich die Straßen schon mit Flüchtlingskolonnen, es waren Deutsche aus Litauen, und ihr Vieh streifte herrenlos durchs Land. Leichte Erdstöße deuteten auf ferne Detonationen. Manchmal war nachts im Osten roter Schein zu sehen, dort brannten die Grenzstädte an der Memel. Die Sowjetarmee rückte unaufhaltsam näher. Am 21. Oktober war es so weit. Im ostpreußischen Örtchen Nemmersdorf hinterließen die Rotarmisten nach einem Vorstoß Häuser voller Leichen, etwa 30 massakrierte Alte, Frauen und Kinder. Statt Himmel, Licht und Ferne herrschte nun der Schock. Mitte Januar fiel die ostpreußische Front, die Zerstörungen und Ausschreitungen der sowjetischen Truppen übertrafen alles, was die Deutschen bislang am eigenen Leibe erlebt hatten. Die Bewohner des östlichen Ostpreußens waren die Ersten, die in irrer Panik flohen.

Die Welle des Grauens griff bald über auf alle von Deutschen bewohnten Gebiete zwischen Baltikum und Donauraum. Hitlers hemmungslos geführter totaler Krieg ging zu Ende, und überall kam die Zeit der Abrechnung. Sie kam für das verbrannte Russland und seine Millionen Opfer, für Polen, wo Deutsche die vom Nazi-Diktator angekündigte »physische Vernichtung« grausam vollzogen hatten, für die sechs Jahre lang blutig unterdrückten Tschechen. Jugoslawen, die Zehntausende Donauschwaben in Internierungslagern quälten, bevor sie sie aus dem Land jagten, hatten zuvor erleben müssen, wie die Besatzer einen Anti-Partisanenkrieg mit Massakern gegen die Zivilbevölkerung führten.

Millionen Deutsche im Osten traf das tragische Los. Mit Leib und Leben mussten sie für die Untaten Nazi-Deutschlands bezahlen, sie wurden verjagt, gedemütigt, vergewaltigt, erschlagen, verschleppt. »Ein Sturm von Vergeltung, Rache und Hass fegte durch das Land«, so der Historiker Klaus-Dietmar Henke.

C. HENRICH

Von Sowjetsoldaten beschossener Flüchtlingstreck in Ostpreußen

Im östlichen Mitteleuropa spielte sich bei Kriegsende eine beispiellose Menschenrochade ab, die Deutschen wurden zur Manövriermasse der Sieger und ihrer Deals. Als die Menschen vor der Roten Armee flohen, ahnten sie nicht, dass die Alliierten mit der polnischen Exilregierung längst einig waren, große Teile Ostdeutschlands an Polen zu übergeben und die Deutschen von dort auszusiedeln. Wer nicht vorher geflohen war, fiel den wilden Vertreibungen bis Juli 1945 zum Opfer. Im Januar 1946 begannen die organisierten Ausweisungen aus den ehemaligen Ostgebieten und dem Sudetenland. Insgesamt an die 14 Millionen Deutsche und Deutschstämmige verloren ihre Heimat.

Zwischen zerstörten Ortschaften, Kriegsschrott und Leichenhaufen bewegten sich seit Januar 1945 die Kolonnen »unermesslichen Flüchtlingselends« westwärts, wie Lehndorff notierte. Später verknäulten sich die Trecks mit anderen, die in die Gegenrichtung zogen: Hunderttausende, die von der Roten Armee überholt worden waren, strebten zurück in ihre Heimatorte. Darunter war auch der ostpreußische Flüchtling Hermann Fischer, der später skizzierte, was er in seinem Dorf bei seiner Rückkehr vorfand – ein Protokoll des Schreckens:

Ich habe die Gräber unten gesehen, elf Personen, Paul Bisler bei Morgenrot vor der Haustür begraben (gestorben oder erschossen und halbverwest von dem Schüler Max Neumann in einem Bett gefunden). Bei Neumann-Zölp liegen zwei Frauen begraben, die sich selbst getötet hatten; ein Kind davon hatten Wersels angenommen. Gustav Anders-Horn, erschossen und von den Schweinen angefressen. Altsitzer Gruhn erschossen. Also überall Gräber. Traurig und öde sahen die Dörfer aus, Trümmer überall, Möbel, Türen, Fenster herausgerissen und zertrümmert. Der Wind heulte in den offenen Häusern und Gebäuden.

Kreuz und quer zogen die Wagenpulks der Richtungslosen und Halbverhungerten durchs Land. In den östlichen Wäldern vegetierten Horden von Kindern, die verwaist oder von ihren Familien getrennt waren. Die »Wolfskinder« brachten sich irgendwie durch, von einem zerschossenen Gehöft zum anderen. Das Los dieser wohl 5000 Kinder ist eine besonders beklemmende Episode aus Zeitumständen, die an Chroniken aus dem Dreißigjährigen Krieg erinnern.

Hunderttausende Menschen überlebten Flucht, Vertreibung und Verschleppung nicht. Sie verhungerten, erfroren, starben an Seuchen und Verwundungen. Für manche kam der Tod durch Chaos und kalte Willkür der russischen Soldateska – sie traf auch die Familie von Lehndorff. Am 25. Januar besetzten Rotarmisten den ostpreußischen Gutshof: »In dem allgemeinen Durcheinander«, heißt es in Lehndorffs Tagebuch, »wurde mein Bruder mit dem Messer schwer verletzt. Meine Mutter konnte ihn noch notdürftig verbinden. Dann kamen andere Russen, fragten, wer er sei und erschossen ihn dann mit meiner Mutter zusammen.« Dass die Mutter zuvor von der Gestapo inhaftiert worden war, wen interessierte das.

Aber selbst den Siegern dämmerte bald, dass da etwas gewaltig schieflief. Die Massenvertreibung der Besiegten sei »eine Tragödie unvorstellbaren Ausmaßes«, so Englands Premier Winston Churchill.

Mit der Aussiedlung der Deutschen hatten sich Churchill und US-Präsident Franklich D. Roosevelt schon befasst, als die USA noch gar nicht offiziell im Krieg mit Hitler waren. Auf dem vor Neufundland ankernden englischen Schlachtschiff »Prince of Wales« berieten sie im Sommer 1941 die »Atlantik-Charta« zur politischen Nachkriegsordnung. Nach der Vernichtung der Nazi-Diktatur, bestimmten die beiden Regenten, sollten zwar Selbstbestimmung und gewaltsam beseitigte Rechte in Europa wiederhergestellt werden – jedoch solle es keine territorialen Veränderungen geben, »die nicht im Einklang mit den in voller Freiheit ausgedrückten Wünschen der betroffenen Völker stehen«. Die Vertreter Polens und der Tschechoslowakei waren nur kurze Zeit sprachlos, dann leisteten sie vehement Widerstand. So drängte der tschechische Exilpräsident Edvard Beneš auf Aussiedlung der Deutschen und stellte auch schon eine »schmerzhafte Operation« in Aussicht – mit Erfolg. Die Alliierten lenkten ein. Für Deutschland gelte die Charta nicht unbedingt, sie sei schließlich kein »Kontrakt mit unseren Feinden«, befand Churchill. Schon im September 1942 teilte Londons Außenminister

Dezimiertes Reich

Deutsche Gebietsverluste im 20. Jahrhundert

Anthony Eden den Tschechen mit, sein Kabinett sei »mit dem Prinzip Umsiedlung einverstanden«. Und den Polen signalisierte Präsident Roosevelt, er werde gegen Umsiedlungen keine Einwände erheben.

Als im Sommer 1945 die Potsdamer Konferenz der Siegermächte die neuen Grenzen beschloss, höhnte Stalin am Konferenztisch, in den an Polen zu übergebenden Territorien lebten doch sowieso keine Deutschen mehr. »Natürlich nicht«, sagte US-Präsidentenberater William Leahy zu Harry Truman, »die ›Bolschies‹ haben sie alle umgebracht.«

Zwar hatten die West-Alliierten natürlich wenig Neigung, den barbarischen deutschen Kriegsurhebern Schutz vor der Revanche des Ostens zu gewähren. Immerhin hatte Hitlers Generalplan Ost – Germanisierung vom Baltikum bis zum »Gotengau« auf der Krim – auch vorgesehen, 30 Millionen Polen und andere Slawen zu vertreiben, zu versklaven und »rassisch unerwünschte Teile der Bevölkerung zu verschrotten«, so ein Ministeriumsvermerk. Trotzdem wurmte es westliche Unterhändler hinterher, den Sowjets zu weit entgegengekommen zu sein. »Ich bedaure, keine Zeichen der Entschlossenheit unsererseits zu sehen«, sagte sogar US-Außenminister James Byrnes nach Ende der Potsdamer Konferenz im August 1945. Immerhin hatten die Westmächte im Artikel XIII des Potsdamer Abkommens noch die Übereinkunft untergebracht, die »Überführung« der Deutschen sei »in ordnungsgemäßer und humaner Weise« zu organisieren. Dass diese nicht über die Oder-Neiße-Linie hinaus gelten würde, konnte man sich freilich seit den ersten Blutbädern der Russen in Ostpreußen bereits im Herbst 1944 ausrechnen. Propagandaminister Josef Goebbels nutzte das Massaker in Nemmersdorf, um Hass gegen die »Bestien« in Sowjetuniform zu schüren.

Schneller als die Menschen bei Schnee und tiefem Frost

fliehen konnten, überrollte die Rote Armee das Land. In den Ostprovinzen brach das Inferno aus. Eine Frau aus Heiligenbeil erinnert sich an Güterzüge mit Flüchtlingen aus Masuren, die tagelang stehen mussten – »schwangere Frauen, die geboren hatten, waren am Fußboden festgefroren, Tote wurden aus dem Fenster geworfen«. Auch auf den Chausseen grausame Bilder: Familien auf Pferdewagen, mit Handkarren oder auch nur mit ihren Koffern in den Händen schleppten sich durch Schneewehen und eisigen Wind, viele zu schwach, sich beiseite zu retten, wenn wieder ein T-34-Panzer in den Treck hineinwalzte.

Auf den wenigen freien Straßen schob auch noch die Wehrmacht Trecks beiseite. »Wir organisieren die Verteidigung und nicht das Davonlaufen«, hatte SS-Chef Heinrich Himmler getönt. Die Nazi-Führung überließ die Menschen den sowjetischen Panzern, Jagdbombern und ihren rachedurstigen Soldaten praktisch schutzlos. Der Flüchtling Fischer erinnert sich:

Am 24. Januar kam der Russe, mit großer Mühe haben wir dem Ortsgruppenleiter die Parteikluft ausgezogen und im Mist vergraben, sonst wären wir alle erledigt gewesen. Abends waren meine Frau und ich an die Wand gestellt, die Maschinenpistole im Genick. Nur durch den Protest polnischer Mädchen wurden wir gerettet … Die Töchter von Ernst L. wurden von einer ganzen russischen Panzerabteilung geschändet, und zwar von 8 Uhr abends bis 9 Uhr morgens … Eine schreckliche Leidenszeit ging los.

Viele waren so verzweifelt, dass sie den Selbstmord vorzogen. Doch nicht alle bekamen von den Giftportionen, die in Apotheken auf Wink der Partei ausgegeben wurden. Nüchtern berichtete die Ostpreußin Ella Knobbe: »Die mir bekannte Frau Emma Stamer, geborene Reisberg, aus dem Nachbardorf Silberbach nahm sich zusammen mit ihrem

Manne Fritz Stamer durch Einnehmen von Akkusäure das Leben, weil sie die Vergewaltigungen im Beisein ihres Mannes nicht mehr ertragen konnte. In der Scheune von Bauer Browatzki lagen etwa 30 erschossene deutsche Soldaten.« Über 40 000 solcher Erlebnisberichte und Protokolle hat ein Historiker-Team ausgewertet, das im Auftrag der Bundesregierung in den fünfziger Jahren die Ereignisse um Flucht und Vertreibung untersuchte. Das Resultat war offenbar so erschütternd, dass Bonn jahrelang von einer breiten Publikation absah. »Unzählige glaubwürdige Berichte, wie Panzer die Trecks einfach niederwalzen, wie Leute gezwungen werden, aus Latrinenkübeln zu trinken, bis sie verrecken« – all das, glaubt der Historiker Hans-Ulrich Wehler, hätte eine aus Bonner Sicht unerwünschte Aufrechnerei in Deutschland verursachen können.

Vor allem die Massenvergewaltigungen waren ein Thema, das in der jungen Bundesrepublik keinen Platz hatte. Auch die betroffenen Frauen schwiegen meist darüber, aus Scham, aus Angst, stigmatisiert zu werden, sie kapselten das Trauma ein, Therapien gab es nicht.

Der Erlebnisbericht No. 15 aus der Bonner Vertreibungsdokumentation gibt eine ungefähre Ahnung, was Hunderttausende Frauen erlitten. Die 39-jährige E. O. aus Elbing in Westpreußen war mit ihren kleinen Kindern Horst, 7, und Christa, 1, auf der Flucht, als sowjetische Soldaten sie aufgriffen und mit anderen Frauen in ein Zimmer sperrten, das eigens dafür hergerichtet wurde.

Die Vergewaltigungen wiederholten sich täglich zweimal, jedes Mal mehrere Soldaten, bis zum 7. Tag. Der 7. Tag war mein schrecklichster Tag, ich wurde abends geholt und morgens entlassen. Ich wurde am Geschlecht ganz aufgerissen und hatte eine armstarke Geschwulst bis an die Knie. Ich konnte nicht mehr laufen und liegen. Es folgten noch drei dieser schreck-

Flucht und Vertreibung

Deutsche Flüchtlinge 1944-1948

Flucht und Vertreibung
Deutsche Flüchtlinge 1944 bis 1948
DEUTSCHLAND
Sowjetische Besatzungszone
Westliche Besatzungszonen
Sudetenland
2,9 Mio.
Grenzen nach 1945
ehemalige Ostgebiete Deutschlands
an Polen
an die UdSSR
250000
JUGOSLAWIEN

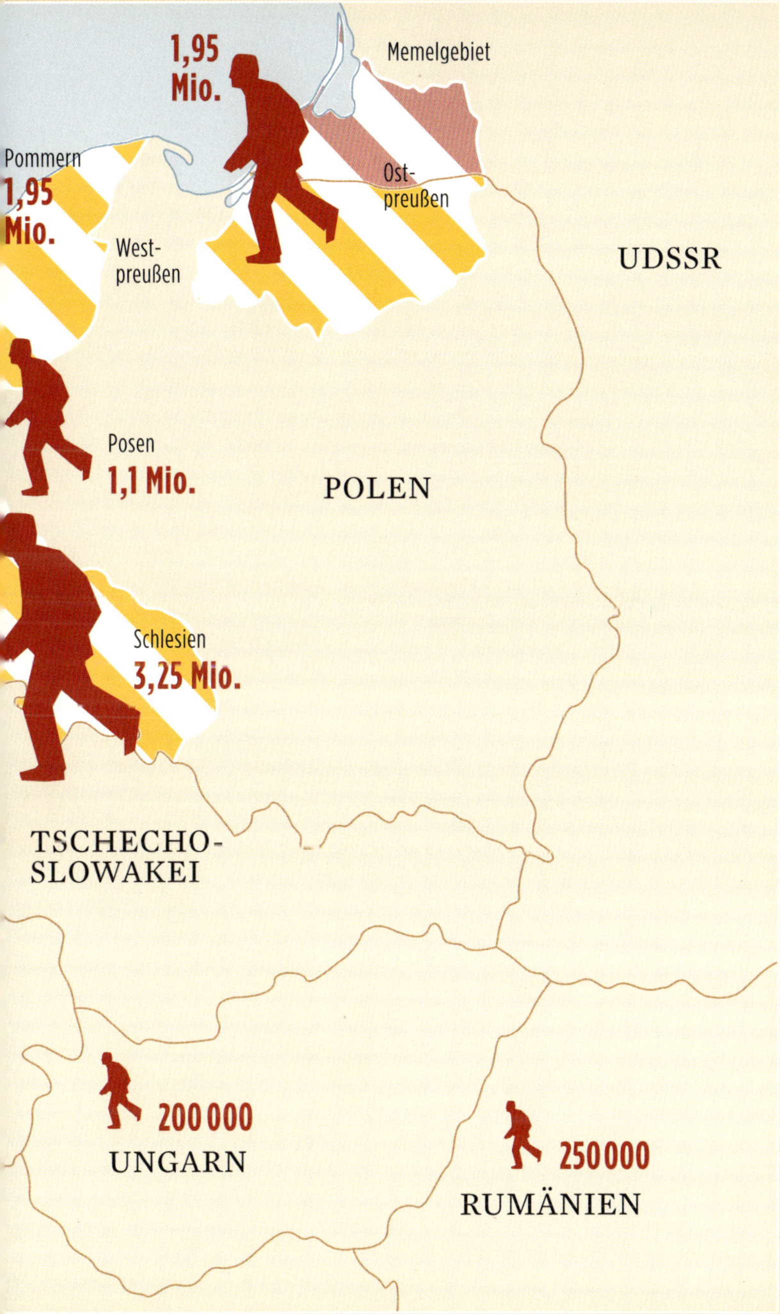
1,95
Mio.
Memelgebiet
Pommern
1,95
Mio.
Ost-
preußen
West-
preußen
UDSSR
Posen
1,1 Mio.
POLEN
Schlesien
3,25 Mio.
TSCHECHO-
SLOWAKEI
200 000
UNGARN
250 000
RUMÄNIEN

lichen Tage, dann waren wir nach Ansicht der russischen Soldaten fertig und wurden nackt aus diesem Höllenraum herausgejagt.

Mit anderen Opfern wird sie auf einen Todesmarsch geschickt, barfuß. Sie überlebt, wohl 600 andere nicht. Sie schafft es sogar, ihre Kinder nach Hause zurückzubringen, doch ihre Wohnung ist komplett geplündert. Sie hat noch die Kraft, sich einen Handwagen zu besorgen und mit Horst und Christa in den Westen zu trecken. Erst dort, im Örtchen Weyer im Oberlahnkreis, bricht sie zusammen und will sich ertränken. Mit knapper Not wird sie gerettet.

Wie viel Leiden hätte schon verhindert werden können, wenn die zynischen NS-Oberen die Evakuierung der Bevölkerung nicht immer wieder hinausgezögert hätten? Fluchtvorbereitungen standen unter Strafe. Noch im August 1944 schwadronierte Himmler vor Gauleitern, man werde trotz allem im Osten einen »Pflanzgarten germanischen Blutes« anlegen. Als in Breslau, wo 700 000 Stadtbewohner, Flüchtlinge und Verwundete ausharrten, die Russen praktisch schon vor den Toren standen, kam es zum Desaster: Bei der panischen Flucht aus der Stadt und der anschließenden Belagerung starben an die 90 000 Menschen. Gauleiter Karl Hanke setzte sich rechtzeitig bequem in einem Fieseler Storch ab, dem letzten Flugzeug in der Stadt.

In Ostpreußen kam der Evakuierungsbefehl so spät, dass die sowjetischen Panzer Hunderttausenden Flüchtlingen den Weg abschnitten, als sie die Ostsee erreichten. Nun ging es für die eingekesselten Massen allenfalls noch über den bis dahin unbesetzten Raum Danzig in Sicherheit – das heißt, sie mussten über das Eis des Frischen Haffs. Abertausende machten sich auf das brüchige Eis, die von der Wehrmacht mit Bäumen und Ästen notdürftig markierte Route wurde zur Todespiste. Tag und Nacht attackierten Artillerie und

Jagdbomber, riesige Bombenkrater klafften, Gespanne versanken, Zerschossene und Erfrorene säumten den Weg.

Gertrud Dannowski aus Deutsch Thierau erlebte das eisige Inferno mit:

Die Geschosse und Eisstücke krachten auf dem Blechdach des Wagens. Schießen, Schreien und Gekreische durchbrachen die Stille der Nacht. Es war sich immer jeder selbst der Nächste, um so schnell wie möglich das brüchige Eis verlassen zu können. Im Morgengrauen kam nun erst der fürchterliche Anblick: Leichen über Leichen, Menschen und Pferde. Oft stachen nur noch die Wagendeichseln aus dem Eis, der Tod hatte reiche Ernte gehalten.

An die 500 000 Menschen haben die Flucht über das Frische Haff bewältigt und die Häfen erreicht. Dort drängten sich schon vorher Hunderttausende. Es herrschte grausiges Chaos. Männer trugen erfrorene Verwandte, Frauen warfen Kinder in ablegende Boote, in der Hoffnung, sie würden gerettet. Viele Familien wurden für immer versprengt. An den Rampen stauten sich Verwundete mit blutigen Papierverbänden. Auf der Halbinsel Hela warteten mitunter 100 000 Flüchtlinge, bis das nächste Geleit eintraf. »Dann hatte man liebe Not, dass nach einem Luftangriff die Toten unter die Erde kamen«, beschrieb es ein Marineoffizier. »Die Truppe war so abgestumpft, dass die tote Frau und das verblutete Kind überhaupt nicht mehr zählten.«

Manchmal beanspruchte ein Parteibonze seinen Exklusivplatz, Ostpreußen-Gauleiter Erich Koch wollte sogar Flüchtlinge von Bord werfen lassen. Kam ein Luftangriff, machte die Besatzung eilig die Leinen los – die Flüchtlinge in den Zubringerbooten blieben auf der eisigen See ihrem Schicksal überlassen. Eine abenteuerliche Flotte aus umfunktionierten Torpedobooten, Eisbrechern, Frachtern und Vergnügungsschiffen fuhr in einem verzweifelten Shuttle Richtung

Schleswig-Holstein, Mecklenburg und Dänemark – meist völlig überladen, unter Beschuss von Jagdbombern und im Visier russischer U-Boote. Rund 33 000 Flüchtlinge starben bei der Flucht übers Meer, allein 9000 gingen mit der versenkten »Wilhelm Gustloff« unter. Immerhin gelang es, mehr als eine Million Menschen über die See zu retten.

Weiter im Süden waren zu dieser Zeit schon die Weichen für ein weiteres Massenelend gestellt: die Zwangsaussiedlung der deutschen Bewohner Schlesiens und Pommerns. Schon im Spätsommer 1944 hatte die Sowjetunion mit dem Kreml-treuen »Komitee der Nationalen Befreiung« Polens ein Geheimabkommen geschlossen, das die polnische Westgrenze an der Oder-Neiße-Linie bekräftigte, was immer künftige Konferenzen mit den Westalliierten dazu noch beschließen würden. Es ging um Gebiete, auf denen rund 7,5 Millionen Deutsche lebten.

Die erste große Fluchtwelle hatte hier bereits im Januar 1945 eingesetzt. In den nächsten Monaten versuchten so mehr als drei Millionen Deutsche ihr Leben vor der Roten Armee zu retten.

Als die Sowjets und Polen im März, wiederum insgeheim, das Gebiet in fünf Woiwodschaften aufteilten, waren Zwangsaussiedlungen schon präzise vorbereitet. Sie begannen gleich nach Kriegsende, zuerst im neuen Westen Polens, ab Mitte Juni dann in ganz Pommern, Schlesien, aus den Masuren und dem Danziger Raum. »Schnell und rücksichtslos« sollte das nach Plan der Organisatoren geschehen, als »wilde Vertreibungen« haben es die Überlebenden im Gedächtnis. Armeeeinheiten, unterstützt von Polizeikräften und Milizen, kesselten die Bewohner in ihren Städten und Dörfern ein. »Mit den Deutschen ist so zu verfahren, wie sie mit uns verfahren sind«, befahl die Leitung der 2. Polnischen Armee; alles solle so »hart und entschlossen« geschehen, dass die Bewohner bald von selbst wegliefen. »Das germanische Ungeziefer«, dröhnten die Generäle, solle »Gott danken, dass sie den Kopf noch auf den Schultern tragen«.

In vielen Internierungslagern Polens wurde systematisch gequält und auch gemordet. Über 60 000 Deutsche dürften hier zu Tode gekommen sein. Geschlagen, ausgeplündert und gedemütigt, wurden andere Abschiebungskandidaten auf die Güterzüge nach Westen gejagt. Viele starben durch Gewalt und Strapazen auf dem Transport.

Die Ausweisung traf alle Deutschen. Polen, die auf der deutschen Volksliste standen, mussten ein »Rehabilitierungsverfahren« durchlaufen. Wer abgelehnt wurde, kam in die Ausweisung als »feindliches Element«. Polen, die solchen Menschen halfen, drohte nach einem Gesetz vom 6. Mai 1945 die Todesstrafe.

Noch Ende 1946 gab es Massenausweisungen. So wurden am 17. Dezember 1800 Deutsche aus dem Raum Stolp verjagt. Um sieben Uhr morgens bekamen sie den Befehl, bis Mittag in der Kreisstadt zu sein. Ein Betroffener berichtete für die Bonner Dokumentation, das meiste Gepäck sei schon auf einem Hof gestohlen worden, »wo ein Pole mit der Peitsche stand und wie wild auf uns einschlug«. Teils mussten sich »Männer und Frauen nackend ausziehen. Dabei wurden auch Schmuck und Wertsachen weggenommen«. Es herrschten 20 Grad Frost, bis tief in die Nacht mussten die Letzten auf dem Bahnhof warten. Dann trieben Milizionäre sie mit Fußtritten in ungeheizte Güterwaggons.

Viele Polen waren selbst bei der Besetzung des östlichen Staatsgebiets durch die Sowjets westwärts verjagt worden. So hatten einige von ihnen sogar Mitleid mit den geschundenen Deutschen und halfen mitunter. In Niederschlesien drohte der neue Verwaltungschef, er werde »Anwendung unüberlegter und überflüssiger Grausamkeit« mit »ganzer

Härte« bestrafen. Doch das änderte im Großen und Ganzen nichts am Desaster der Abtransporte.

Politiker und Medien des Westens protestierten gegen die Ausschreitungen. Schon während der Potsdamer Konferenz begannen die Vertreiber Elendszüge nach Westen zu schicken. Auf Berlins Lehrter Bahnhof zogen die Amerikaner jeden Tag an die zehn Tote aus den Waggons. Die Ankunft eines Schiffes mit 300 fast verhungerten Kindern im Berliner Westhafen sorgte für wütende Proteste. »Die US-Regierung ist ernstlich bestürzt«, kabelte Washingtons Außenministerium nach Polen und protestierte gegen das »Massenelend und die schlechte Behandlung Schwacher und Hilfloser«. Der deutsche Emigrant Robert Jungk berichtete im Spätherbst 1945 über das »Totenland« im Osten: »Wer die polnische Zone verlassen hat und in russisch okkupiertes Gebiet gelangt, atmet geradezu auf. Hinter ihm liegen leergeplünderte Städte, Pestdörfer, Konzentrationslager, öde, unbestellte Felder, leichenbesäte Straßen, an denen Wegelagerer lauern und Flüchtigen die letzte Habe rauben.«

Aus der Tschechoslowakei war die Wehrmacht erst Anfang Mai 1945 abgezogen, über drei Millionen Deutsche, die zurückblieben, waren nun schutzlos. Am 5. Mai brach ein Aufstand kommunistischer und radikal nationaler Gruppen gegen die letzten Besatzer los. Auch hier begann die Jagd auf die restliche deutsche Bevölkerung. Die »Eliminierung der deutschen Minderheit«, wie sie die tschechische Exilregierung schon 1944 beschlossen hatte, machte die Nationale Front Anfang April zum offiziellen Programm, und das nahm erbarmungslos seinen Lauf. Hauptakteure waren Partisanen und Kräfte der »Svoboda-Armee«, die als tschechische Einheiten an der Seite der Roten Armee gekämpft hatten. Landesweit wurden Sudetendeutsche zur Ausreise gezwungen. Prags Deutsche wurden zu Tausenden interniert, ausgeplündert und misshandelt. Else S., interniert auf dem Rittergut eines Prinzen Lobkowitz, beschreibt, wie sie »von früh bis spät« mit Essen »aus dem Schweinedämpfer« Zwangsarbeit leisten musste, 18 Monate lang. Auszug:

Vor Hunger aßen wir sogar die vergifteten Köder, die wir in die Kartoffelmieten legen sollten. Ein alter Mann wollte sich eine leere Blechbüchse vom Abfallhaufen holen, das sah ein Posten. Wir mussten alle antreten, der alte Mann musste sich bis aufs Hemd ausziehen, Arme hoch und auf einem Bein stehen und immer rufen: Wir danken unserem Führer – dabei wurde er ausgepeitscht, und wir mussten zusehen, bis er blutüberströmt zusammenbrach.

In Städten wie Tetschen, Aussig oder Königgrätz machten sich die bewaffneten Trupps über die Deutschen her, Tausende wurden getötet. Vorwände waren schnell bei der Hand: Als etwa in Ústí nad Labem (Aussig) eine Fabrik brannte, wurden Deutsche als Saboteure verdächtigt. Bewaffnete richteten daraufhin ein Blutbad an, mutmaßlich 2000 Menschen, meist Alte, Frauen und Kinder, wurden dabei totgeprügelt, erschossen oder von der Elbbrücke in den Fluss gestürzt.

27 000 deutsche Bewohner Brünns bekamen am 30. Mai gegen neun Uhr abends gerade zehn Minuten fürs Kinderanziehen und Packen. Dann zwangen Bewaffnete sie in langen Kolonnen Richtung Österreich aus der Stadt. Mitten auf dem Feld wurden Kinder und Frauen dann unter freiem Himmel für viele Monate interniert. Der Ort sei »zu einem Konzentrationslager geworden«, berichtete ein Reporter der »Daily Mail«. Die Abschreckung wirkte: Noch bevor in Potsdam die Vertreibung legalisiert wurde, waren rund 750 000 Deutsche aus dem Land gejagt. Immer wieder hatten westliche Offiziere gegen die Vertreibungsgewalt interveniert. US-Sanitäter behandelten Gewaltopfer, in provisorischen

Internierungslagern grassierte der Tod durch Hunger, Typhus und Misshandlungen. Manchmal verspürten die US-Soldaten sogar »Hass auf das befreite tschechische Volk«, meldete Robert Murphy, Berater der US-Militärregierung.

Nach Potsdam pochte der Alliierte Kontrollrat auf geregelte Formen der Aussiedlung. Präsident Beneš versprach zwar, nun »human, anständig, richtig, moralisch begründet« vorzugehen, und kündigte an, Verstöße zu bestrafen. Aber für einen großen Teil der etwa 2,5 Millionen Deutschen, die noch abtransportiert wurden, ging die Erniedrigung weiter. Immer noch hatten sie sich durch einen weißen Aufnäher mit schwarzem »N« (für »Německý«) als Deutsche kenntlich zu machen, durften weder öffentliche Verkehrsmittel, Lokale oder Parks besuchen und mussten vor tschechischen Offizieren die Mütze abnehmen.

Die amerikanische Besatzungsgruppe fühlte sich dagegen machtlos. Der US-Kommandierende Lucius D. Clay klagte über tschechische Schikanen sowie »besondere Schwierigkeiten« mit den Behörden; die hielten bei der Abschiebung erst einmal »junge kräftige Arbeiter zurück, während man uns die Alten, Frauen und die kleinen Kinder schickte«. »Erschütternd« fand Clay vor allem den Anblick, wenn die Vertriebenen in der US-Zone ankamen und aus den offenen Waggons wankten. Dabei stand den jüngeren, kräftigeren ein noch härteres Geschick bevor: Überall in ihrem Machtbereich trieben seit Anfang 1945 sowjetische Stellen Arbeitsfähige zusammen – für den Wiederaufbau des daniederliegenden Landes. Die sowjetischen Bergwerke, Baustellen, Landwirtschaft und Nutzwälder sollten mit deutschen Zwangsarbeitern ausgestattet werden.

Tatsächlich war der Sowjetunion auf der Konferenz von Jalta »reparation in kind« versprochen worden. Das hieß im Diplomatensprech »in Naturalien«. In der Interpretation

Stalins wurde es zum Alptraum für gut 700000 deutsche Frauen und Männer. In wochenlangen Bahnfahrten wurden sie in Arbeitslager bis hinter den Ural verfrachtet. Die Bedingungen auf dem Transport und im Lager waren derart miserabel, dass ungefähr 270000 Deportierte starben. Zu den Verschleppten gehörte auch die damals 16-jährige Eva-Maria S. Sie schilderte ihre Deportation nach Sibirien in Erlebnisberichten, die die frühere DDR-Bürgerrechtlerin Freya Klier in einem Buch («Verschleppt bis ans Ende der Welt«) gesammelt hat. Auszüge:

Als wir losfuhren, waren wir etwa 90 Menschen in einem Waggon… Die Fahrt ging durch Polen, wo öfter Steine gegen die Waggonwände flogen. Ich kann mich nicht mehr an alle Einzelheiten des Transports erinnern, nur daran, dass bei uns im Waggon mehrere gestorben sind… Also habe ich mich gleich auf dem Transport gemeldet, die Toten wegzuschaffen… Die wurden von anderen Mädels rausgereicht und dann im Kohlewaggon oben auf die Kohlen geschmissen. Wenn die Gefangenen unten Kohlen für das Öfchen brauchten, rutschten die gefrorenen Leichen nach. Irgendwo unterwegs… haben wir mal etwa 30 Leichen aus dem Kohlewaggon rausgeholt.

Allerdings rollte der Zug durch die wüsten Trümmerlandschaften deutscher Kriegsführung. Dabei konnte manchem Gefangenen klarwerden, warum die Rache der Sieger so eskalierte.

Eva-Maria S. erlebte es so: »Das Schlimmste war für mich Weißrussland. Wir konnten ja durch den Stacheldraht aus unserem Fensterchen sehen, und da war plötzlich nur noch verbrannte Erde, zerstörte Dörfer, gesprengte Fabriken.«

Churchills Streichhölzer

Bei der Potsdamer Konferenz im Sommer 1945 handelten die Sieger über Nazi-Deutschland die Verschiebung Polens nach Westen aus. Es dauerte 45 Jahre bis die Bundesrepublik die »Oder-Neiße-Linie« endgültig als Grenze anerkannte.

Von Michael Sontheimer

Am östlichen Ende des brandenburgischen Dorfs Hohenwutzen führt die Hauptstraße auf eine eiserne Brücke. Der Viadukt überspannt den etwa 250 Meter breiten Strom, dessen braunes Wasser von Strudeln durchsetzt ist. Die meisten Fahrer, die ihre Autos über die Brücke steuern, übersehen die Betonstelen auf beiden Ufern des Flusses. Die beiden gut zwei Meter hohen Pfosten sind die einzigen Hinweise auf jene Grenze, die so lange im Westen Deutschlands höchst umstritten war. Der Pfosten auf dem westlichen Ufer der Oder ist schwarz, rot und gelb angestrichen; der auf dem östlichen Ufer weiß und rot. Auf ihm steht »Polska«. Es gibt keine Grenzkontrollen und keine Zollbeamten mehr. Auf den Flächen, wo einst die Baracken der polnischen und deutschen Beamten standen, wächst Unkraut über die Geschichte. Langsam erobert die Natur auch ein paar Kilometer in Richtung Nordosten bei Cedynia, einst Zehden, ein großes Denkmal: einen steinernen Adler auf einem Hügel. Das Monument erinnert an Mieszko I., Herzog von Polen, der hier im Juni 972 den Markgrafen Hodo I. besiegte. Aber auch der »Schlacht um den faschistischen Brückenkopf zwischen Cedynia und

Osinów Dolny« Ende März 1945 wird gedacht. »Am Kampf waren die 1. selbständige Granatwerferbrigade der Polnischen Armee und die Truppen der Sowjetischen Armee beteiligt«, steht auf einer Tafel.

Nach all den Kriegen, nach bitterer Feindschaft, Barrieren und Stacheldraht ist die Grenze zwischen Deutschland und Polen nicht nur in Hohenwutzen, rund 60 Kilometer nordöstlich von Berlin, nahezu verschwunden. Seit das Schengener Abkommen im Dezember 2007 auch für Polen gültig wurde, lässt sich die Grenze von Swinemünde an der Ostsee bis zum Dreiländereck Deutschland-Polen-Tschechien nahezu unbemerkt überqueren – ein zu wenig gewürdigtes politisches Wunder.

So friedlich und entspannt wie heute war es noch nie an der »Oder-Neiße-Linie«, die 1945 als vorläufige Grenze zwischen Deutschland und seinem östlichen Nachbarland von den Siegermächten des Zweiten Weltkriegs bestimmt wurde. In der Zeit des Kalten Kriegs hatten die Kommunisten in der DDR und Polen sie zur »Friedensgrenze« erhoben; in der West-Republik stemmten sich Vertriebenenverbände und Unionspolitiker lange gegen die Aufgabe der Ansprüche auf die »deutschen Ostgebiete«.

Der Vater der Oder-Neiße-Grenze war ein allseits gefürchteter Mann, der bei seiner Taufe als Josef Wissarionowitsch Dschugaschwili ins Kirchenbuch eingetragen worden war, aber als Stalin bekannt wurde. Der Generalsekretär des Zentralkomitees der Kommunistischen Partei der Sowjetunion schlug am 3. Dezember 1941 Wladyslaw Sikorski, dem Ministerpräsidenten der polnischen Exilregierung, in Moskau vor, die Grenzen Polens nach Westen zu verschieben. Stalin hatte gute Nerven, denn am Tag zuvor waren Späher der Wehrmacht bis auf 19 Kilometer an den Kreml herangekommen. Kurz darauf allerdings startete die

Rote Armee eine Gegenoffensive, mit der sie die deutschen Angreifer um Hunderte von Kilometern zurückwarf.

Am 16. Dezember 1941 empfing Stalin den britischen Außenminister Anthony Eden. Inzwischen hatte die Regierung Hitler den USA den Krieg erklärt und damit ihren Untergang besiegelt. Stalin schlug dem Engländer vor, dass Polen nach dem Sieg bis an die Oder ausgedehnt werden und die polnisch-sowjetische Grenze so bleiben sollte, wie die Sowjetregierung sie 1939 mit Hitler vereinbart hatte. Außenminister Eden weigerte sich zwar, in Moskau diese Grenzverschiebungen gleich in einem Geheimprotokoll zu vereinbaren, aber er und der britische Premierminister Winston Churchill machten sich Stalins Idee der Westverschiebung Polens zu eigen.

Mit der polnischen Frage war untrennbar verbunden, was mit Deutschland nach dem Krieg geschehen sollte. Churchill, Stalin und US-Präsident Franklin D. Roosevelt verhandelten darüber erstmals am 1. Dezember 1943 in Teheran, beim ersten Gipfeltreffen der Anti-Hitler-Koalition. »Ich möchte über Polen sprechen«, sagte Roosevelt. »Das ist eine große Frage«, antwortete Churchill mit dem ihm eigenen Pathos. »Wir haben Deutschland den Krieg erklärt, weil Deutschland Polen überfallen hat.« Bald sprach Churchill über sein »Beispiel von den drei Streichhölzern, von denen eins Deutschland, das andere Polen und das dritte die Sowjetunion darstellt«. Diese »drei Streichhölzer«, so Churchills Credo, »sollen nach Westen vorgeschoben werden«, um die Westgrenzen der Sowjetunion zu sichern. »Man müsste Polen auf Kosten Deutschlands zufriedenstellen.« Nicht nur Stalin, auch Roosevelt gefiel das Modell mit den Streichhölzern. Churchill formulierte als Konsens: »Im Prinzip wurde festgelegt, dass sich das Gebiet des polnischen Staates und des polnischen Volkes von der sogenannten Curzon-Linie bis zur Oder erstrecken soll, einschließlich Ostpreußens und der Provinz Oppeln.«

Die endgültige Festlegung der Grenze machte jedoch eine genaue Prüfung und eine mögliche »Auseinandersiedlung der Bevölkerung« in einigen Orten erforderlich. Die Curzon-Linie bezeichnete, entsprechend einem Vorschlag des britischen Außenministers George Curzon, die vorläufige polnisch-russische Demarkationslinie nach dem Ersten Weltkrieg. Die von den Sowjets 1939 mit den Deutschen vereinbarte Grenze entsprach weitgehend dieser Linie.

Doch Stalin reichte das noch nicht aus. »Die Russen haben in der Ostsee keine eisfreien Häfen«, erklärte er. Deshalb bräuchten sie die eisfreien Häfen Königsberg und Memel sowie einen entsprechenden Teil des ostpreußischen Territoriums. Churchill fiel die kaum lösbare Aufgabe zu, die Zustimmung der polnischen Exilregierung zur Verschiebung ihres Staates einzuholen. Die träumte von einem Groß-Polen, der Einverleibung der deutschen Gebiete im Westen plus der Rückgabe des 1939 von der Sowjetunion okkupierten Landesteils im Osten.

Beim zweiten Treffen Churchills, Roosevelts und Stalins Anfang Februar 1945 in Jalta sprachen die »Großen Drei« in fast allen der acht Verhandlungsrunden über Polen, doch zu einer Einigung kam es nicht. Sie bestätigten allerdings die Curzon-Linie im Osten, »wobei sie in einigen Gebieten fünf bis acht Kilometer zugunsten Polens davon abweichen soll«. Polen solle dafür »einen beträchtlichen Gebietszuwachs im Norden und Westen« erhalten.

Wichtiger als die künftigen Grenzen Polens war jetzt die Frage, wer das Land nach dem Ende des Krieges regieren sollte. Churchill unterstützte nach wie vor die polnische Exilregierung in London, die mit der Niederschlagung des Warschauer Aufstands durch die Wehrmacht ihren letzten

Einfluss bei den Alliierten verloren hatte. Stalin hatte mittlerweile gehorsame polnische Genossen zur Hand, die in einem Geheimvertrag seine gewünschte Grenze anerkannten. Sie übernahmen sofort die deutschen Gebiete, die durch die Rote Armee erobert worden waren. Schon bevor Berlin befreit war, verkündete der Kommunist und Chef der polnischen Übergangsregierung Boleslaw Bierut die Übernahme der Verwaltung in den deutschen Gebieten und erließ ein Dekret, nach dem das »aufgegebene und verlassene« Vermögen beschlagnahmt werden sollte.

Als es an die Verteilung der Kriegsbeute ging, im Juli 1945 auf der Potsdamer Konferenz, hatten die Kommunisten bereits vollendete Tatsachen geschaffen. Die Briten und Amerikaner sahen sich nicht mehr in der Lage, sie zu revidieren. Präsident Harry Truman, der anstelle des überraschend verstorbenen Roosevelt die USA vertrat, beschwerte sich jedoch darüber, dass mit Polen plötzlich eine weitere Besatzungsmacht aufgetaucht sei, die erhebliche Teile des Deutschen Reichs bekomme. »Auf dem Papier sind es noch deutsche Gebiete«, antwortete Stalin kühl. »In Wirklichkeit, de facto, sind es polnische Gebiete.« Die deutsche Bevölkerung sei »fortgezogen«, sagte der Diktator.

Wie viele Deutsche gab es noch östlich von Oder und Neiße? Churchill sprach von ursprünglich mehr als acht Millionen Deutschen, von denen viele nach Beendigung der Kampfhandlungen zurückkehren würden. »Sie wollen nicht, und die Polen haben auch kein besonderes Verlangen danach«, konterte Stalin. Er sprach von weniger als zwei Millionen Deutschen, die noch östlich der Oder ausgeharrt hätten. Die Oder als neue Grenze war akzeptiert, aber welche Neiße sollte weiter im Süden die Grenze markieren? Die Lausitzer Neiße, die in Nord-Süd-Richtung verläuft, oder die Glatzer Neiße, die weiter südöstlich in die Oder mündet? Mit dem Glatzer Grenzfluss würden Breslau und Teile Schlesiens weiterhin zu Deutschland gehören und nicht zu Polen. Die Verhandlungen waren festgefahren. Da beschlossen die Großen Drei, die provisorische polnische Regierung anzuhören – deren Vertreter plädierten, wenig überraschend, für die Lausitzer Neiße als Grenze. »Vor allem brauchen wir das Land für die Millionen von Polen, die aus der UdSSR und dem östlichen Teil Polens verdrängt werden«, begründete Stanislaw Mikolajczyk die Warschauer Wünsche. Der polnische Vizepremier war im Ruhrgebiet geboren und führte die bäuerliche Volkspartei an.

Schließlich legten die drei Siegermächte im Potsdamer Protokoll die Verschiebung Polens nach Westen fest, wenngleich »die endgültige Festlegung der Westgrenze Polens bis zur Friedenskonferenz zurückgestellt« werden sollte. Noch in der letzten Sitzung der Konferenz, am Abend des 1. August 1945 gegen 23 Uhr, monierten die Sowjets, dass die Grenze durch Swinemünde verlaufe, und der Passus wurde in »unmittelbar westlich von Swinemünde« verändert. Polen hatte im Osten 180 000 Quadratkilometer überwiegend ländliches Territorium verloren, im Westen 103 000 Quadratkilometer zum Teil industriell entwickeltes Mitteleuropa gewonnen; ein gutes Fünftel des Territoriums des Deutschen Reichs von 1937.

Schon vor der Entscheidung in Potsdam hatten polnische Soldaten an der Oder Grenzpfähle eingeschlagen. Die Regierung der DDR erkannte neun Monate nach Gründung des ostdeutschen Staates im Juli 1950 die Grenze an und nannte sie »Oder-Neiße-Friedensgrenze«. Die Politiker in den Westzonen, in denen die Mehrzahl der Vertriebenen lebte, waren da ganz anderer Meinung. Der Vorstand der SPD wetterte 1949, es sei »ohne Vernunft und Recht«, Polen als Kompensation »für galizische Dörfer deutsche Städte, im

Ganzen ein deutsches Gebiet von etwa zehnfachem Wert, zu übereignen«.

20 Jahre dominierte im Westen Deutschlands die vom überparteilichen »Kuratorium Unteilbares Deutschland« ausgegebene Parole »Dreigeteilt? Niemals!« Dann erst kehrte langsam Realismus ein. Musste man nicht, statt weiter illusorische Forderungen zu stellen, die mit friedlichen Mitteln nicht durchzusetzen waren, die als Folge des deutschen Angriffskriegs geschaffenen Tatsachen anerkennen?

Die Evangelische Kirche in Deutschland (EKD) bereitete den Boden für die Anerkennung der Oder-Neiße-Grenze durch die Bundesrepublik. Im Oktober 1965 veröffentlichte die EKD eine »Ostdenkschrift«, in der sie die Anerkennung des Heimatrechts der Polen in den ehemals deutschen Gebieten anregte. Die Schrift, verfasst unter anderem vom späteren Bundespräsidenten Richard von Weizsäcker, provozierte unter Vertriebenenfunktionären und Konservativen einen wütenden Aufschrei. Die Autoren wurden des Verrats beschuldigt, sie bekamen Morddrohungen.

Nicht besser erging es Bundeskanzler Willy Brandt, der am 7. Dezember 1970 in Warschau einen Vertrag über die »Grundlagen der Normalisierung« der Beziehungen zwischen der Bundesrepublik und Polen unterzeichnete. Beide Staaten, so hieß es im Artikel I, »stellen übereinstimmend fest, dass die bestehende Grenzlinie« nun die »westliche Staatsgrenze« Polens sei. Als Brandt bei seinem historischen Besuch in Warschau vor dem Denkmal für die Opfer des Warschauer Ghettoaufstandes niederkniete, kam es zu wütenden Gegenreaktionen von Vertriebenenfunktionären und Rechten.

Wohl zum letzten Mal war die Oder-Neiße-Grenze nach dem Fall der Berliner Mauer Gegenstand diplomatischer Verhandlungen. Die polnische Regierung hatte im Rahmen der Zwei-plus-Vier-Gespräche verlangt, dass bei einem Beitritt der DDR zur Bundesrepublik die deutsch-polnische Grenze völkerrechtlich unangreifbar abgesichert werden müsse. Bundeskanzler Helmut Kohl scheute zunächst die Auseinandersetzung mit den Vertriebenen, verstand aber dann, dass die Deutsche Einheit ohne Vertrag mit Polen nicht zu bekommen war.

Als der Bundestag am 17. Oktober 1991 über den Grenzvertrag abstimmte, votierten 23 Unionsabgeordnete dagegen, neben Erika Steinbach, jetzt Präsidentin des Bundes der Vertriebenen, zum Beispiel auch Peter Ramsauer. Doch der Christsoziale scheint sich bewegt zu haben: Inzwischen Bundesverkehrsminister, preist er die grenzüberschreitende Mobilität am Ostrand der Republik – und hat mit seinem polnischen Kollegen vereinbart, den Bau einer Eisenbahnbrücke über die Neiße voranzutreiben.

»Das Deutsche ist nicht mehr fremd hier«

Der polnische Historiker Krzysztof Ruchniewicz über die »Aussiedlung« der Deutschen ab 1945, das deutsch-polnische Verhältnis und den Umgang mit der deutschen Geschichte polnischer Städte

Das Gespräch führte Uwe Klußmann.

SPIEGEL: Herr Professor Ruchniewicz, die deutsch-polnische Grenze ist völkerrechtlich verbindlich anerkannt und frei von Grenzkontrollen. Sind Deutsche und Polen jetzt normale Nachbarn?
RUCHNIEWICZ: Wir sind ganz normale Nachbarn in Europa. Was uns in den vergangenen Jahrzehnten getrennt hat, war der Kalte Krieg und diese Grenze, die nun praktisch nicht mehr besteht. Der Austausch nimmt zu, Städte, die getrennt waren, wachsen wieder zusammen wie etwa Görlitz und Zgorzelec.
SPIEGEL: Der Exodus der Deutschen aus den Gebieten östlich von Oder und Neiße ab 1945 wird in Deutschland als Vertreibung, in Polen eher als Aussiedlung bezeichnet. Welchen Begriff halten Sie für angemessen?
RUCHNIEWICZ: In Polen wird der Begriff Vertreibung in diesem Zusammenhang selten benutzt, man unterscheidet eher drei verschiedene Migrationsvorgänge, die in Deutschland unter dem einen Begriff »Vertreibung« subsumiert werden: die Flucht eines großen Teils der Bevölkerung vor der sowjetischen Armee im Frühjahr 1945, die Vertreibungen zwischen Kriegsende im Mai und der Potsdamer Konferenz der Alliierten im August 1945 und die Aussiedlung danach,

Befehl.

Laut Anordnung der Regierung der Republik Polen hat die gesamte deutsche Bevölkerung das polnische Staatsgebiet zu verlassen.

Vorgeschrieben ist das deutsche Gebiet über Görlitz an der Neiße. Der Weg geht über Frankenstein—Reichenbach—Schweidnitz—Striegau—Jauer—Goldberg—Löwenberg—Lauban—Görlitz.

Bei Verlassen des polnischen Staatsgebietes dürfen nur 20 kg Gepäck mitgenommen werden.

Alle Personen, welche dieser Aufforderung nicht nachkommen, werden mit Gewalt entfernt.

Diejenigen Personen, die im Besitz einer Bescheinigung des Bevollmächtigten der polnischen Regierung sind, werden vom Verlassen des Gebietes befreit.

Bis zum 30. Juni 1945, mittags 12 Uhr muß der Befehl ausgeführt sein.

Glatz, den 29. Juni 1945.

Der Bevollmächtigte
der Polnischen Regierung
für den Bezirk XXIV
in Glatz

Die Kommandantur
des Polnischen Heeres
in Glatz

Polnischer Ausweisungsbefehl aus der schlesischen Stadt Glatz, Juni 1945

beschlossen auf dieser Konferenz. In Polen hat man sich lange nicht dafür interessiert, unter welchen Bedingungen die Deutschen ausgesiedelt wurden.

SPIEGEL: Dabei mussten Deutsche innerhalb weniger Stunden mit nicht mehr als 20 Kilogramm Gepäck ihre Heimat verlassen.

RUCHNIEWICZ: Diese Methoden werden heute in Polen kritisiert, die Aussiedlung aber als notwendig angesehen. Polen musste 1,5 Millionen Menschen aus dem ehemaligen Ostpolen integrieren, das sich die Sowjetunion einverleibte, und außerdem waren die meisten Polen nach den Erfahrungen von Krieg und Besatzung nicht mehr bereit, mit Deutschen zusammenzuarbeiten.

SPIEGEL: Die nach 1945 betriebene und offiziell so genannte »Entdeutschung« in den jetzigen polnischen Westgebieten hat tiefe Spuren hinterlassen. Wie viel wissen die heutigen polnischen Bewohner von der deutschen Vergangenheit ihrer Städte?

RUCHNIEWICZ: In den ersten Jahren nach dem Krieg hat man diese Polonisierungspolitik sehr bewusst betrieben. Das ging sogar so weit, dass man Anfang der fünfziger Jahre Postämter anwies, Briefe, die mit »Breslau« adressiert waren, zurückzuschicken, weil es diese Stadt nicht mehr gab, sondern nur Wroclaw. Diese Zeit ist inzwischen vorbei. Die Stadtväter haben in den letzten zwei Jahrzehnten viel getan, um die Vergangenheit dieser großen Stadt zu würdigen. Unsere Stadtväter sehen Breslau als offenen, multikulturellen Ort. Es wurden mehrere wissenschaftliche und populärwissenschaftliche Publikationen über die Stadtgeschichte veröffentlicht. Lebendige Kontakte mit den ehemaligen Bewohnern werden gepflegt. Zur Popularisierung der Vergangenheit tragen die lokalen Medien viel bei. Wie populär das alte Breslau ist, zeigen viele Internetseiten. Viele Denkmäler und Gedenk-

tafeln erinnern an die Vergangenheit. Die neue Ausstellung zur Geschichte der Stadt erfreut sich großer Popularität.
SPIEGEL: Wie präsent sind die Verbrechen der Nazis im heutigen Polen?
RUCHNIEWICZ: Noch etwa 20 Prozent der heute lebenden Polen haben den Zweiten Weltkrieg bewusst erlebt. Polen hat fast sechs Millionen Menschen im Krieg verloren, und viele der Überlebenden leiden bis heute an körperlichen und seelischen Schäden durch diesen Krieg und das Besatzungsregime. Präsent ist aber auch, dass Polen von Osten nach Westen verschoben wurde und dass es eine zweite Okkupation in den Jahren 1939 bis 1941 gab, die sowjetische, und das Land nach 1945 in die sowjetische Einflusssphäre fiel.
SPIEGEL: Was ist Ihr Eindruck, wie Deutschland mit seiner Nazi-Vergangenheit umgeht?
RUCHNIEWICZ: Die Bundesrepublik Deutschland hat sich mit dem NS-Regime sehr kritisch auseinandergesetzt. Das zeigt jetzt auch noch mal die Debatte über das Auswärtige Amt. Dabei muss man berücksichtigen, dass es eine gesamtdeutsche Debatte erst seit 20 Jahren gibt.
SPIEGEL: Welche Bedeutung für das deutsch-polnische Verhältnis hatte die Politik von Bundeskanzler Willy Brandt und sein berühmter Kniefall im Dezember 1970?
RUCHNIEWICZ: Brandt kam als erster Bundeskanzler nach Polen. Das war schon ein wichtiger Schritt. Und mit seinem Kniefall hat er die moralische Seite berührt und ein Zeichen für Sühne gesetzt. Brandt hat Maßstäbe gesetzt, was die deutsch-polnischen Beziehungen angeht. Seine Vorgänger Konrad Adenauer, Ludwig Erhard und Kurt Georg Kiesinger hatten ein Nichtverhältnis zu Polen. Seit Brandt muss jeder deutsche Bundeskanzler Polen als Partner in seine Überlegungen einbeziehen.

SPIEGEL: Dem Besuch Brandts in Polen ging fünf Jahre zuvor ein Brief der polnischen Bischöfe an ihre deutschen Amtsbrüder voraus mit dem Satz: »Wir gewähren Vergebung und bitten um Vergebung.« Das kommunistische Regime in Polen lehnte diese Initiative ab – warum?
RUCHNIEWICZ: Dem Regime missfiel schon, dass die katholische Kirche Polens ihren Schritt nicht mit dem Staat abgestimmt hatte. Denn die Initiative der Bischöfe distanzierte sich von der negativen Sicht der polnischen Regierung auf die Bundesrepublik Deutschland. Es ging um ein grundlegend neues Verhältnis zu den Deutschen. Das war 20 Jahre nach dem Ende des Krieges eine revolutionäre Tat. Mit der Bitte um Vergebung wurde auch reflektiert, was nach dem Zweiten Weltkrieg mit den Deutschen geschehen ist.
SPIEGEL: Das kommunistische Regime der Volksrepublik Polen begründete die Westausdehnung Polens mit der Wiederherstellung der Grenzen des polnischen Piasten-Königreichs, das vor 1000 Jahren bestand. Spricht man in Polen heute noch, wie in der Volksrepublik üblich, von »wiedergewonnenen Gebieten«?

Krzysztof Ruchniewicz
Der Direktor des Willy-Brandt-Zentrums für Deutschland- und Europastudien an der Universität Breslau ist Autor zahlreicher Veröffentlichungen über die deutsch-polnischen Beziehungen. Seit Ende 2010 ist Ruchniewicz, Jahrgang 1967, Mitglied im wissenschaftlichen Beirat der Berliner Stiftung »Flucht, Vertreibung, Versöhnung«. Zu seinen auf Deutsch erschienenen jüngsten Publikationen gehört die Aufsatzsammlung »Noch ist Polen nicht verloren« über »Das historische Denken der Polen«.

RUCHNIEWICZ: Nein, das sind seit Jahrzehnten historische Begriffe, die vor allem in den ersten Jahren nach dem Krieg verwendet wurden. Später war es üblich, von den Nord- und Westgebieten Polens zu sprechen. Es ging darum, den Polen deutlich zu machen, dass sie zwar im Osten Gebiete verloren, aber auch altes polnisches Territorium hinzubekommen hatten.
SPIEGEL: Was war Stalins Ziel bei der Westverschiebung Polens? Wollte er die Polen zwingen, sich künftig mit Moskau gutzustellen?
RUCHNIEWICZ: Das war ein perfides Kalkül Stalins. Die Sowjetunion hat Polen abhängig gemacht, zumal sie wusste, dass zunächst kein westlicher Staat die Oder-Grenze anerkennen würde. So konnten die Sowjets Polen unter Druck setzen.
SPIEGEL: Sie sind dem wissenschaftlichen Beirat der Stiftung »Flucht, Vertreibung, Versöhnung« beigetreten, die 2008 auf Beschluss des Deutschen Bundestags gegründet wurde. Welche Hoffnungen verbinden Sie mit diesem Projekt?
RUCHNIEWICZ: Die neue Besetzung des Beirats der Stiftung kann helfen, die Diskussion über schwierige Fragen, etwa der Vertreibung, zu entkrampfen. Die Stiftung will die Thematik von Flucht und Vertreibung in den Zusammenhang des Zweiten Weltkriegs einordnen. Wir werden die Debatten international führen. Daraus kann sich ein gemeinsamer europäischer Blick auf die Geschichte entwickeln.
SPIEGEL: Was nicht alle wollen. Die Vorsitzende des Bundes der Vertriebenen, Erika Steinbach, sagte kürzlich, sie könne es »nicht schönreden«, dass Polen im März 1939 sein Militär teilweise mobil gemacht habe. Das klingt, als habe Polen selbst den Krieg provoziert.

RUCHNIEWICZ: Ich überlasse es dem deutschen Publikum, darauf zu reagieren. Aus meiner Sicht ist Frau Steinbach für das Verständnis der Geschichte nicht maßgebend. Wenn manche Politiker, die sich über die Geschichte äußern, Probleme haben, den Stand der Forschung zu reflektieren, würde ich ihnen raten, sich einmal an eine Bibliothek zu wenden.

SPIEGEL: Im Vorkriegspolen herrschte bis 1939 ein nationalistisches Regime, das Minderheiten von Millionen Nichtpolen, von Litauern, Weißrussen, Ukrainern und Deutschen, zu polonisieren versuchte, mit erheblichem Druck. Fällt es in Polen immer noch schwer, dieses Regime kritisch zu bewerten, weil es für eine Periode polnischer Unabhängigkeit steht?

RUCHNIEWICZ: Es gab am Anfang des 20. Jahrhunderts zwei verschiedene Vorstellungen darüber, wie das künftige Polen aussehen sollte. Es gab die »piastische« Idee mit der Vorstellung, Polen sollten unter Polen leben. Minderheiten spielten darin keine große Rolle. Und es gab die andere, »jagellonische« Idee des 1935 verstorbenen Marschalls Józef Pilsudski von Polen als einem Vielvölkerstaat. Diese beiden Ideen prallten aufeinander. In den dreißiger Jahren gewann die erstgenannte Richtung die Oberhand, unter anderem infolge der Angst vor der desintegrierenden Rolle der Minderheiten. Im heutigen Polen wird die enorme Anstrengung beim Bau des unabhängigen Staates gewürdigt, gleichzeitig aber werden die negativen Seiten der Vorkriegspolitik nicht ausgelassen.

SPIEGEL: Wie geht man in Polen heute mit Minderheiten um, zu denen auch mehr als 150 000 Deutsche gehören?

RUCHNIEWICZ: Erst jetzt wird wieder versucht, in einem Staat, der wenige nationale Minderheiten hat, an die Traditionen dieser Kultur anzuknüpfen. So gibt es jedes Jahr in

Polen Festivals für jüdische, ukrainische und deutsche Kultur. Dabei will man immer wieder zeigen, wie wichtig diese Minderheiten waren und welchen Einfluss sie auf die Herausbildung der polnischen Kultur gehabt haben.

SPIEGEL: Je mehr Deutsche und Polen sich als Europäer begegnen, desto mehr wächst in den früheren deutschen Gebieten das Interesse an der Geschichte. Das ist insbesondere in Breslau spürbar. Ist die Zeit vorbei, in der man in Polen der Meinung war, in Breslau sprächen »selbst die Steine polnisch«?

RUCHNIEWICZ: Diese Zeit ist ganz sicher vorbei. Das Deutsche ist nicht mehr fremd hier. Sie können es auch daran sehen, dass Sie in Breslauer Restaurants vom Kellner auf Deutsch angesprochen werden und in vielen Lokalen die Speisekarte auch auf Deutsch vorliegt. Es gibt ein großes Interesse vor allem bei jungen Leuten an der deutschen Sprache. Ich wünsche mir, dass solche Programme noch mehr gefördert werden. Ich würde es aber auch begrüßen, wenn in deutschen Grenzstädten wie Görlitz Speisekarten auf Polnisch ausliegen und deutsche Kellner die Polen auf Polnisch ansprechen. Das sollte keine Einbahnstraße sein.

SPIEGEL: Herr Professor Ruchniewicz, wir danken Ihnen für dieses Gespräch.

TEIL IV

SCHATTEN DER VERGANGENHEIT

Hitlers letzte Opfer

Nach dem Verlust ihrer Heimat wurden zwölf Millionen Vertriebene auch von ihren Landsleuten im Westen ausgegrenzt. Politiker und Flüchtlingsfunktionäre nährten lange die illusionäre Hoffnung auf eine Rückkehr.

Von Norbert F. Pötzl

Jahrelang hatte der Propagandaminister die »Volksgemeinschaft« beschworen, die auch in der Not zusammenstehe. Das deutsche Volk, hatte Joseph Goebbels wenige Wochen nach Kriegsbeginn im Berliner Sportpalast ausgerufen, habe »mehr als einmal unter Beweis gestellt, dass es bereit ist, für seine nationale Gemeinschaft jedes Opfer auf sich zu nehmen«. Und im September 1940 hatte er bei der Eröffnung des »2. Kriegswinterhilfswerks« die »soziale Volksgemeinschaft« als »das höchste Glück« gerühmt. Als Goebbels aber im März 1945 in Brandenburg Trecks von Volksdeutschen begegnete, die die Nazis einst von Russland nach Polen umgesiedelt hatten und die nun vor der Roten Armee westwärts flohen, notierte er angewidert in sein Tagebuch: »Was da unter der Marke deutsch in das Reich hineinströmt, ist nicht gerade erheiternd.«

Nach dem Ende des Krieges war von der oft gepriesenen Solidarität auch im Volk nicht mehr viel übrig. Als Millionen Vertriebene und Flüchtlinge aus den Siedlungsgebieten im Osten verjagt wurden und in das zerstörte Rest-Deutschland drängten, waren sie für die meisten Einheimischen keine Landsleute mehr, sondern unerwünschte Fremdlinge. Sie wurden als »Polacken« beschimpft, obwohl sie gerade wegen ihres Deutschseins aus der angestammten Heimat ausgewiesen worden waren. Vertriebenensiedlungen wurden als »Neukorea« oder »Bolschewikien« verspottet. Der Flensburger Landrat Johannes Tiedje grenzte sich gar mit rassistischen Klischees von den unfreiwillig Zugezogenen ab: Er legte dar, »dass wir Niederdeutschen und Schleswig-Holsteiner ein eigenes Leben führen, das in keiner Weise sich von der Mulattenzucht ergreifen lassen will, die der Ostpreuße nun einmal im Völkergemisch getrieben hat«.

Das Gift der Nazi-Propaganda, jahrelang gegen osteuropäische »Untermenschen« verspritzt, wirkte nun auch gegen die Deutschen, die aus dem Osten kamen. Selbst die alliierten Besatzer, die dem NS-Mythos der deutschen »Volksgemeinschaft« aufgesessen waren, wunderten sich über das Ausmaß der Feindseligkeit und Ausgrenzung. Der amerikanische General Charles P. Gross äußerte sich erstaunt über »Gleichgültigkeit und Mangel an Hilfsbereitschaft« der einheimischen Bevölkerung gegenüber ihren vertriebenen Landsleuten. Mancherorts hieß es, »die drei großen Übel« der Zeit seien »die Wildschweine, die Kartoffelkäfer und die Flüchtlinge«.

Rund 12 Millionen Vertriebene trafen bis in die fünfziger Jahre in den Westzonen beziehungsweise der Bundesrepublik (7,9 Millionen) und in der Sowjetzone/DDR (4,1 Millionen) ein, mehrere hunderttausend waren bei Flucht und Vertreibung ums Leben gekommen. Die DDR war bestrebt, die vertriebenen Deutschen aus Polen, der Tschechoslowakei und Ungarn – nunmehr sozialistischen Bruderstaaten – zwangsweise zu assimilieren: Die SED versuchte jede Erinnerung an die alte Heimat zu unterdrücken, Liedgut aus den früheren Ostgebieten wurde im Radio nicht gespielt, Kritik an der Oder-Neiße-»Friedensgrenze« stand unter Strafe. Im Kontrast dazu feierte die Bundesrepublik rückblickend die angeblich rundum geglückte Integration ihrer Neubürger – was zumindest anfangs auch nicht stimmte.

Es habe kein »Gefühl nationaler Schicksalsgemeinschaft« gegeben, beklagte vor einigen Jahren der Publizist Rüdiger Safranski, 1945 im schwäbischen Rottweil geboren, »aber noch in Königsberg gezeugt«: »Die Westdeutschen wollten mit dem Leid der Vertriebenen nicht behelligt werden.« Der Osteuropa-Historiker Andreas Kossert, der in seinem 2008 erschienenen Buch »Kalte Heimat« den schwierigen Neubeginn schildert, erklärt diese Abwehrhaltung auch psychologisch: »Die Ankunft der Millionen Vertriebenen« habe »wie ein physischer Beweis« gewirkt, »dass der Krieg verloren war«. Nun seien die Vertriebenen »eine Hypothek, eine lästige Erinnerung« gewesen.

Die jetzt in Flüchtlingstrecks und mit Güterzügen in die Westzonen kamen, hatten früher nicht leidenschaftlicher »Heil Hitler!« gerufen und sich nicht häufiger an den Verbrechen der Nazis beteiligt als der Durchschnitt der weiter westlich lebenden Menschen. Trotzdem hatten die Vertriebenen kollektiv den höchsten Preis für den von Hitler entfesselten Krieg und die Verbrechen der Nazis zu bezahlen, egal, ob sie persönlich schuldig geworden waren oder nicht. Die Vertriebenen waren Hitlers letzte Opfer.

Bürgermeister und örtliche Kommissionen hatten zu entscheiden, wer Vertriebene aufnehmen musste. Mancher Kommunalbeamte sparte Freunde und Verwandte bei der Zuweisung aus, einige versuchten mit Tricks, Fremde fernzuhalten. So berichtete der Landrat des Rheingaukreises, Peter Paul Nahm, im April 1946 von einem Vorfall in Kiedrich: »Obwohl jemand 18 freie Zimmer hat, stellt er den Antrag, die Wohnräume unter Denkmalschutz zu nehmen, um so der Einweisung von Ostflüchtlingen zu entgehen.« Für die Alteingesessenen waren sie bestenfalls Exoten. Die

AKG/ULLSTEIN BILD

Deutsche Flüchtlinge in Danzig 1945

Neuankömmlinge brachten die hergebrachten Sitten und Strukturen durcheinander. Plötzlich wurden bislang rein evangelische Landstriche von katholischen Schlesiern und Sudetendeutschen bevölkert oder katholische Gegenden von protestantischen Pommern und Ostpreußen durchmischt. Die Städter aus dem Osten fanden in Städten des Westens schon aufgrund von 4,3 Millionen von Bomben zerstörten Wohnungen meist keinen Platz. Also mussten auch sie sich größtenteils auf dem Dorf durchschlagen, wo man ihnen oft besonders engstirnig begegnete. Sie hatten sich nicht aussuchen können, wohin sie kamen. Die Alliierten hatten sich auf bestimmte Kontingente für ihre Besatzungszonen geeinigt und brachten die Vertriebenen dort unter, wo noch Kapazitäten vorhanden schienen.

Damit sich die Vertriebenen nicht zusammenrotteten und womöglich Unruhe schürten, waren die Besatzungsmächte auch darauf bedacht, die Neuankömmlinge nicht in geschlossenen Gruppen, sondern weit verstreut anzusiedeln. So sollten soziale Kontakte untereinander verhindert und eine rasche Verschmelzung mit den Einheimischen erzwungen werden. Besonders grotesk war der Fall von 2000 Vertriebenen aus einer donauschwäbischen Gemeinde, die auf 158 Ortschaften der westlichen Besatzungszonen verteilt wurden.

Ausnahmen, wo alle zusammenbleiben durften, gab es nur in einigen wenigen Vertriebenengemeinden. Sie entstanden meistens aus Flüchtlingslagern, etwa Neugablonz als Stadtteil von Kaufbeuren im Allgäu, wo sich Glasschmuckhersteller aus dem nordböhmischen Gablonz niederließen, oder Espelkamp in Nordrhein-Westfalen.

Nicht nur der schon an der NS-»Volksforschung« beteiligte Vertriebenensoziologe Max Hildebert Boehm beklagte diese »vollkommene Zerstückelung, Zerstreuung und Zerstörung der ostdeutschen Volkstumsgruppen«. Auch ein Linker wie

Günter Grass erklärte, man habe »die ostdeutschen Provinzen zweimal verloren«: zuerst territorial als Ergebnis des selbstverschuldeten Weltkriegs, dann aber auch kulturell durch die selbstverschuldeten Fehler der Nachkriegszeit. Man hätte, meint Grass, die Flüchtlinge nach 1945 zwar nicht in isolierten, aber doch »geschlossenen Wohngebieten« ansiedeln sollen, »um so das gemeinsame Geisteserbe« Ostdeutschlands bewahren zu können – nicht zuletzt die unterdessen »praktisch verlorenen Dialekte«; immerhin sei zum Beispiel Schlesisch »die Wiege der deutschen Barockliteratur« gewesen. Grass: »Es ist auch ein Stück Kultur verloren gegangen, und zwar unwiederbringlich.«

Die Militärbehörden verhängten über die Vertriebenen zudem ein absolutes Koalitionsverbot – aufgelöst wurden sogar Selbsthilfeorganisationen wie die »Südostdeutsche Hilfsstelle«.

Erst im April 1949 durfte ein »Zentralverband der vertriebenen Deutschen« (ZvD) als Zusammenschluss der auf Länderebene bereits gegründeten Landsmannschaften geschaffen werden. Seit Anfang der fünfziger Jahre firmierte der ZvD als »Bund der vertriebenen Deutschen« (BvD). Daneben entstanden im August 1949 die »Vereinigten Ostdeutschen Landsmannschaften« (VOL). Gemeinsam veröffentlichten sie 1950 eine »Charta der deutschen Heimatvertriebenen«, die bis heute in Feierstunden zum »Tag der Heimat« oft mit Politikerlob bedacht, aber auch zunehmend als geschichtsvergessen kritisiert wird.

»Wir Heimatvertriebenen verzichten auf Rache und Vergeltung« heißt es gleich unter Punkt 1 der »Charta«. »Als würde man auf etwas verzichten, was einem zustehe«, moniert etwa der Oldenburger Historiker Hans Henning Hahn. Und die Selbstdefinition der Vertriebenen als der »vom Leid dieser Zeit am schwersten Betroffenen« blendet völlig aus, dass es zuvor infolge der Nazi-Herrschaft Millionen Tote gegeben hatte.

Der Publizist Ralph Giordano nennt die »Charta« deshalb »ein klassisches Beispiel historischer Unterschlagungen« und »ein überzeugendes Dokument innerer Beziehungslosigkeit zur Welt der Nazi-Opfer«. Die »damalige moralische Desorientierung der Charta-Autoren« (Hahn) erklärt sich zum Teil daraus, dass von den 30 Unterzeichnern 20 in der NSDAP oder Mitglied der SS waren, wie der Saarbrücker Historiker Erich Später detailliert dargelegt hat: etwa der Bukowina-Deutsche Rudolf Wagner, der im Wannsee-Institut der SS, einer Planungsinstitution für die »völkische« Neuordnung Europas, gearbeitet hatte; oder der ehemalige SS-Sturmbannführer Erik von Witzleben, dessen Karriere von SS-Chef Heinrich Himmler persönlich gefördert worden war und der nun als Sprecher der Landsmannschaft Westpreußen unterschrieb.

Von rund 200 Vertriebenenfunktionären der ersten drei Jahrzehnte hatte etwa ein Drittel der Hitler-Partei angehört – in der Gesamtbevölkerung war 1945 jeder fünfte Erwachsene »Parteigenosse«. Doch der Bund der Vertriebenen (BdV), der 1957 aus einer Fusion der bis dahin bestehenden Dachorganisationen hervorging, bremst bis heute eine wissenschaftlich fundierte Aufklärung seiner eigenen Geschichte. Die fatalen Formulierungen der Charta waren freilich auch die Folge einer »Opferkonkurrenz«, schreibt der Historiker Michael Schwartz: Die mehrheitlich alteingesessenen Bundesbürger sahen, wie eine Meinungsumfrage von 1951 belegt, in erster Linie die Kriegerwitwen, Invaliden und Bombengeschädigten als hilfebedürftig an; die Vertriebenen rangierten ziemlich am Ende der Opferskala – und erst ganz zuletzt kamen die damals kaum beachteten jüdischen NS-Verfolgten.

Auch die Währungsreform 1948, mit der das westdeutsche »Wirtschaftswunder« begann, benachteiligte die Flüchtlinge: Sie bekamen zwar, wie jeder, 40 Mark Kopfgeld, verfügten aber, anders als die Einheimischen, über keinerlei Sachwerte. Erst mit dem Lastenausgleichsgesetz von 1952 kam eine sozialpolitische Förderung der Vertriebenen in Gang – die bei Einheimischen Neid und Missgunst weckte. Hartnäckig hielt sich das Gerücht, die Entschädigung sei großzügig und in vielen Fällen durch fiktive Angaben über den verlorenen Besitz erschlichen.

Tatsächlich glichen die Zahlungen nach Schätzungen durchschnittlich nur 22 Prozent der ohnehin unterbewerteten, gründlich geprüften Vermögensverluste aus. Die Ent-

BPK

Nissenhütten als Notunterkünfte für Vertriebene, Flüchtlinge und Ausgebombte in Hamburg 1946

schädigungen linderten die schlimmste Not und waren eine willkommene Starthilfe – mehr aber nicht.

Eine politische Partei der Vertriebenen verbuchte unter diesen Umständen schnelle Anfangserfolge, überdauerte aber nur wenige Jahre. Der »Block der Heimatvertriebenen und Entrechteten« (BHE), gegründet im Januar 1950, erhielt im selben Jahr bei der Landtagswahl im flüchtlingsstarken Schleswig-Holstein 23,4 Prozent der Stimmen, bei der Bundestagswahl 1953 (mit dem Zusatz »Gesamtdeutscher Block«) immerhin 5,9 Prozent. 1957 scheiterte der BHE knapp an der Fünfprozenthürde, danach versank er in der Bedeutungslosigkeit. Seine Funktionäre wechselten zu etablierten Parteien, vornehmlich zur CDU.

Um die Wählerstimmen der Vertriebenen buhlten sie alle. 1949 stellten Flüchtlinge und Vertriebene 16 Prozent der westdeutschen Bevölkerung. Zwar hielt schon der erste Bundeskanzler Konrad Adenauer (CDU) die deutschen Ostgebiete dauerhaft für verloren, öffentlich redete er aber ganz anders. Dabei war zumindest fraglich, ob er wirklich ein Herz für die Heimatlosen hatte: »Wir wollen«, beklagte er sich gelegentlich über die Anstellung schlesischer Schulräte in seinem Rheinland, »den ostischen Geist hier nicht haben.« Noch 1953 hielt Adenauer »eine Art Kondominium oder eine Verwaltung der Ostgebiete durch die Vereinten Nationen« für denkbar. »Wenn Polen wieder ein freier Staat sein wird«, versprach er den Vertriebenen in den folgenden Jahren, könnten sie nach Schlesien und Pommern zurückkehren, ja sogar in das von der Sowjetunion annektierte Königsberg. Viele Vertriebene wollten Adenauers Versprechungen glauben. Sein Großvater, berichtete Günter Grass vor einigen Jahren, habe »noch jahrelang gehofft, dass er eines Tages seine Tischlerei in Danzig wieder in Gang setzen könne«: »Er saß auf den Koffern, bis er gestorben ist.«

Offiziell forderte Adenauer eine Revision der Potsdamer Beschlüsse. Bereits in seiner ersten Regierungserklärung 1949 kündigte der Kanzler eine umfassende Denkschrift an, die beweisen sollte, »dass die Austreibung der Vertriebenen in vollem Gegensatz zu den Bestimmungen des Potsdamer Abkommens vorgenommen worden« sei.

Zahlreiche renommierte Wissenschaftler unter der Leitung des früher in Königsberg, seit 1948 in Köln lehrenden Historikers Theodor Schieder erarbeiteten eine fünfbändige Dokumentation, die auf rund 5000 engbedruckten Seiten Zehntausende Berichte von Augen- und Zeitzeugen sowie amtliche Dokumente bietet. Schieder war freilich dem NS-Regime eng verbunden gewesen und hatte Vertreibungen wenige Jahre zuvor noch gefordert – allerdings Zwangsmigrationen von Polen aus den 1939 durch Deutschland annektierten Gebieten im heutigen Nordwesten Polens: »Die Herstellung eines geschlossenen deutschen Volksbodens«, hatte Schieder damals in einer Denkschrift formuliert, mache »Bevölkerungsverschiebungen allergrößten Ausmaßes notwendig«.

Zudem verfolgte das Vertriebenenministerium als Auftraggeber der Dokumentation eine eindeutig politische Absicht: Man wollte, wie der erste Vertriebenenminister Hans Lukaschek (CDU) freimütig sagte, damit das Potsdamer Abkommen, mit dem 1945 die Oder-Neiße-Grenze festgelegt worden war, anfechten, falls es zu Friedensverhandlungen käme.

Der breiten Öffentlichkeit blieben die Opferberichte vorenthalten. Die 1960 abgeschlossene Dokumentation ging damals nicht in den Buchhandel, sondern verschwand als Ministeriumsdruck in einigen wenigen Regalen. Der Ergebnisband erschien überhaupt nicht, weil er den Politikern nicht genehm war. Denn darin wurde auch ausgeführt, dass es ohne das brutale Vorgehen der Deutschen nicht die grausamen Auswüchse auf der anderen Seite gegeben hätte.

Adenauer vertrat den »Rechtsstandpunkt«, dass die Frage der Ostgebiete offen sei, solange es keinen Friedensvertrag gebe; völkerrechtlich bestehe Deutschland in den Grenzen von 1937 fort. Der erste BHE-Chef Waldemar Kraft wandte sich allerdings gegen »jede Nennung einer Jahreszahl«, weil man sonst den Anspruch auf die schon nach dem Ersten Weltkrieg an Polen abgetretenen Gebiete Westpreußen, Posen und Ostoberschlesien, die ehemals Freie Stadt Danzig und das nunmehr litauische Memelgebiet sowie das Sudetenland preisgeben würde.

Je schriller die Vertriebenenfunktionäre ihre territorialen Ansprüche stellten und ihr Rückkehrrecht reklamierten, desto mehr manövrierten sie ihre Verbände ins gesellschaftliche Abseits. In der öffentlichen Wahrnehmung wurden sie ab Mitte der sechziger Jahre zu ewiggestrigen Störenfrieden, die den Anliegen der Vertriebenen mehr schadeten als nützten.

Als Sonntagsredner berüchtigt war Hans-Christoph Seebohm (CDU), der am längsten ununterbrochen amtierende Bundesminister (Verkehrsminister von 1949 bis 1966). Als Sprecher der Sudetendeutschen Landsmannschaft forderte er 1964 ausgerechnet auf dem ehemaligen NS-Reichsparteitagsgelände in Nürnberg die »Rückgabe der geraubten sudetendeutschen Heimatgebiete«.

Der BdV samt den ihm angeschlossenen Landsmannschaften repräsentiert heute allerdings nur eine verschwindend kleine Minderheit der Vertriebenen. Offiziell wird die Mitgliederzahl mit zwei Millionen angegeben, der Historiker Später schätzt die Anzahl aktiver Mitglieder jedoch auf »höchstens noch 25 000« – von rund 15 Millionen Deutschen, unter denen nach BdV-Definition die Nachkommen ebenfalls Vertriebenenstatus haben. Trotzdem erhebt der BdV einen Alleinvertretungsanspruch, der abweichende Meinungen auch von Schicksalsgenossen nicht gelten lässt.

Als der Frankfurter Zoodirektor und Tierfilmer Bernhard Grzimek, geboren in der schlesischen Stadt Neisse, 1960 in einer Fernsehreportage («Wiedersehen mit Schlesien«) polenfreundliche Reiseeindrücke schilderte, protestierte BdV-Präsident Hans Krüger: »Das Heimatrecht ist ein Grundrecht und kann auch nicht durch Zoologen verwässert werden.« Krüger musste 1964 wegen seiner Nazi-Vergangenheit als Vertriebenenminister zurücktreten.

»An mangelnder Heimatliebe … lag es wahrlich nicht, dass ich mich fernhielt von jenen Leuten, die der Volksmund als Berufsflüchtlinge bezeichnete«, schrieb der aus der Tschechoslowakei ausgesiedelte Publizist Kurt Nelhiebel. Vielmehr sei er »verärgert« gewesen, »unter den Verbandsfunktionären immer häufiger Gestalten zu entdecken, die Hitler in die Hände gearbeitet und damit den Krieg mit verursacht hatten«.

Mit ihrer Denkschrift »Die Lage der Vertriebenen und das Verhältnis des deutschen Volkes zu seinen östlichen Nachbarn« ebnete die Evangelische Kirche in Deutschland (EKD) 1965 den Weg für eine Verständigung mit Polen. Während sich die Vertriebenenverbände empörten, förderte die Denkschrift in der Großen Koalition seit 1966 eine Neuausrichtung der westdeutschen Ostpolitik. Kurz nach Veröffentlichung der EKD-Denkschrift luden die katholischen Bischöfe Polens ihre deutschen Amtsbrüder zur Mitfeier des Millenniums der Christianisierung ihres Landes im Jahr 1966 ein. Trotz einer »fast hoffnungslos mit Vergangenheit belasteten Lage« boten sie in einem Brief an: »Versuchen wir zu vergessen … Wir gewähren Vergebung und bitten um Vergebung.« Die deutschen Bischöfe ergriffen die ausgestreckten Hände, der BdV hingegen blieb stumm.

Die kirchlichen Initiativen trugen wesentlich dazu bei, das politische Verhältnis zwischen der Bundesrepublik und Polen zu entkrampfen. Erster sichtbarer Erfolg war der Warschauer Vertrag 1970.

Als Willy Brandt (SPD) 1969 Kanzler wurde, löste er das Vertriebenenministerium auf – ein symbolhafter Schritt, der zeigen sollte, dass die wirtschaftliche und soziale Eingliederung der Deutschen aus Ostmitteleuropa bewältigt sei. Brandt betonte aber auch, dass »die Pflege der ostdeutschen Kultur nicht eine Sache der Verbände und Landsmannschaften« bleiben solle; vielmehr müsse man »miteinander dafür sorgen, der ganzen Nation die kulturelle und geistige Substanz der Ostgebiete zu erhalten«. Nur so könne »im Innern gewonnen werden, was draußen verloren ging«.

Versöhnen oder verhöhnen

Dauerstreit um die Vertreibungsstiftung

Von Norbert F. Pötzl

Die 2005 von der Großen Koalition vereinbarte Stiftung »Flucht, Vertreibung, Versöhnung« sollte zur internationalen Verständigung beitragen. Doch seither herrscht Dauerstreit um das Projekt. Ein Störfaktor von Anfang an war Erika Steinbach, seit 1998 Präsidentin des Bundes der Vertriebenen (BdV). Für viele Polen ist die CDU-Bundestagsabgeordnete die personifizierte Provokation: Sie wurde 1943 als Tochter eines Besatzungssoldaten aus Hanau und einer Mutter aus Bremen im annektierten »Reichsgau Danzig-Westpreußen« geboren, kann mithin nur bedingt als Heimatvertriebene gelten. Außerdem stimmte sie 1991 neben anderen Unionsabgeordneten gegen die Anerkennung der Oder-Neiße-Grenze. Vorbehalte des BdV gegen die Aufnahme der »Vertreiberstaaten« Polen und Tschechien in die Europäische Union heizten die Stimmung zusätzlich an.

Zwar verzichtete Steinbach nach langen Querelen auf einen Sitz im Stiftungsrat, setzte aber für den BdV 6 statt 3 Vertreter in dem von 13 auf 21 Köpfe erweiterten Gremium durch. Zwei der stellvertretenden Mitglieder aus den Reihen des BdV fielen durch Äußerungen auf, die, so Raphael Gross, Direktor des Jüdischen Museums in Frankfurt am Main und Mitglied des wissenschaftlichen Beraterkreises der Stiftung, »den Wunsch nach Versöhnung – den Stiftungszweck also – geradezu verhöhnen«. Der eine, Arnold Tölg, BdV-Landeschef in Baden-Württemberg, hatte die Entschädigung ehemaliger Zwangsarbeiter für unnötig erklärt. Der andere, Hartmut Saenger, Sprecher der Pommerschen Landsmannschaft, deutete gar die Ursachen für den Ausbruch des Zweiten Weltkriegs eigenwillig um: »Alle Großmächte« hätten im Sommer 1939 »eine erstaunliche Bereitschaft zum Krieg« gezeigt, und »besonders kriegerisch« habe sich Polen aufgeführt. Steinbach stellte sich hinter die umstrittenen BdV-Kollegen. Zu den Kriegsschuldthesen Saengers erklärte sie, »der dargestellte Sachverhalt« gehöre »zum Grundwissen eines jeden Zeithistorikers«. Patzig kommentierte sie, sie könne es »leider auch nicht ändern, dass Polen bereits im März 1939 mobilgemacht hat« – wobei sie unterschlug, dass dies eine Reaktion auf die Gefahr eines deutschen Angriffs war.

Historiker aus Polen und Tschechien verließen unter Protest den wissenschaftlichen Beirat, die leeren Plätze sind inzwischen wieder besetzt. Die beiden Vertreter des Zentralrats der Juden ließen ihr Mandat im Stiftungsrat zunächst ruhen.

Bundestagsvizepräsident Wolfgang Thierse (SPD) mahnte den Bund der Vertriebenen, das Vorhaben nicht durch »problematische Vertreter« zu gefährden. Der gebürtige Breslauer, Mitglied im Stiftungsrat, erinnerte daran, dass die 2008 per Gesetz geschaffene Stiftung nicht mehr das einst vom BdV initiierte »Zentrum gegen Vertreibung« sei, »wie es Frau Steinbach wollte«, vielmehr sei es »jetzt ein Projekt des Bundes«.

Annäherung in Amnesie

Bereits 1950 erkannte die DDR die Oder-Neiße-Linie als »Friedensgrenze« zu Polen an und verdrängte die Geschichte der verlorenen Gebiete.

Von Uwe Klußmann

Der Jubel war sorgfältig inszeniert. Im Schritttempo fuhr der Dienstwagen des DDR-Ministerpräsidenten Otto Grotewohl am 6. Juli 1950 auf einer hölzernen Behelfsbrücke von Görlitz ans Ostufer der Neiße. Dort hieß Polens Ministerpräsident Józef Cyrankiewicz seinen Amtskollegen »auf unserem Boden« willkommen. »Mit unbeschreiblicher Begeisterung«, so das SED-Zentralorgan »Neues Deutschland«, begrüßten Zehntausende Polen die deutschen Gäste und riefen »Pokój! Pokój!« (Frieden! Frieden!).

Die Polen hatten allen Grund zur Freude. Der DDR-Regierungschef war gekommen, die 1945 auf der Potsdamer Konferenz beschlossene Grenzziehung an Oder und Lausitzer Neiße als endgültig anzuerkennen. In Zgorzelec, wie die Polen den früheren Ostteil von Görlitz umbenannt hatten, unterzeichneten Grotewohl und Cyrankiewicz im »Kulturhaus«, der von Kaiser Wilhelm II. eingeweihten Oberlausitzer Ruhmeshalle, ein Grenzabkommen. Darin hieß es, »dass die festgelegte und bestehende Grenze die unantastbare Friedens- und Freundschaftsgrenze ist, die die beiden Völker nicht trennt, sondern einigt«.

Um den Anbruch einer neuen Ära zu feiern, hatte die SED Tausende Genossen und Mitglieder der Freien Deutschen Jugend (FDJ) nach Zgorzelec gebracht zu einer »deutsch-polnischen Kundgebung«. Deren Teilnehmer jubelten, als Grotewohl am Schluss seiner Rede den eigentlichen Grenzarchitekten rühmte: »Es lebe der Freund aller friedlebenden Menschen der ganzen Welt: Josef Stalin.«

Den meisten Bewohnern von Görlitz und Umgebung hingegen, wo Flüchtlinge und Vertriebene 40 Prozent der Bevölkerung ausmachten, war nicht nach Freudengeschrei zumute. Noch 1955 vermerkte die SED intern, es gebe im Raum Görlitz und im gesamten Bezirk Dresden »unter allen Schichten der Bevölkerung noch Unklarheiten und teilweise feindliche Auffassungen zur Oder-Neiße-Friedensgrenze«.

Die Gegner der Grenzziehung bekamen Schützenhilfe aus dem Westen. Die Regierung in Bonn hatte am 9. Juni 1950 angesichts der Bereitschaft der DDR, die Oder-Neiße-Grenze anzuerkennen, verkündet: »Die sogenannte Regierung der Sowjetzone hat keinerlei Recht, für das deutsche Volk zu sprechen. Alle ihre Abreden und Vereinbarungen sind null und nichtig.« Am 13. Juni hatten alle Fraktionen und Gruppen des Bundestags mit Ausnahme der Kommunisten eine Resolution verabschiedet gegen die »völker- und staatsrechtlich unhaltbare Behauptung, dass zwischen der sowjetisch besetzten Zone Deutschlands und Polen eine sogenannte Friedensgrenze festgelegt worden ist«. Als KPD-Fraktionschef Max Reimann eine Aussprache verlangte, erteilte ihm der Parlamentspräsident nicht das Wort. Weil der KPD-Politiker das Rednerpult nicht verließ, wurde er für 30 Sitzungstage aus dem Plenum ausgeschlossen.

Auch die SED demonstrierte drastisch, dass sie nicht bereit war, über das Grenzabkommen zu diskutieren. Schlagzeilen im »Neuen Deutschland« wie »Die Feinde der Oder-Neiße-Grenze wollen den Krieg!« im Juli 1950 signalisierten, dass die Partei Vertragskritiker als Fall für den Staatsanwalt betrachtete. Schon wer bei Kneipen-Diskussionen gegen die

Grenzregelung polemisierte oder gar Schriften der westdeutschen Vertriebenenverbände weitergab, musste mit mehrjährigen Haftstrafen rechnen. Vertriebene, rund ein Viertel der Bevölkerung in der sowjetischen Besatzungszone von 1949, wurden euphemistisch als »Umsiedler« bezeichnet. Sie hatten sich zu assimilieren und sollten über ihr Leben im früheren deutschen Osten öffentlich schweigen.

Dabei war der Schock, der die Deutschen mit der Abtrennung der Ostgebiete traf, auch an der SED nicht spurlos vorübergegangen. Noch am 14. September 1946 hatte der führende SED-Politiker Max Fechner im Parteiorgan »Neues Deutschland« versprochen, dass sich die Partei »jeder Verkleinerung deutschen Gebietes entgegenstellen wird«. Die Ostgrenze sei »nur provisorisch«. Doch wenige Tage später verkündete der sowjetische Außenminister Wjatscheslaw Molotow, die Grenzziehung sei »dem Wesen der Sache nach« endgültig. Ein letzter vorsichtiger Versuch der SED-Spitze, Stalin in Sachen Ostgrenze umzustimmen, scheiterte im Januar 1947. Im November 1948 verkündete Parteichef Walter Ulbricht die bis zum Ende der SED gültige Version, Deutschland habe »die Ostgebiete verspielt«, und zwar »durch eine jahrhundertelange reaktionäre Politik«. Die Grenzanerkennung, so Ulbricht, sei »die Voraussetzung, um Entgegenkommen beim polnischen Volk zu finden, das so furchtbar gelitten hat«. Da bereitete die SED bereits die Gründung der DDR vor. Der neue Staat hatte keine andere Wahl, als die von der sowjetischen Führung durchgesetzten Grenzen zu akzeptieren. Dabei war die DDR-Losung von der »deutsch-polnischen Freundschaft« 1950 kaum mehr als Propaganda. Dennoch entwickelten DDR-Bürger und Polen über die folgenden Jahrzehnte allmählich einen gutnachbarlichen Alltag.

Die beiden ehemaligen Sozialdemokraten Grotewohl und Cyrankiewicz, der deutsche Gestapo-Häftling und der polnische Auschwitz-Überlebende, hatten mit dem umstrittenen Grenzvertrag letztlich die Voraussetzungen geschaffen für eine Verständigung zwischen Deutschen und Polen. Zu einer solchen Politik rang sich auch die Bundesrepublik unter Kanzler Willy Brandt zwei Jahrzehnte später durch. Mit visafreiem Verkehr zwischen Polen und der DDR entstanden seit 1972 zahlreiche berufliche Kontakte als auch Freundschaften über die Grenze hinweg. Die Begegnungen waren jedoch oft eine Annäherung in Amnesie. Die deutsche Geschichte der polnischen Westgebiete sollte aus politischem Kalkül in Vergessenheit geraten.

Doch wo die Staatsführung Schweigen verordnet hatte, fanden Schriftsteller trotz Zensur Worte. Die erste DDR-Autorin, die das Thema Vertreibung zentral behandelte, war Anna Seghers. Die Dichterin, die 14 Jahre in der Emigration gelebt hatte, schrieb 1950 in Erzählungen mitfühlend über »Gerda aus Ostpreußen«, die nach der Flucht »keinen Krümel mehr« besaß, oder über den Kesselflicker Franz, der »außer dem Bein auch seine Heimat verloren« hatte. Der DDR-Lyriker Johannes Bobrowski verfasste über seine ostpreußische Heimat »schöne, von sanfter Trauer beschattete Bilder«, wie selbst die ihn bespitzelnde Staatssicherheit in einem Bericht anerkannte. Und der aus dem Riesengebirge stammende Autor Franz Fühmann schilderte 1962 in seiner Erzählung »Böhmen am Meer« das Schicksal einer heimwehkranken Sudetendeutschen, die in der DDR nicht heimisch wurde.

Lebhafte Diskussionen löste Christa Wolf 1976 mit ihrem Roman »Kindheitsmuster« aus. Die Schriftstellerin thematisiert darin ihre Kindheit und Jugend in »L., heute G.«, Landsberg an der Warthe, dem jetzigen Gorzów Wielkopolski. Sie schilderte die Schrecken der Flucht unter sowjetischen Tieffliegerangriffen und bekannte: »Man lässt den Auszug aus der Heimat nicht unbeweint.«

»Froilain, wejinense ruhich«

Auf der Rückfahrt von einem Interview in Polen besuchte die Autorin zum ersten Mal den Geburtsort ihres Vaters, das Dorf Ruś in Ostpreußen – die Geschichte einer verspäteten Heimatsuche.

Von Petra Reski

Wenn ich anrufe, ruft meine Tante immer: Sepp! Se-hepp! Komm schnell, die Pejitrra ist drran! Dann dauert es einen Moment, bis ich höre, wie ein Stuhl knarrt, und auch mein Onkel Josef in das Telefon ruft: Nu, Pejitrra, wie gejit es dir?

Sofort sehe ich sie vor mir sitzen, in diesem Flur in Polen, an dem Tisch unter den Rehgeweihen, den Gestecken aus Trockenblumen und dem unter Glas gerahmten Foto des berühmten Vetters, des Rennstallbesitzers Erich Zakowski. Ich sehe Josefs weißes Haar im Halbdunkel leuchten und Monikas Hände über die Küchenschürze streichen. An ihren Fingern klebt noch etwas Kuchenteig. Ferngespräche sind für meine polnischen Verwandten immer noch eine Kostbarkeit, deshalb nehmen sie sich dafür Zeit und sind glücklich, dass der Telefonapparat, den ihre Kinder aus Deutschland geschickt haben, einen Lautsprecher hat. Der ihnen erlaubt, sich während des Telefonats gegenseitig ins Wort zu fallen. Meine Tante berichtet, dass sie seit kurzem Rheuma in den Händen hat, mein Onkel hat einen Herzschrittmacher gekriegt, und ihr Nachbar, der Bauer Jurawski, ist gestorben, derr mit den Pferrden, wejist, Pejitrra. Sie müssen nur meinen Vornamen aussprechen, und ich fühle mich wieder in meine Kindheit versetzt. Wo man das R rollte, nicht über, sondern ieber sagte, nicht weißt du, sondern wejist, wo man Ostpreußisch sprach, jene zärtliche und ruppige Sprache, die ich auf dem Grund meines Herzens vergraben hatte, bis ich sie hier wiederfand, in jenen Dörfern unweit von Olsztyn, einst Allenstein, wo mein Onkel Josef bis heute lebt und wo mein Vater aufgewachsen ist.

Bis vor ein paar Jahren wussten Josef Reski und ich nicht, dass wir miteinander verwandt sind. Als ich mich auf die Suche nach dem machte, was meine Familie Hejimat nannte, waren schon alle tot, die mir hätten Auskunft geben können. Niemand wusste, dass im fernen Ostpreußen noch ein Reski lebte, ein Vetter meines Vaters, der nicht wie meine Familie 1945 geflohen war. Zusammengeführt hat uns ein Leser meines Buches. Er verbringt seit Jahren seine Ferien bei Josef Reski und hatte ihm meine ostpreußische Familiengeschichte zum Geschenk gemacht: »Ein Land so weit«. Noch heute kann Josef nicht fassen, dass er darin seinen Vater fand: Und ich guck hierr so in das Buch, und dann sag ich: Mensch! Da ist doch mejin Vatterr drrauf! Ich hol mal das Verrgreeßerungsglas! Er zeigte auf einen Mann mit Hitler-Bärtchen. Josef Reski senior verschwand im Volkssturm, seine Leiche wurde nie gefunden.

Petra Reski

Die Journalistin und Schriftstellerin ist die Tochter eines Ostpreußen und einer Schlesierin und wuchs im Ruhrgebiet auf. 2000 erschien ihr Buch »Ein Land so weit«, eine Familiengeschichte, in der sie Ostpreußen schließlich auch für sich als Heimat entdeckt. Seit 1991 lebt Reski, Jahrgang 1958, in Venedig, wo sie sich mit mehreren Büchern als kritische Kennerin der Mafia profiliert hat.

In diesem Sommer war ich zum ersten Mal nicht bei ihnen zu Besuch. Habe nicht mit Monika und Josef in ihrem Garten unter den Apfelbäumen gesessen – neben dem Gemüsegarten, in dem ein deutscher Soldat begraben war. Ich habe keine Buttercremetorte mit ihnen gegessen, habe Jurawskis Pferde nicht gefüttert und bin nicht auf den Friedhof nach Groß Bertung (Bartąg) gefahren, zum Grab meines Urgroßvaters Anton Reski, das meine Tante Monika in ihrer üblichen tatkräftigen Art von hüfthohen Brennnesselbüschen, Vogelmiere und Schlingpflanzen befreit und mit Immergrün und Tagetes bepflanzt hat. An Allerheiligen hat sie ihren Sohn Andreas zum Friedhof geschickt, wo er das Grab mit Tannenzweigen bedecken und einen Blumentopf hinstellen sollte. Und nach ejiner Stunde kommt der Andrres zurrick und sagt, das Grrabb ist nicht mehrr da! Hat er nichts mehrr finden kennen, kejin Grrabb, kejine Tafel, nichts! Die haben das alles liquidierrt, die Grräberrs und die Tafeln, alles!, ruft mein Onkel ins Telefon, noch ganz außer sich. Als Andreas den Pfarrer darauf aufmerksam gemacht habe, dass dieses Grab doch gepflegt gewesen sei, anders als die anderen deutschen Gräber, um die sich schon lange niemand mehr gekümmert habe, sei der Pfarrer ganz betreten gewesen und habe Andreas gebeten, seiner Mutter bloß nichts davon zu erzählen. Die machen das jetzt ieberrall, ruft Josef. Die machen die alten Grräberrs weg, die dejitschen! Ist zu viel Zejit vergangen!

In Deutschland wird ein Grab manchmal schon nach 20 Jahren beseitigt, stelle ich fest. Mein Urgroßvater starb im Jahr 1928, nach 82 Jahren kann man den Polen nicht verdenken, dass sie Platz für neue Gräber schaffen. Eigentlich. Und dennoch finde auch ich es schade. Kein »Hier ruht in Gott mein lieber Mann, unser guter Vater, Schwieger- u. Großvater Anton Reski« mehr. Der letzte Reski, der noch in Ostpreußen begraben wurde. Es war dieser in der Mitte durchgebrochene Grabstein, der mir bedeutete: Ich bin mit Polen verwandt.

Anfang der neunziger Jahre, auf der Rückfahrt nach einem Interview mit Lech Walesa, beschloss ich, in das Dorf zu fahren, in dem mein Vater aufgewachsen ist. Und aus dem meine Familie 1945 geflüchtet ist. Ich versprach mir nicht viel von dem Besuch. Ein paar heruntergekommene Häuser und kläffende Hunde vielleicht. Aber ich wollte mir nicht vorwerfen, es nicht versucht zu haben. Damals lebte ich schon seit langem in Italien, und dort fand man es eigentümlich, dass ich nie das Bedürfnis verspürte hatte, das Dorf zu sehen, in dem die Familie meines Vaters viele Generationen lang gelebt hatte: Ruś, auf Deutsch Reußen, ein winziges

Bauernhof des Urgroßvaters von Petra Reski in Jomendorf
bei Allenstein um 1936, vorn ihre Großmutter Anna
mit Vater Heinrich an der Hand

Dorf unweit von Olsztyn, dem einstigen Allenstein und der heutigen Hauptstadt des Verwaltungsbezirks Ermland-Masuren. Wenn ich Italienern gestand, nie dort gewesen zu sein, wo ihrer Meinung nach doch meine Wurzeln zu finden seien, war das für sie so befremdlich, als hätte ich ihnen offenbart, einen nahen Verwandten in einem anonymen Grab verscharrt zu haben. La tua terra, fragten sie, deine Erde, du hast sie nie gesehen?

Aber wie sollte ich den Italienern auch erklären, dass es in Deutschland so eine Sache war, mit den Wurzeln und der Erde und der Heimat. Alles Dinge, mit denen ich in meinem Leben nicht geschlagen sein wollte. Jedenfalls hatte ich mir das als Kind fest vorgenommen, als ich am Wohnzimmertisch saß und mit meinen Cousins Eierlikörflip trank, während meine ostpreußische Familie wie üblich am Ende jeder Familienfeier »Land der dunklen Wälder und kristall'nen Seen« sang. Und danach in Tränen ausbrach. Einschließlich der Angeheirateten, die Ostpreußen gar nicht kannten.

Und ich wäre wohl auch schnell weitergefahren, wenn ich an jenem Frühlingstag dort auf der staubigen Dorfstraße nicht diese alte Frau getroffen hätte, die sich noch an meine Familie erinnerte. Sie sprach den Vornamen meines Großvaters so liebevoll aus, als hätte er erst gestern das Dorf verlassen. Allo, sagte sie, nicht Aloysius. Nu, derr Allo, wie gejit es ihm? Und ich, die nichts mit diesem Dorf und dieser Erde und dieser Heimat zu tun haben wollte, stand da und fing an zu heulen. Und die alte Frau nahm meine Hand und sagte: Wejinense, Froilain, wejinense ruhich. Das war Frau Bsdurek. Sie wohnte mit ihrem Sohn Reinhard, genannt Rejini, in einem kleinen, flachgedrückten Haus neben dem einstigen »Gasthaus zur Ostpreußischen Schweiz«, an den noch eine halbzerbrochene Tafel in deutscher Sprache erinnerte. Dort lebte Frau Steppuhn mit ihrem Mann, und gegenüber, auf der anderen Seite des Flusses, wohnte Frau Szepanski mit ihrem Mann, einem Russen, wie sie hier sagten, obwohl er Litauer war. Aber für die alten Ostpreußinnen hier war alles russisch, was östlich lag.

Ich bin als Einzige aus der Familie meines Vaters zurückgekehrt. Was vorbeji ist, ist vorbeji, pflegte meine Großmutter zu sagen. Sie wollte nie zurück, weil sie bei der Flucht ihre Eltern zurücklassen musste – die zehn Jahre nach dem Krieg starben, ohne ihre Töchter wiedergesehen zu haben. Jeden Sommer war ich hier und saß mit Frau Bsdurek und Frau Szepanski und Frau Steppuhn auf der Bank vor dem »Gasthaus zur Ostpreußischen Schweiz« und trank mit ihnen Kaffee, polnischen Kaffee, wie sie entschuldigend sagten, mit Kaffeesatz, der manchmal etwas zwischen den Zähnen knirschte. Und während ich darauf wartete, dass sich der Kaffeesatz auf dem Grund der Tasse absetzen würde, dachte ich darüber nach, wie es dazu gekommen war, dass ich nichts zu tun haben wollte mit dem, was hinter meiner Familie lag. Der Heimat meines Vaters. Und meiner Mutter – die mit ihrer Familie aus Schlesien geflüchtet ist und die Schlesien bis heute als »zu Hause« bezeichnet, obwohl sie stets behauptet: Heimat ist für mich da, wo ich bin! Womit sie zielsicher ihre Schwester Ruth gegen sich aufbringt, die zur Glaubensschule der orthodoxen Heimatverehrer gehört.

Als Willy Brandt in Warschau auf die Knie fiel, war ich zwölf Jahre alt. Den Verzicht auf die Ostgebiete empfand ich als große Erleichterung. Ich hoffte, dass endlich etwas Ordnung in das Weltgeschehen gebracht würde. Denn was war von einem Land zu halten, von dem mein Diercke-Atlas behauptete, es stehe »zur Zeit unter polnischer Verwaltung«? Als meine Tante Ruth in den siebziger Jahren zum ersten Mal wieder »nach Hause« fuhr, 17 Stunden Busfahrt vom Ruhrgebiet nach Schlesien, und schließlich mit roten

Backen von ihrem Besuch in Breslau berichtete, korrigierte ich sie kühl: Es heißt jetzt aber Wroclaw. Von wegen, immer schon deutsch. Ich war der neue Mensch. Ich stand auf der Seite der Sieger. Umso erstaunter war ich, Jahrzehnte später in Allenstein junge polnische Historiker zu treffen, die sagten: Von wegen, immer schon polnisch! Und die 1990 die Kulturgemeinschaft Borussia gegründet hatten – um ihre Geschichte von dem Gestrüpp der kommunistischen Geschichtsschreibung zu befreien und endlich auch über die Vertreibung der Ukrainer nach Ostpreußen sprechen zu können, über die Deportation der Litauer, über die Vertreibung der Deutschen und über die Vernichtung der Juden, deren Friedhof und Leichenhalle sie in Allenstein vor dem Vergessen bewahrten – genau wie die alten ostpreußischen Schlösser und die Kriegsgräber der Soldaten aus den beiden Weltkriegen.

Aber schon während jener Sommer, als ich neben Frau Bsdurek, Frau Steppuhn und Frau Szepanski auf der Bank saß, bemerkte ich, dass die Geschichte nicht nur voran-, sondern auch zurückschreiten kann. Das war zu jener Zeit, als man in Deutschland beschloss, ein Zentrum gegen Vertreibungen aufzubauen. Von diesem Moment an waren die Vertriebenen wieder jener Spielball in der ideologischen Schlacht, der sie über Jahrzehnte gewesen waren, vereinnahmt von den Rechten, verteufelt von den Linken. In einer Schlacht, in der jedes Bekenntnis eines Politikers wie ein Sieg gefeiert wurde: »Rau gegen deutsches Vertriebenen-Zentrum«, »Schröder gegen Vertreibungs-Zentrum«. Politiker, die alle nicht merkten, dass ihr Feind schon lange auf Krücken geht. Dass der Feind Männer mit milchigblauen Augen und Gehwagen waren und zitternde alte Damen in weißen Spitzenblusen. Verwundert bemerkte ich, wie sich eine kuriose Allianz aus deutschen Linken und polnischen Nationalisten ergeben hatte – in einer Zeit, in der die Kaczyński-Brüder Polen zurückdrängen wollten in eine Welt, in der man Homosexuelle unterdrücken, die Todesstrafe fordern, Abtreibung verbieten und die Deutschen unter allgemeinen Revisionismusverdacht stellen kann. Zur gleichen Zeit fuhr ich nach Breslau, um über ein deutsch-polnisches Theaterstück zu berichten, das von dem jungen polnischen Regisseur Jan Klata inszeniert wurde. Er sah aus wie ein Kreuzberger Punk, dem man zugetraut hätte, mit einer Bierflasche und einem alten Schäferhund durchs Leben zu ziehen – nicht aber, sich mit großer Menschlichkeit dem Thema Flucht und Vertreibung zu widmen. Nationalistische Klischees belächelte er. Besonders in Breslau entbehre die Idee von der genannten Zurückeroberung der polnischen Muttererde nicht einer gewissen Komik, sagte er: Was heißt hier »wieder polonisiert«? Nach 700 Jahren? Jede Geschichte von Flucht und Vertreibung sei es wert, gehört zu werden, sagte er, eine Geschichte von einem Menschheitstrauma, das sich täglich wiederholt, in Darfur, im Kosovo, in Bosnien.

Heute kann ich in dem ostpreußischen Heimatdorf meines Vaters nur noch die Gräber von Frau Bsdurek und Frau Szepanski besuchen. Ein Herz aus schwarzem Marmor schmückt Frau Bsdureks Grab, Jadwiga steht darauf, obwohl sie sich immer nur Hedwig nannte. Ihre Nachbarin, Frau Szepanski, lebte noch bis vor zwei Sommern. Da zeigte sie mir die Fotos von ihrem toten Ehemann, dem falschen Russen, der zu Hause aufgebahrt worden war, in seinen Nasenlöchern steckten zusammengerollte Tempotaschentücher.

Nach und nach sterben die alten Ostpreußen aus. Reußen hat sich aus einem armen Waldarbeiterdorf in einen idyllischen Vorort von Allenstein verwandelt, wo sich Zahnärzte schöne Flussgrundstücke kaufen und Häuser mit riesigen

Terrassen bauen. Manchmal fahre ich mit meinem Onkel Josef hier vorbei, meinem wiedergefundenen Onkel. Wenn wir an dem Bauernhof meines Urgroßvaters Anton Reski vorbeikommen, denken wir daran, dass wir vor ein paar Jahren noch mit Wazek, einem aus Litauen vertriebenen Polen und heutigen Besitzer, im Garten saßen, Erdbeeren aßen und Wodka tranken. Seitdem Wazek seiner Tochter den Hof überschrieben hat, dürfen wir nicht mehr kommen. Die glaubt, wir wollen den Hof wiederhaben, sagt Josef und schüttelt den Kopf.

Und wo wir schon beim Thema Gräber wären: Das Grab des deutschen Soldaten, das sich seit Kriegsende in Josefs Garten befunden hat, sei jetzt auch beseitigt worden, ruft Josef in das Telefon. Warren ja bloß noch die Knochens, sagt er, die haben das ja ganz schön zusammengestellt, die Knochens und den Schädel extra, denn der warr ja enthauptet worrden.

Und dann habe man ihn in Nikolaiken (Mikolajki) auf dem Soldatenfriedhof beigesetzt. Josef war bei der Beisetzung dabei, wie auch die Tante des Soldaten, die aus Deutschland angereist war und sich bei Josef dafür bedankte, dass er 65 Jahre lang das Grab ihres Neffen gepflegt hat, inmitten seines Gemüsegartens. Das er im Winter mit Tannenzweigen schmückte und zu Allerseelen mit einem Grablicht, obwohl die Nachbarn immer sagten: Mensch, Josef, mach doch das Grab weg, nach all den Jahren! Aber Josef hatte immer nur gesagt: Neji. Warr doch auch ejin Mensch.

Dann erzählt meine Tante noch davon, dass sie schon Weihnachtsplätzchen gebacken habe, zur Probe, Hefeplätzchen und Spritzgebäck, und Josef fragt: Nu, wann kommst wieder, Pejitrra? Und ich sage: Bald. Im Sommer.

Heikle Kapitel

In wenigen Jahren sollen deutsche und polnische Schüler aus einem gemeinsamen Geschichtsbuch lernen. Das erinnerungspolitische Tauwetter währt erst seit kurzem.

Von Jan Friedmann

Die Präsentation am 1. Dezember 2010 in Warschau war nach allen Regeln der Diplomatie geplant: Zwei Jahre lang hatten deutsche und polnische Experten den wichtigen Termin vorbereitet.

Wissenschaftler-Gespanne aus beiden Ländern erarbeiteten die Kapitel, die dann streng paritätisch besetzte Gremien absegneten. Die zwischen den beteiligten Ministerien sorgsam austarierten warmen Grußworte kamen von der polnischen Bildungsministerin Katarzyna Hall und der Staatsministerin im deutschen Auswärtigen Amt, Cornelia Pieper. Alles schön ausgewogen, um ja keinen Fehler zu machen.

Es ging um einen der heikelsten Gegenstände im deutsch-polnischen Verhältnis: ein Schulbuch. Genauer gesagt um Empfehlungen für ein Schulbuch. Der Termin war ein Erfolg. Und so wird immer wahrscheinlicher, dass sich im Geschichtsunterricht des polnischen Gimnazjums und der deutschen Sekundarstufe I bald Revolutionäres ereignen wird. Dort sollen Jungen und Mädchen künftig in Deutschland wie in Polen aus einem Buch lernen können, das zwar in beide Sprachen übersetzt, aber ansonsten völlig textgleich den historischen Stoff abhandelt, von Mesopotamien bis über die Terroranschläge des 11. September 2001 hinaus.

Das Einvernehmen ist deshalb bemerkenswert, weil sich in der langen Zeitspanne zwischen Zweistromland und al-Qaida mehrere historische Episoden finden, die für Polen, Deutsche oder für beide gleichermaßen sensibel sind. Dazu zählen vor allem der deutsche Überfall auf Polen im Zweiten Weltkrieg und die spätere Vertreibung der Deutschen aus den ehemaligen Ostgebieten, aber auch weiter zurückliegende Epochen wie die Präsenz des deutschen Ritterordens jenseits der Oder.

Dass ein Schulbuch brisant sein kann, verwundert dabei nur auf den ersten Blick. Schließlich sei, so analysieren die deutschen Historiker Jörg-Dieter Gauger und Günter Buchstab, »die Schule der einzige Ort in jeder Gesellschaft, dem bekanntlich keiner entkommt und in dem es um systematische Wissensvermittlung geht«. Insofern könnten »Schule und Unterricht, Lehrpläne und Schulbücher« immer auch als »Seismograf für den Stellenwert historischer Themen« gelten. Gemessen an früheren Ausschlägen scheint die Aufregung um das im Jahr 2007 von den beiden Außenministern angestoßene Vorhaben gering. »Natürlich streiten sich Historiker immer«, berichtet der wissenschaftliche Vorsitzende des Projekts auf deutscher Seite, der Hallenser Osteuropahistoriker Michael Müller. »Aber sie streiten sich nicht mehr entlang nationaler Konfliktfronten. Was sie trennt, sind zum Beispiel unterschiedliche methodische Schulen. Und diese Fronten laufen quer durch unsere nationalen Delegationen.«

Man wolle weg von der »nationalen Ursprungserzählung«, die Schüler sollten mit der Bedeutung »sub- oder übernationaler Gemeinschaften« konfrontiert werden, heißt es in dem 135 Seiten starken Entwurf. Die Debatten vergangener Jahre sollen durch ein »offenes Geschichtsbild« ersetzt werden. Beispielsweise kam es immer wieder zu Streit, weil sich polnische Vertreter dagegen wehrten, die erzwungene Flucht von Millionen Deutschen als »Vertreibung« zu bezeichnen – sie wollten lieber von »Aussiedlung« sprechen. Misstrauen weckte in Polen später auch die Renaissance des Themas in Deutschland mit Günter Grass' Buch »Im Krebsgang« und der Diskussion um eine deutsche Vertriebenendokumentation.

Wie heikel Geschichtsdarstellungen sein können, bekamen noch vor kurzem Schulbuchexperten beider Seiten zu spüren, die für Sachsen und die polnische Nachbar-Woiwodschaft Niederschlesien 2005 bis 2007 regionale Lehrerhandreichungen erarbeiteten.

Der Leitfaden mit dem Titel »Geschichte verstehen – Zukunft gestalten. Die deutsch-polnischen Beziehungen in den Jahren 1933 bis 1949« traute sich an die schwierigsten Kapitel heran und erntete prompt scharfe Kritik polnischer Historiker: Der deutsche Widerstand gegen Hitler werde überbewertet, der polnische dagegen kleingehalten, nicht einmal der Warschauer Aufstand werde gewürdigt. »Man bekommt den Eindruck, dass sich Polen der deutschen Terminologie angleichen musste«, sagte damals Boguslaw Kopka vom Institut für Nationales Gedenken in Warschau. Derlei Misstöne blieben den Machern des aktuellen Schulbuchvorhabens bislang erspart. »Der Versuch, aus den unterschiedlichen Perspektiven einen Mittelwert zu erstellen, wäre zum Scheitern verurteilt«, erläutert Robert Traba, der polnische Vorsitzende des Expertenrats fürs Schulbuchprojekt. Es gelte vielmehr, Verständnis dafür zu wecken, dass »europäische Geschichte aus verschiedenen nationalen Erinnerungen besteht«.

Frieden und Einvernehmen auf allen Seiten also an der Schulbuchfront? Nicht ganz: Die Vertriebenenverbände und ihnen nahestehende Historiker stoßen sich an dem Status quo, wie er sich in den derzeit gültigen und den gerade geplanten Schulbüchern manifestiert. Der deutsche Osten, beklagen sie, werde in der Schule marginalisiert und teilweise sogar verdrängt. »Deutsche Schulabgänger sind ostkundliche Analphabeten«, diagnostiziert etwa Jörg-Dieter Gauger, der an der Universität Bonn lehrt und für die unionsnahe Konrad-Adenauer-Stiftung publiziert. »Der historische deutsche Osten als solcher« mit seinen Kulturleistungen und historischen Verdiensten komme kaum vor. Gauger vermisst »Anzeichen des Bedauerns über den Verlust der Ostprovinzen« und bescheinigt den deutschen Schulbuchautoren eine »autoaggressive Einstellung«, mit der das polnisch-deutsche Verhältnis stets als »Opfer- und Leidensgeschichte« erzählt werde. Der Geschichtsprofessor bemängelt: »Die Vermittlung des Mittelalters an den Schulen scheint heute freilich eher den Islam im Blickpunkt zu haben, den Osten jedenfalls nicht; das hat offensichtlich zeitbezogene innenpolitische Gründe (›multikulti‹).«

Ein fragwürdiger Standpunkt, denn an welche Vermittlungstradition soll stattdessen angeknüpft werden? Bis weit in die sechziger Jahre hinein dominierte nämlich das Leid der Vertriebenen die Texte in deutschen Schulbüchern – von Verdrängung des deutschen Ostens keine Spur, von ausgewogener Geschichtsschreibung allerdings auch nicht. Allzu kurz lag der Verlust der angestammten Heimat zurück, allzu präsent waren die Organisationen der Vertriebenen im politischen Leben der Bundesrepublik. Häufig fanden damals auch schlecht kaschierte Topoi deutschen Überlegenheitsgefühls Eingang in die Unterrichtsbücher. So hieß es in einem Schulbuch von 1952 über die Ostsiedlung: »Deutsche Kolonisten brachten fremden Völkern (Polen, Böhmen und Ungarn) den wertvollsten Teil ihrer Kultur.« Schleswig-Holstein griff noch 1959 zu völkischem Vokabular, um die Leistungen der Siedler zu würdigen: »Durch die gemeinsame Anstrengung aller deutschen Stände wird germanischer

Volksboden wiedergewonnen. Die östliche Landnahme führt zu einer Erweiterung des deutschen Stammesgefüges und weist Deutschland zu, das östliche Grenzland Europas zu sein.«

In einem anderen Schulbuch von 1962 wird das christliche Abendland gen Osten erweitert: »Es wirkte also starkes west-östliches Kulturgefälle. Die Hebung dieser rückständigen Gebiete auf den kulturellen und wirtschaftlichen Stand des Abendlandes war damals nur mit Hilfe deutscher Zuwanderer möglich.« Wenig Ursachenforschung wurde hingegen betrieben, wenn es galt, die Motive für die Vertreibung der Deutschen zu ergründen. Für den Konflikt zwischen Deutschen und Tschechen ermittelte die Historikerin Frauke Wetzel beispielsweise: »Deutsche Schulbücher sehen das Hauptmotiv für die Vertreibung der Deutschen aus dem Osten in dem Wunsch nach Rache.«

1956 verfassten die Kultusminister eigene Empfehlungen zur Ostkunde. Danach seien via Klassenzimmer »das Bewusstsein von der deutschen Einheit und der Wille zur Wiedervereinigung« wachzuhalten sowie die »Leistung« des deutschen Ostens im »deutschen Geschichtsbewusstsein zu verankern«. Eine andere Richtlinie für den Erdkunde-Unterricht wollte in das Thema der »deutschen Großlandschaften« auch das »Problem der deutschen Ostgebiete« mit eingeschlossen sehen, auch war vom »dreigeteilten Deutschland« die Rede. In den Klassenräumen hingen Landkarten, die das Deutsche Reich in den Grenzen von 1937 zeigten und Polens Westgebiete als »zur Zeit unter polnischer Verwaltung«. Erst 1973, auf dem Höhepunkt der neuen Ostpolitik des damaligen Bundeskanzlers Willy Brandt und seiner sozialliberalen Regierung, wurden die Empfehlungen modifiziert, nicht zuletzt auf Anregung der 1972 gegründeten deutsch-polnischen Schulbuchkommission.

Die Frage der deutschen Einheit sollte seit den siebziger Jahren nur noch die Bundesrepublik und die DDR betreffen. Fortan standen strukturelle Fragen und allgemeine Analysen gegenüber dem individuellen Leid im Vordergrund. Allenfalls tauchte es auf, wenn auch die Ursachen für die Massenvertreibungen erwähnt wurden, wie etwa in einem Schulbuch von 1995: »Was Deutsche unter nationalsozialistischer Führung anderen Völkern zugefügt hatten, erlitten bei Kriegsende und nach der Kapitulation viele Deutsche, die im Machtbereich der vorher unterdrückten Völker lebten.«

Kurz nach der deutschen Wiedervereinigung hoben die Kultusminister alle Empfehlungen zur Ostkunde auf. Sie überließen es den jeweiligen Bundesländern, ob sie dazu inhaltliche Vorgaben formulieren wollten. Seither bestimmt auch die politische Couleur der jeweiligen Landesregierung, wie gründlich etwa Flucht und Vertreibung im Unterricht erörtert werden.

So findet sich seit 2008 im Kerncurriculum für das Gymnasium von Niedersachsen neben »Zwangsarbeit« und »totaler Krieg« auch der Punkt »Flucht und Vertreibung«. In Nordrhein-Westfalen nahm die damalige schwarz-gelbe Landesregierung im Jahr 2007 Flucht und Vertreibung in den Lehrplan für die Gymnasien auf. »Jeder Vierte in unserem Bundesland hat familiäre Wurzeln in der alten Heimat der Vertriebenen«, erklärte die seinerzeitige Bildungsministerin Barbara Sommer (CDU), ihre Parteifreundin, die Vertriebenenpräsidentin Erika Steinbach, begrüßte die Maßnahme als »wunderbar«. In anderen unionsregierten Bundesländern wie Bayern, Baden-Württemberg, Hessen und Thüringen wird das Thema ebenfalls verstärkt gepflegt. In den aktuellen Lehrplänen von Brandenburg, Bremen, Mecklenburg-Vorpommern, Nordrhein-Westfalen und dem Saarland sind ostkundliche Themen laut Historiker Gauger hingegen Mangelware.

Aber Verdrängung? »Es ist eine absolute Legende von Erika Steinbach, dass das Thema Vertreibung im Geschichtsunterricht zu kurz kommt«, sagt etwa Wolfgang Benz, Leiter des Zentrums für Antisemitismusforschung an der TU Berlin. Thomas Strobel, der Organisator des aktuellen deutsch-polnischen Schulbuchprojekts am Georg-Eckert-Institut für internationale Schulbuchforschung in Braunschweig, hält die Geschichtsdarstellungen mittlerweile für angemessen und hebt hervor, wie weit deutsche und polnische Schulbuchexperten in kurzer Zeit schon gekommen seien.

Über 50 Jahre Aussöhnung benötigte das Vorbildprojekt, bis es umgesetzt wurde: Seit 2006 ist ein gemeinsames deutsch-französisches Schulbuch auf dem Markt. Mit Polen, dem größten Nachbarn im Osten, soll es viel schneller gehen: Derzeit dürfen sich noch Verlage aus beiden Ländern darum bewerben, das Konzept umzusetzen und das Buch aufzulegen. Schon zum Schuljahr 2013/14 sollen die ersten Exemplare in die Klassenzimmer kommen.

Aktenzeichen ungelöst

Wer sühnt historisches Unrecht? Warum gab es nie ein Tribunal für die Verbrechen der Vertreibung?

Von Thomas Darnstädt

Im tschechischen Städtchen Dobronín in Südmähren ist Geschichte ein Fall für die Polizei. Auf der »Budinka-Wiese« hinter dem Bahndamm, 500 Meter vom Ortsrand entfernt, sind Teile menschlicher Skelette gefunden worden, knapp von Erde bedeckt, unter Brennnesseln, die hier seit 65 Jahren ungestört wuchern. Die Staatsanwaltschaft hat ein Ermittlungsverfahren eingeleitet. Doch sie trifft im Städtchen auf vielsagendes Schweigen. Niemand kann sich genau erinnern. Dabei kennt hier jeder die Geschichte von jener Samstagnacht im Mai 1945, als im Gasthaus Polzer Tanz war und einige aus Dobronín, damals Dobrenz, schwer betrunken angeblich beschlossen, die Deutschen auf eigene Faust auszutreiben. Unter dem Kommando des Glasschleifers Robert Kautzinger soll die mit Knüppeln und Spaten bewaffnete Feiergesellschaft zum Gerätehaus der Feuerwehr gezogen sein, wo 15 deutsche Mitbürger eingesperrt auf ihre Abschiebung warteten. Sie brachten sie über den Bahndamm in die Wiesenmulde oberhalb des Waldrandes, unmittelbar am Feldweg nach Nové Dvory, dort mussten, so erzählt man sich, die Opfer ihr Grab selbst ausheben. Bauern, die am Sonntag früh in der Umgebung der Wiese zerschlagene Leichenteile fanden, verscharrten sie eilig.

Wiesen haben auf dem Land so ihre Namen, wie alte Eichen. Warum die Budinka-Wiese so heißt, wer hat sich darüber schon Gedanken gemacht? Doch nun kam die Polizei, jetzt ist es amtlich: Budin war der Kerl, der sich damals mit dem Spaten besonders hervorgetan haben soll.

Ein Aktenzeichen gibt es jetzt. Wird es nun auch Gerechtigkeit geben? Genugtuung für die Angehörigen jener 15 Männer, die seit der Mai-Nacht 1945 verschwunden sind? Eine Strafe für jene jungen Leute, die damals dabei waren – und sich heute wohl in irgendeinem Altersheim verstecken? Was damals geschah, war nach dem Recht der rachedurstigen Tschechen kein Verbrechen, es war von der Obrigkeit zumindest toleriert. Die berüchtigten Vertreibungsdekrete des Präsidenten Edvard Beneš wurden seinerzeit durch ein Gesetz ergänzt, das vor dem 28. Oktober 1945 begangene Übergriffe gegen Sudetendeutsche straffrei stellte. Beides ist bis heute geltendes Recht.

Selbst wenn man das Massaker auf der Budinka-Wiese als Mord bezeichnen könnte – nach tschechischem Recht bliebe es unbestraft. Brennnesseln drüber. Wer will das Gestrüpp von Unrecht und Vergeltung, von Hass und Rache noch durchdringen. Allein die Vertreibung von 2,9 Millionen Deutschen aus der damaligen Tschechoslowakei kostete wohl 30 000 von ihnen das Leben – erfroren, verhungert, zu Tode gefoltert. Über Schuld und Verantwortung für die gigantische humanitäre Katastrophe nach dem Krieg streiten bis heute Staatsmänner, Vertriebenenverbände, Hinterbliebene, ihre Kinder und Enkel. Das Unrecht der Vertreibung ist Thema von Büchern und Denkmälern, Gedenkstätten, Stiftungen, Kongressen.

Doch was heißt das: Es war Unrecht? Was folgt daraus – und nach welchem Gesetz? Gibt es Gerechtigkeit?

Die Juristen haben es in 65 Jahren nicht geschafft, Klarheit ins Gestrüpp zu bringen. Völkerrechtler überbieten sich in der fachkundigen Bezeichnung der Katastrophe von damals als Massenmord, Völkermord, Verbrechen gegen die Menschlichkeit. Doch einig sind sie sich nicht. Und es gab nie einen Richter, der jemals ein klärendes Urteil über die Vertreibung gesprochen hat. Gibt es Unrecht, das zu groß ist, als dass es mit der Elle des Rechts gemessen werden kann? Muss Gerechtigkeit vor den größten Verbrechen kapitulieren? Am Dienstag nach der Bluttat von Dobronín landete aus den Vereinigten Staaten auf dem Flughafen von Paris, mitten in den noch rauchenden Trümmern Europas, ein Mann, der das nicht glauben wollte. Der ehrgeizige US-Bundesrichter Robert H. Jackson hatte sich von seinem Präsidenten Harry Truman den Auftrag besorgt, »Grausamkeiten und Kriegsverbrechen« in Europa zu ermitteln und anzuklagen.

Männer machen nicht Geschichte, aber Rechtsgeschichte schon: In wenigen Monaten schaffte es der US-Jurist Jackson, zusammen mit Engländern, Franzosen und sogar den Russen ein Alliiertes Strafgericht in Nürnberg auf die Beine zu stellen, das über das größte Verbrechen der Neuzeit, die Nazi-Barbarei, zu urteilen hatte. Und bei der Eröffnung des Prozesses gegen die führenden überlebenden Köpfe der besiegten Diktatur hielt Jackson am 20. November 1945 eine Rede, die am nächsten Tag in den Zeitungen der ganzen Welt nachzulesen war. Seine Botschaft: Das Recht muss vor historischen Verbrechen nicht kapitulieren.

»Die Untaten, die wir zu verurteilen und zu bestrafen suchen, waren so ausgeklügelt, so böse und von so verwüstender Wirkung, dass die menschliche Zivilisation es nicht dulden kann, sie unbeachtet zu lassen, sie würde sonst eine Wiederholung solchen Unheils nicht überleben.« Was in Nürnberg nun gelte, sagte Jackson, sei »eines der bedeutsamsten Zugeständnisse, die die Macht jemals der Vernunft eingeräumt hat«: »Nicht Rache«, sondern »Richterspruch«

solle auf historisches Unrecht folgen, die »Ordnung der Welt nach den Grundsätzen des Rechts« werde künftig für Frieden unter den Völkern sorgen.

Diese Amerikaner. Im Gerichtssaal haben sie geweint, als der Jurist fertig war. Frieden durch Recht: Die Idee, erstmals verkündet im zerbombten Nürnberg, wurde zur Gründungsidee der Vereinten Nationen, zum Ursprung der Charta der Menschenrechte. Nürnberg, Nuremberg, ist heute unter den Völkerrechtlern in aller Welt und in allen Sprachen zum Kürzel für den Triumph des Rechts über politisch motivierte Gewalt geworden.

Doch was schert sich die Geschichte um das Recht. Der 20. November 1945, der Tag, der Rechtsgeschichte schrieb, war ein Tag zum Sterben, so wie die Tage und Wochen zuvor und danach. In Güterzügen mit Viehwagen werden die Deutschen zu Hunderttausenden aus den Sudeten, aus Polen und anderen Ländern des Ostens nach Westen verschubt. Robert Murphy, der politische Berater der US-Militärregierung, kabelt einen Horrorbericht aus Berlin nach Washington: »Allein auf dem Lehrter Bahnhof haben unsere Sanitätsdienststellen täglich im Durchschnitt zehn Menschen gezählt, die an Erschöpfung, Unterernährung und Krankheit gestorben sind« – »Elend und Verzweiflung« herrsche unter den Unglücklichen, »Gestank und Schmutz«.

Während Jacksons Leute in Nürnberg an der neuen Weltgerechtigkeit arbeiten, rollt aus dem tschechischen Troppau, heute Opava, ein Zug mit 2400 Menschen nach Westen. Der Zug kommt 18 Tage später in Berlin an. Da leben in den Güterwagen noch 1350. Kinder, die unterwegs starben, so berichtete der Philosoph Bertrand Russel über einen ähnlichen Fall in Polen, wurden aus dem Fenster geworfen. »Nichts Vergleichbares«, resümierte im Oktober 1946 der Korrespondent der »New York Times« für seine Leser im siegreichen Amerika, habe es jemals in der Geschichte gegeben: »Niemand, der diese Gräuel miterlebt hat, kann daran zweifeln, dass es sich um ein Verbrechen gegen die Menschlichkeit handelt, für das die Geschichte eine furchtbare Vergeltung üben wird.«

Verbrechen gegen die Menschlichkeit: Dies war das Stichwort, das drüben in Nürnberg im Mittelpunkt der Verhandlungen gegen Hermann Göring und seine Mitangeklagten stand. Ein Verbrechen, das die Menschheit vorher nicht beschäftigt hatte. Jackson hatte die Strafvorschrift bei zähen Verhandlungen in London in die Charta des Vier-Mächte-Tribunals hineingeboxt. Eine Premiere fürs Völkerstrafrecht.

Auch Vertreibung, so sah es die Charta von London vor, war ein Menschlichkeitsverbrechen. Das Verbrechen der Vertreibung warfen die Nürnberger Ankläger etwa dem NS-Außenminister Joachim von Ribbentrop vor. Er wurde unter anderem verurteilt, weil er Juden in den Osten hatte deportieren lassen. Vergebens wies ein Verteidiger darauf hin, dass während des Prozesses viele Millionen Menschen hilflose Objekte von Deportation und Vertreibung seien. Das, so wich das Gericht aus, tue nichts zur Sache.

Wie konnte Jacksons Jahrhundert-Gericht vor historischen Verbrechen, die zu bestrafen es gerade angetreten war, die Augen verschließen? Die Antwort, typisch juristisch: Die Richter waren nicht zuständig. In der Londoner Charta hatten die vier Siegermächte die Aufgabe des Nürnberger Tribunals auf die Verfolgung von Schandtaten des NS-Staates und dessen europäischen Verbündeten beschränkt. Weiteres Unrecht zu ahnden, hätten die Alliierten niemals akzeptiert – schon gar nicht die Bestrafung der Vertreibung. Hatten sie selbst doch bereits in Jalta die Abschiebung der Deutschen aus dem Osten, sogar ihre Deportation in Stalins Arbeitslager, vereinbart.

Als Menschlichkeitsverbrechen war nach der Charta zudem nur jenes Unrecht zu verfolgen, das im Zusammenhang mit Hitlers Krieg begangen worden war – eine dramatische Lücke: Der Holocaust, soweit er nicht Teil des Krieges war, wurde in Nürnberg nicht verhandelt, und Vertreibungen nach der Kapitulation der Deutschen erst recht nicht. Es ist verständlich, dass viele Nachkriegsdeutsche, besonders die Opfer der mörderischen Menschenschieberei, Jacksons Tribunal als »Siegerjustiz« bezeichneten, die historisches Unrecht nicht etwa beseitigt, sondern sogar noch vergrößert hat. Aber das stimmt nicht. Denn Jacksons Ideen haben sich, kaum hatte das Tribunal seine Arbeit getan, schnell verselbständigt. Dass Staatsmänner und Militärs, die Befehlsgeber historischen Unrechts, ebenso wie kleine Menschenquäler ganz persönlich für die Menschlichkeitsverbrechen, die sie zu verantworten haben, bestraft werden können – dies Prinzip von Nürnberg war nicht mehr aufzuhalten. Es ist das Prinzip der Weltgerechtigkeit, die unabhängig davon Gültigkeit beansprucht, welchem staatlichen Recht oder Unrecht Mehrheiten oder Minderheiten in einem Staat unterworfen sind.

Ein Nürnberg für die ganze Welt: Dies war der Auftrag, den im Angesicht der Menschlichkeitsverbrechen auf dem europäischen Kontinent die frisch gegründete Uno einer Völkerrechtskommission schon 1947 erteilte. Möglichst schnell sollten die angesehensten Völkerrechtler der Welt die Prinzipien des Nürnberger Tribunals, solange sie noch heiß waren, zu einem Weltstrafrecht gegen Menschlichkeitsverbrechen weiterentwickeln – und etwas später ein ständiges internationales Strafgericht dazu. Dort, das war eigentlich keine Frage, wären all jene Staatsmänner und ihre Schergen anzuklagen gewesen, die das Verbrechen der Vertreibung nach dem Krieg verantwortet haben, vielleicht sogar Amerikaner. Hatte nicht Jackson selbst versprochen: Die Maßstäbe der

Anklagen von Nürnberg müssten die Ankläger dereinst auch gegen sich gelten lassen?

Was Wunder, dass der 1950 von der Völkerrechtskommission vorgelegte Entwurf bei den Großmächten auf Unwillen stieß. Damals wurde das Argument erfunden, das 40 Jahre lang zum Refrain aller Debatten des Kalten Krieges werden sollte: Die Verfolgung des Unrechts anderer Staaten, so die Vertreter des Ostblocks, sei eine »Einmischung in innere Angelegenheiten«. Der Kalte Krieg war die Eiszeit der Völkergerechtigkeit – doch an seinem Ende waren Jacksons Ideen noch immer frisch. 1993 gab die Uno den Auftrag, nach dem Modell Nürnberg in Den Haag das Jugoslawien-Tribunal zu errichten. Es war ein Gericht gegen Menschlichkeitsverbrechen im Balkan-Krieg – und sein erster großer Fall beschäftigte sich mit einer Tat, die gar nicht so verschieden war von den furchtbaren Ereignissen in jener schwarzen Mai-Nacht von Dobronín.

Der Kaffeehausbesitzer Dusco Tadić aus Kozarac in Bosnien-Herzegowina hatte dem bosnischen Serbenführer Radovan Karadžić in besonders gemeiner Weise bei den »ethnischen Säuberungen« geholfen, wie die Vertreibung der muslimischen Bosnier damals genannt wurde. Nach Kneipenschluss war Tadić oft ein paar Straßen weiter ins Internierungslager gegangen. Dort quälte der Feierabend-Sadist die Insassen zu Tode. Tadić wurde 1994 in München verhaftet und – lange vor seinem Auftraggeber Karadžić – nach Den Haag gebracht. Die Richter des Jugoslawien-Tribunals verurteilten ihn 1997 zu 20 Jahren Haft wegen Verbrechen gegen die Menschlichkeit. In einem wichtigen Punkt unterschied sich das Urteil von den Nürnberger Grundsätzen: Quälereien und Vertreibung erklärten die Richter auch dann zum Völkerrechtsverbrechen, wenn sie – wie auf dem Balkan – außerhalb eines zwischenstaatlichen Krieges begangen wurden. Krieg oder nicht, das ist egal, befand der erste Gerichtspräsident Antonio Cassese: »Das Völkerrecht muss den Schutz der Menschenrechte übernehmen.«

Jacksons Maximen beherrschen heute die zivilisierte Welt. Der Internationale Strafgerichtshof, ebenfalls in Den Haag, ist eine ständige Einrichtung, wie ihn einst die Völkerrechtskommission geplant hatte. Er urteilt aufgrund des Statuts von Rom, ratifiziert von derzeit 114 Staaten, darunter auch Tschechien und Polen, aber nicht von den USA. Jede Art von Vertreibung, egal von wem und gegen wen, im Frieden wie im Krieg, ist danach als Völkerrechtsverbrechen zu verfolgen.

Alles ist da: das Recht, die Richter, Angeklagte würden sich noch genügend finden. Warum, zum Teufel, klagt noch immer niemand die Verantwortlichen für das Unrecht der Vertreibung an? Es fällt schwer zu bestreiten, dass die Vertreibung der Deutschen aus dem heutigen Polen, die Aussiedlung der Deutschen und Deutschstämmigen aus dem Baltikum und die erzwungene Umsiedlung innerhalb der damaligen Sowjetunion, die Vertreibung aus der damaligen Tschechoslowakei, die Massaker an Deutschen in Ungarn und dem damaligen Jugoslawien nach heutigem Völkerstrafrecht Verbrechen gegen die Menschlichkeit sind. Besonders scharfe Juristen vertreten sogar die Ansicht, einzelne Vertreibungsaktionen seien als Völkermord zu bezeichnen. Doch viele Völkerrechtler sehen ein Problem: Soll das Recht von heute auch für die Untaten von damals gelten?

Damals, zur Tatzeit des historischen Verbrechens, galt etwa die Völkermordkonvention noch nicht. Sie wurde im Dezember 1948 geschlossen, um die Rechtslücke zu füllen, die Nürnberg gelassen hatte. Den Straftatbestand der »Verbrechen gegen die Menschlichkeit«, den gab es zwar schon in Jacksons Charta von 1945. Aber danach durften – anders als heute in Den Haag – nur Menschlichkeitsverbrechen in Zusammenhang mit Kriegsverbrechen angeklagt werden. Für Vertreibungen nach dem Krieg schienen die gegen Nazis gerichteten Nürnberger Instrumente stumpf. Der Kölner Völkerstrafrechtler Claus Kreß, einer der Konstrukteure des Haager ständigen Internationalen Strafgerichtshofs, ist deshalb der Meinung, dass es außerhalb des Nürnberger Gerichtssaals zur Zeit der Vertreibungen »keinesfalls ein gesichertes Recht der Menschlichkeitsverbrechen« gab. Vielmehr sei zu Jacksons Zeiten »alles völlig umstritten« gewesen. Um Gerechtigkeit hat sich das Völkerrecht vor Jackson ohnehin wenig geschert. Für die nachträgliche Ahndung von Vertreibungen würde dies eine Sperre bedeuten. Dass keine Tat bestraft werden darf, die zur Tatzeit keine Straftat war – dies Rückwirkungsverbot ist ein Menschenrecht.

Doch der Geist von Nürnberg ist auch nach 65 Jahren nicht in der Flasche zu halten, in die ihn einst die Alliierten stopften. Im baltischen Estland haben sie ihn bereits herausgelassen. Ins estnische Strafgesetzbuch wurde schon 1994 ein »Verbrechen gegen die Menschlichkeit« hineingeschrieben und danach zwei Männer verurteilt, die 1949 an der Deportation von Zivilisten in sowjetische Arbeitslager beteiligt waren. Rückwirkung! Menschenrechtsverletzung! Damit beschwerten sich die verurteilten Esten prompt beim Europäischen Gerichtshof für Menschenrechte. Die Straßburger Richter trafen eine überraschende Entscheidung: Sie wiesen die Klage ab. Verbrechen gegen die Menschlichkeit, ob im Krieg oder nicht, seien schon sehr lange strafbar, spätestens seit Robert H. Jackson in Nürnberg seine berühmte Rede hielt. Die Beschränkung des Tribunals auf Menschlichkeitsverbrechen im Krieg sei nur eine Zuständigkeitsfrage gewesen – keine Grenze für Gerechtigkeit und Strafe. Weil Vertreibung so gesehen schon damals strafbar war, greife das Rückwirkungsverbot nicht. Mehrfach, kaum bemerkt von der aufgebrachten Diskussion um Frieden mit den Vertriebenen und ihren Vertreibern, zuletzt im Jahr 2010, hat das höchste europäische Menschenrechtsgericht diese Geschichtsbetrachtung wiederholt.

Was Estland kann, können die anderen auch. Ein Vertreibungstribunal? Nürnberg II für späte Gerechtigkeit, errichtet 2011 aufgrund eines völkerrechtlichen Vertrags der Vertreiberstaaten von damals? An den Straßburger Menschenrechte-Wächtern würde es jedenfalls nicht scheitern. Frieden durch Recht – vielleicht ist es ja doch möglich. In Dobronín gibt es sogar schon ein Aktenzeichen.

Ein Loch in der Geschichte

Im Oppelner Land lebt die größte deutsche Minderheit Ostmitteleuropas. Unter den Kommunisten in Polen musste sie ihre Herkunft verleugnen. Heute pflegt sie wieder altes schlesisches Brauchtum.

Von Jan Puhl

Norbert Rasch war noch ein Kind, als er merkte: Irgendwas ist anders an mir. Er bekam Geschenke zum Geburtstag, seine polnischen Mitschüler zum Namenstag. Heiligabend gab es bei Raschs Gans, bei den Polen zwölf fleischlose Gerichte, darunter Karpfen in Gelee und Mohngebäck. Die Oma sang ihm deutsche Lieder vor, die Norbert nicht verstand, denn zu Hause wurde »Wasserpolnisch« gesprochen, eine schlesische Variante des Polnischen.

Wenn seine Eltern etwas besprachen, das die vier Kinder nicht hören sollten, wichen sie in die Sprache mit den vielen harten Konsonanten und dem kehligen »R« aus. Sie sprachen leise, denn offiziell gab es sie gar nicht, die deutsche Minderheit in Polen.

Die kommunistische Regierung in Warschau hatte alles getan, um die wenigen Deutschen, die nach den Vertreibungen 1945 geblieben waren, zu polonisieren. Doch gelungen ist es ihr nicht. Dafür steht Norbert Rasch, der 39 Jahre alt ist und heute die »Sozial-Kulturelle Gesellschaft der Deutschen im Oppelner Schlesien« leitet. »Meiner Schwester wurde noch gesagt: ›Du darfst nicht studieren, weil du Deutsche bist‹«, sagt er. »Ich habe so etwas nicht mehr erlebt. Diskriminierung ist Geschichte.«

Laut Volkszählung aus dem Jahr 2002 rechnen sich 152 897 Polen zur deutschen Minderheit. In der Woiwodschaft Opole stellen sie fast zehn Prozent der Bevölkerung, in allen anderen Verwaltungsbezirken liegt die Quote im Promillebereich. Polens Deutsche sind beliebt bei der Mehrheitsbevölkerung. Sie schicken Abgeordnete in den Sejm, das zentrale Parlament, sie lassen sich in Landtage wählen und stellen in etlichen Gemeinden den Bürgermeister. Es gibt eine deutschsprachige Wochenzeitung sowie deutsche Sendungen in Radio und Fernsehen.

Die Deutschen in Polen wollen nicht »heim ins Reich«, sondern eine »Brücke zwischen Deutschen und Polen« bauen, sagt der Vorsitzende des Dachverbands der deutschen Minderheit, Bernard Gaida. Aber das wird immer schwieriger. Sie tragen gern Trachten, halten deutschsprachige Gottesdienste, doch die wenigsten von ihnen haben Deutsch zu Hause als Muttersprache gelernt. Sie engagieren sich für zweisprachige Ortsschilder, deutschen Schulunterricht und renovierte deutsche Denkmäler.

Aber immer weniger junge Leute interessiert es, ob sie nun deutscher oder polnischer Herkunft sind. Auch aus Schlesien gehen Zehntausende zumindest auf Zeit zum Arbeiten in die Bundesrepublik, nach Großbritannien, Irland oder in die Niederlande. 1991, gleich nach der Wende, stimmten gut 132 000 Wähler für die Kandidaten der deutschen Minderheit, 2007 waren es nur noch rund 32 000.

Die Lage ist ernst, das sieht auch Norbert Rasch: »In Zeiten der Globalisierung ist es nicht mehr in, sich zu seiner Heimat zu bekennen.« Rasch ist ein Schlaks von 1,90 Meter. Er sitzt in seinem Büro nahe der hübschen Oppelner Altstadt, seine deutschstämmigen Angestellten sprechen Polnisch untereinander. Rasch trägt einen lässigen Pullover und hat hinter sich drei Flaggen aufgepflanzt: die deutsche, die polnische, die europäische, alle gleich groß, alle dicht beieinander. Er hat an der neuen Oppelner Universität Germanistik studiert, zwei Semester hat er in Kiel und Mainz verbracht und dort erst richtig Deutsch gelernt. Sein Akzent ist kaum hörbar, selten macht er Fehler, meist sind es buchstabengenaue Übersetzungen vom Polnischen ins Deutsche, beispielsweise sagt er einmal »abgesondert«, meint aber »besonders«. »Im Polnischen gibt es kein Wort für Heimat, nur für das Vaterland«, sagt er. »Aber darum geht es uns gar nicht. Wir pflegen keine bundesrepublikanische Identität, unsere Identität ist regional, ist schlesisch.«

Die Region zwischen Oder und Sudeten war stets multiethnisch, seit Jahrhunderten sprechen sie hier Deutsch, Tschechisch, Wasserpolnisch und Hochpolnisch – viele beherrschen mehr als eins davon, und das hat die Menschen hier immer schon verwirrt. Sind sie nun Polen? Tschechen oder Deutsche? Oder doch Schlesier? Das haben immerhin auch 170 000 in der Volkszählung 2002 angekreuzt, und jetzt kämpft eine »Autonomiebewegung Schlesiens« dafür, wie die Deutschen als nationale Minderheit anerkannt zu werden. »Wir pflegen unsere Kultur und gute Nachbarschaft mit allen, die hier auch leben, wir sehen unser Deutschsein auf keinen Fall als Konkurrenz zum Polentum«, sagt Rasch.

Das schlesische Gebiet wurde zunächst von Skythen und Kelten besiedelt, später von germanischen Wandalen erobert, denen slawische Stämme folgten. 1138 entstand das Teilfürstentum Schlesien unter der Herrschaft der Piasten, einem Herrschergeschlecht, das heute als polnisch gilt, obwohl damals noch niemand in nationalen Kategorien dachte.

Um 1740 eroberte Friedrich II. große Teile Oberschlesiens. Bis zum Ende des Ersten Weltkriegs blieb dieser Landstrich preußische Provinz. 1918 wurde das geteilte Polen wiedererrichtet, die Alliierten hatten beschlossen, die »von unbestreitbar polnischer Bevölkerung bewohnten Gebiete« dem neuen, alten Staat zuzuschlagen. Doch wo lagen die eigentlich? Vor allem Oberschlesien war ein deutsch-polnischer Flickenteppich. Also beschlossen die Siegermächte eine Volksabstimmung. 59,6 Prozent der Schlesier stimmten 1921 für den Verbleib bei Deutschland, 40,4 Prozent wollten nach Polen. Der östliche Teil Oberschlesiens ging an Warschau, der Westen, auch das Oppelner Land, blieben im Reich. 1939 überfielen Hitlers Truppen Polen und verleibten das ganze Schlesien wieder Deutschland ein.

Die Alliierten beschlossen in Jalta, Polen nach dem Krieg wiederherzustellen. Doch Stalin beanspruchte den Osten des Landes, und so wurde Polen kurzerhand nach Westen verlegt und mit Pommern, Schlesien und Südostpreußen entschädigt, die vorher zu Deutschland gehört hatten. Das Oppelner Land wurde polnisch.

Ein Großteil der drei Millionen Deutschen in Schlesien floh schon vor der vorrückenden Roten Armee. Zehntausende verhungerten, starben an Krankheiten oder fielen Racheakten der Sowjettruppen zum Opfer. Auch wer die chaotische Flucht im Winter 1944/45 nicht antrat, musste um sein Leben fürchten. Die polnischen Behörden schoben die Deutschen massenweise und in Viehwaggons ab. Zuvor pferchten sie sie in Lagern zusammen, nicht selten in solchen, die die Nazis zuvor gebaut hatten, um Polen einzusperren. In Lamsdorf, heute Lambinowice, 40 Kilometer von Oppeln entfernt, saßen zwischen 1945 und 1946 schätzungsweise 5000 Deutsche ein.

Polen hat sich diesem dunklen Fleck seiner Vergangenheit gestellt. In dem Prozess gegen den Lagerkommandanten Czeslaw Geborski schilderten Zeugen 2001 die Grausamkeiten in Lambinowice: Frauen wurden wahllos erschossen, Kinder starben an Hunger und Krankheit, allein bei einem

Barackenbrand am 4. Oktober 1945 kamen 48 Menschen um. Johlende Wächter sollen sie in die Flammen getrieben haben. An den Deutschen entlud sich die Wut der Polen über Jahre der Unterdrückung und unvorstellbarer Massenverbrechen, begangen durch die Besatzer. Heute ist Lambinowice eine Gedenkstätte, sie würdigt polnische und deutsche Opfer. Die Eltern von Norbert Rasch haben so etwas Schlimmes nicht erlebt. Als Facharbeiter in einem Landwirtschaftlichen Kollektivbetrieb in Proskau, heute Prószków, wurden sie gebraucht. Mit ihnen blieben noch hunderttausend andere, viele, weil sie mit Polen verheiratet waren oder weil sie als Fachkräfte gebraucht wurden. Sie wurden geduldet, aber Deutsche durften sie nicht mehr sein.

Die polnischen Kommunisten stilisierten sich in ihrer Propaganda zur einzigen Gegenmacht zum vermeintlichen »Bonner Revisionismus«, der angeblich nur darauf lauerte, Polen Schlesien wieder abzunehmen. Unmöglich war es Warschau, eine deutsche Minderheit im Land zu dulden, die in ihren Augen der Bundesrepublik als fünfte Kolonne hätte dienen können. Also setzten sie alle Kräfte daran, die letzten Deutschen zu Polen zu machen. In den fünfziger Jahren durften die Raschs und ihre Landsleute nicht einmal im Privaten ihre Muttersprache benutzen, deutsche Friedhöfe wurden planiert, deutsche Denkmäler geschleift.

Erst in den siebziger Jahren änderte sich das Klima. Pragmatiker, die dem siechen Sozialismus mit Westkrediten eine Scheinblüte verschafften, übernahmen die Führung in der regierenden Polnischen Vereinigten Arbeiterpartei. Für sie waren die Deutschen vor allem Devisenbeschaffer: Gegen Milliardenkredite aus der Bundesrepublik ließen sie die Deutschen laufen. Tausende zogen als Aussiedler in die Bundesrepublik Deutschland. Ihre Autos sollen sich auf der Straße von Oppeln Richtung Breslau zeitweise gestaut haben.

Heute dürfen Polen, die von einem deutschen Volkszugehörigen abstammen, der als Spätaussiedler anerkannt ist, mit diesem gemeinsam als Deutsche in die Bundesrepublik einreisen. Norbert Raschs Eltern beantragten ihre Ausreise dennoch vergebens. Die polnischen Behörden verweigerten sie, ohne Begründung. Raschs drei Geschwister und die Oma mütterlicherseits schafften es schließlich und wohnen heute bei Hannover.

Er ist geblieben, denn er ist ein Kind der Wende, hat erlebt, wie die Freiheit nach Polen kam und die Deutschen sich plötzlich nicht mehr verstecken mussten. Rasch beneidet seine Geschwister nicht. Und er spricht heute selbstverständlich mit seinen beiden Kindern Filip und Paulina Deutsch zu Hause. Auch seine Frau gehört der Minderheit an. »In unserer Geschichte und damit auch in unserer Kultur klafft ein Loch«, sagt er. 40 kommunistische Jahre lang haben sich die verbliebenen Deutschen in Schlesien weggeduckt, ihre Trachten im Schrank eingemottet und gewartet. Kein Verlag druckte schlesisch-deutsche Prosa, kein Theater spielte Stücke auf Deutsch, kein Künstler durfte seine deutsche Identität ausdrücken, und es gab keine schlesische Rockband mit deutschen Texten.

Deshalb ist die Kultur der Deutschen in Polen eine Kultur der Volkslieder, der Trachten, der Bräuche, der Kloßrezepte, eine ländliche Kultur, die in der Vorkriegszeit stehengeblieben ist.

Am Wochenende tut Norbert Rasch, was er kann, um die verlorene Zeit aufzuholen. Er zieht Kniehosen an, eine Trachtenweste und schlingt einen bestickten Schlips um. Mit dem – deutschstämmigen – Oppelner Landrat Henryk Lakwa, dessen Frau Klaudia und dem Gitarristen Hubert Pelka singt er im Proskauer Echo. Die Truppe hat es zu einiger Berühmtheit im Oppelner Land gebracht. Meistens treten sie in Kirchen auf. »1991 durften wieder deutsche Gottesdienste abgehalten werden«, sagt Rasch. »Ich sah, wie alte Männer und Frauen Rotz und Wasser weinten, als zum ersten Mal wieder öffentlich deutsche Lieder gesungen wurden. Das hat mich sehr beeindruckt.«

In den Liedern vom Proskauer Echo geht es viel um die Hügel, Wälder und kleinen Dörfer. »Sehnsucht nach Schlesien« heißt einer der größten Hits des Quartetts. »Gerade in Zeiten der Globalisierung ist es wichtig, das Eigene zu bewahren«, sagt Rasch. Das Schlagzeug kommt vom Band, die Melodie trägt eine Hammondorgel oder ein Akkordeon. Refrain: »Sehnsucht nach Schlesien, du geliebtes Heimatland, im Herzen von Europa, strahlst du Gott an.« Den Song gibt es auch auf Polnisch. Kein Wunder, dass sich nicht mal polnische Nationalisten wirklich mit der deutschen Minderheit angelegt haben.

Die Deutschen neigen nicht zum Separatismus wie die Basken oder Korsen. Sie sind so harmlos, dass sich fast lächerlich macht, wer gegen sie hetzt. Sieben Parlamentsabgeordnete entsandte die deutsche Minderheit 1991 nach Warschau, heute ist es nur noch einer. Ryszard Galla sitzt im Minderheiten- und im Haushaltsausschuss, bei den meisten Fragen stimmt er mit der regierenden konservativ-liberalen Bürgerpartei. Seine Nationalität ist nie Gegenstand der Debatte. Sein Vorgänger Henryk Kroll, eine Art Helmut Kohl der deutschen Minderheit, saß 16 Jahre lang als Streiter für die deutsche Sache im Sejm. Auch im Dachverband der deutschen Minderheit verlor er zusehends an Rückhalt und wurde 2009 in den Ruhestand geschickt. Sein Führungsstil galt als autoritär, und sein Ton war den meisten wohl zu verbissen national.

Nur einmal sind Polens Deutsche seit der Wende laut geworden. 1998 reformierte Warschau das System der Woiwodschaften, der Verwaltungsbezirke. Die Woiwodschaft

Oppeln sollte verschwinden. Die Deutschen setzten sich an die Spitze des Protestes. Das Proskauer Echo lieferte mit dem Song »Hej, lasst uns unser Oppeln« den Soundtrack dazu. Schließlich gab Warschau nach. Eine Mehrheit der »rein polnischen« Oppelner stand in dieser Frage an der Seite der Deutschen. Auf lokaler Ebene hatten diese sich schon damals einen guten Ruf erworben. Seit der Wende steuerte der Bezirk Oppeln zielstrebig auf die EU-Integration zu. Viele Anpassungen in Gesetzen und Verordnungen waren dort schon umgesetzt, als der Rest Polens noch darüber diskutierte.

Heute gilt die Woiwodschaft Oppeln als diejenige, die die Töpfe der Europäischen Union am effektivsten anzapfen und den meisten Nutzen aus den Hilfen ziehen kann. Dazu haben auch deutschstämmige Landräte, Gemeindevorsteher und Lokalpolitiker beigetragen. Sie gelten bei den Polen – ganz dem Klischee entsprechend – als pragmatischer, gründlicher und vorausschauender als man selbst. Deshalb beobachteten Wahlforscher zu ihrer Überraschung, dass bei den letzten Kommunalwahlen im November auch mindestens 6000 Polen für deutsche Kandidaten stimmten. Sicher haben zur Beliebtheit der Minderheit auch die rund 150 Millionen Euro Extrahilfen beigetragen, die Berlin seit der Wende der Minderheit in ganz Polen zufließen ließ. Auch in diesem Jahr wird Berlin wieder an die zwei Millionen zahlen. Die Konsulate verteilten das Geld klug. Statt mitten im postkommunistischen Elend die deutschen Polen zu verwöhnen, legten sie die Millionen in Wasserleitungen, Krankenhäusern, Schulen, Bibliotheken und der Universität an – so haben alle etwas davon.

Deutsche Funktionäre wie Norbert Rasch und Ryszard Galla wollen weiter in dieser Richtung arbeiten. Die Politik der Minderheit soll auch der polnischen Mehrheit nützen.

»Wenn eine ganze Region zweisprachig ist, ist das nicht nur eine hübsche kulturelle Bereicherung, sondern ein echter Standortvorteil«, sagt Rasch. Seine Gesellschaft fordert, noch mehr Ortsschilder, Beschriftungen von Denkmälern und öffentlichen Gebäuden sowie amtliche Papiere auch in die Sprache der Minderheit zu übersetzen. Vor allem wollen die Oppelner Deutschen nicht nur Deutschunterricht, sondern deutschen Unterricht. Reguläre Schulen, in denen alle Fächer auf Deutsch unterrichtet werden, gibt es in Schlesien noch nicht.

Das geht Warschau dann doch zu weit. Lech Kaczyński, Polens in manchem rückwärtsgewandter Präsident, der im April 2010 bei einem Flugzeugabsturz ums Leben kam, hatte gefordert, dass erst mal die Polen in Deutschland rechtlich bessergestellt werden müssten, bevor man den Deutschen in Polen noch mehr Zugeständnisse machen könne.

In diesem Jahr sollen nun Gespräche am Runden Tisch darüber abgehalten werden. Ryszard Galla, der einzige deutsche Sejm-Abgeordnete, wird daran teilnehmen. Aber er ist sich sicher: »Die Polen in Deutschland würden auch nach polnischem Recht keinen Minderheitenstatus erhalten.« Unklar ist, wer eigentlich zu dieser polnischen Minderheit gezählt werden würde: Spätaussiedler mit deutschem Pass und deutscher Oma? Oder Ruhrpolen, jene polnischen Einwanderer, die zur vorvorletzten Jahrhundertwende als Grubenarbeiter in das deutsche Kohlengebiet gezogen sind und deren Nachkommen sich oft der polnischen Herkunft ihrer Familie gar nicht mehr bewusst sind? Die Polen in Deutschland sind eingewandert, in Schlesien dagegen leben Polen und Deutsche schon seit Jahrhunderten Tür an Tür.

Einmal ist Norbert Rasch offenbar zu weit gegangen. Ein Urlaub in Italien stand bevor, und vorher schrieb er noch schnell einen Brief an den Woiwoden. 2011 jährt sich nämlich der von polnischen Nationalisten ausgelöste Aufstand in Oberschlesien von 1921 zum 90. Mal. Rasch fragte, ob denn 150 000 Zloty (etwa 38 000 Euro), die für die Feierlichkeiten veranschlagt sind, nicht ein wenig hoch gegriffen seien. Zum Festtag sollen die entscheidenden Kämpfe am Annaberg mit Laienschauspielern in Originaluniformen nachgestellt werden. Außerdem müsse man ja auch bedenken, dass die Deutschen auf die Ereignisse von damals einen »etwas anderen Blick« haben.

1921 hatte sich eine Mehrheit der Oberschlesier dafür ausgesprochen, dass ihre Heimat Teil des Deutschen Reichs bleiben sollte. In der Nacht vom 2. auf den 3. Mai schlugen polnische Oberschlesier los – obwohl Warschau offiziell verlautbart hatte, diesen Aufstand nicht unterstützen zu wollen. Polnische Nationalisten aus anderen Teilen des Landes eilten zu den Waffen. Die Deutschen rüsteten nun ihrerseits auf, sie unterhielten zudem Unterstützung von den als rabiat bekannten Freikorps. Das waren Angehörige ehemaliger Reichswehrverbände, die nach der Demobilisierung 1918 arbeitslos geworden waren. Auf dem Annaberg, 30 Kilometer von Oppeln entfernt, schlugen die Deutschen die Polen. Schließlich erzwangen die Siegermächte des Ersten Weltkriegs einen Waffenstillstand – und Oberschlesien wurde geteilt. Mehrere tausend Menschen starben bei den Kämpfen.

Die Propaganda der Kommunisten, die ihre Moskau-Treue gern mit Superpatriotismus kompensierten, hat den Aufstand in die heldenhafte polnische Geschichte eingegliedert. Danach bestand das Los der polnischen Nation seit Jahrhunderten darin, tapfere, aber aussichtslose Kämpfe gegen feindliche Besatzungsmächte zu führen.

Und so sehen es noch heute wohl viele: Die Aufregung, die sein Brief auslöste, schreckte Rasch im Urlaub auf. Die

Woiwodschaftsregierung tobte, die Presse schäumte über einen »Anschlag auf den Aufstand«. »Ich habe solch eine Reaktion nicht erwartet«, sagt er. »Ich wollte lediglich anregen, dass man den Aufstand auch als Tragödie sehen kann.« Schließlich standen die Aufständischen nicht einer feindlichen Militärmaschinerie gegenüber, die ihr Land überfallen hatte, sondern ihren Nachbarn, Schlesiern. »Das war ein Bruderkrieg, darüber muss man doch reden können«, sagt Norbert Rasch. »Aber so weit sind wir wohl nicht – noch nicht.«

ANHANG

Buchhinweise

Detlev Brandes u. a. (Hg.): Lexikon der Vertreibungen, Böhlau Verlag, Wien, 2010.
Das erste Nachschlagewerk zu Deportation, Zwangsaussiedlung und ethnischen Säuberungen im Europa des 20. Jahrhunderts.

Wlodzimierz Borodziej: Geschichte Polens im 20. Jahrhundert, Verlag C. H. Beck, München, 2010.
Der polnische Historiker analysiert die Geschichte seines Landes ohne nationales Pathos.

Ingeborg Fleischhauer: Die Deutschen im Zarenreich. Zwei Jahrhunderte deutsch-russische Kulturgemeinschaft, Deutsche Verlags-Anstalt, Stuttgart, 1986.
Ein Standardwerk über die Rolle deutscher Einwanderer bei der Entwicklung Russlands unter Katharina der Großen.

Peter Glotz: Die Vertreibung. Böhmen als Lehrstück, Ullstein Taschenbuch Verlag, Berlin, 2004.
Der 2005 verstorbene SPD-Politiker stellt die Vertreibung aus Böhmen in den historischen Kontext.

Eva Hahn, Hans Henning Hahn: Die Vertreibung im deutschen Erinnern. Legenden, Mythos, Geschichte, Ferdinand Schöningh Verlag, Paderborn, 2010.
Die Historiker machen eine kritische Bestandsaufnahme.

Helga Hirsch: Entwurzelt. Vom Verlust der Heimat zwischen Oder und Bug, Edition Körber-Stiftung, Hamburg, 2007.

Mit Zeitzeugen in Polen, der Ukraine, Deutschland und Israel sprach die frühere Polen-Korrespondentin über deren Leben, das vom dramatischen Verlust der Heimat geprägt war.

Peter Oliver Loew: Danzig. Biographie einer Stadt, Verlag C. H. Beck, München, 2011.
Porträt einer stolzen Hansestadt zwischen deutscher und polnischer Geschichte.

Dieter Schenk: Wie ich Hitler Beine machte, C. Bertelsmann Jugendbuch Verlag, München, 2003.
Die Geschichte einer Danziger Jüdin im Widerstand – nach der Biografie der Polin Budzimira Wojtalewicz-Winke.

Beate Schlanstein u. a.: Als der Osten noch Heimat war, Rowohlt Taschenbuch Verlag, Reinbek, 2011.
Das Buch erzählt, was vor der Vertreibung geschah, in Pommern, Schlesien und Westpreußen.

Sudetendeutsches Institut (Hg.): Odsun. Die Vertreibung der Sudetendeutschen, Bd. II. München, 2010.
Im zweiten Band ihrer Dokumentation über die Zeit von 1939 bis 1946 beschreiben die Autoren anhand vieler Quellen den lange geplanten »Abschub« der Deutschen.

Autorenverzeichnis

Georg Bönisch ist Redakteur in der SPIEGEL-Redaktionsvertretung Düsseldorf.

Prof. Dr. Norbert Conrads ist emeritierter Professor für Geschichte der Frühen Neuzeit an der Universität Stuttgart und war dort Leiter des Projektbereichs Schlesische Geschichte.

Dr. Thomas Darnstädt ist Autor im Deutschlandressort des SPIEGEL.

Jan Friedmann ist Redakteur im Deutschlandressort des SPIEGEL.

Annette Großbongardt ist stellvertretende Leiterin der Reihen SPIEGEL GESCHICHTE und SPIEGEL WISSEN.

Christoph Gunkel ist Autor bei SPIEGEL ONLINE.

Christian Habbe ist ehemaliger SPIEGEL-Redakteur.

Uwe Klußmann ist Redakteur bei SPIEGEL GESCHICHTE und SPIEGEL WISSEN.

Dr. Andreas Kossert ist Historiker und wissenschaftlicher Mitarbeiter bei der Stiftung »Flucht, Vertreibung, Versöhnung«.

Prof. Dr. Dieter Langewiesche ist emeritierter Professor für Neuere Geschichte an der Universität Tübingen.

Walter Mayr ist Autor im Auslandsressort des SPIEGEL.

Dr. Christian Neef ist stellvertretender Leiter des Auslandsressorts des SPIEGEL.

Dietmar Pieper ist Leiter der Reihen SPIEGEL GESCHICHTE und SPIEGEL WISSEN.

Norbert F. Pötzl ist stellvertretender Leiter der Reihen SPIEGEL GESCHICHTE und SPIEGEL WISSEN.

Jan Puhl ist Redakteur im Auslandsressort des SPIEGEL.

Petra Reski ist freie Autorin und Schriftstellerin.

Prof. Dr. Krzysztof Ruchniewicz ist Direktor des Willy Brandt Zentrums für Deutschland- und Europastudien an der Universität Wroclaw/Breslau.

Dr. Johannes Saltzwedel ist Redakteur bei SPIEGEL GESCHICHTE und SPIEGEL WISSEN.

Michael Sontheimer ist Autor beim SPIEGEL.

Dr. Rainer Traub ist Redakteur bei SPIEGEL GESCHICHTE und SPIEGEL WISSEN.

Carsten Voigt war Dokumentationsjournalist beim SPIEGEL.

Dank

Möglich wurde dieser Band nur, weil viele kluge und sorgsame Kollegen die Autoren unterstützt haben. Die von Dr. Hauke Janssen geleitete SPIEGEL-Dokumentation prüfte alle Beiträge in ihren Details gewohnt sicher und umsichtig auf ihre sachliche Richtigkeit; beteiligt waren Jörg-Hinrich Ahrens, Dr. Heiko Buschke, Johannes Eltzschig, Klaus Falkenberg, Silke Geister, Renate Kemper-Gussek, Ulrich Klötzer, Dr. Walter Lehmann-Wiesner, Michael Lindner, Rainer Lübbert, Tobias Mulot, Margret Nitsche, Malte Nohrn, Thorsten Oltmer, Thomas Riedel, Mirjam Schlossarek, Stefan Storz, Dr. Eckart Teichert, Nina Ulrich, Ursula Wamser, Karl-Henning Windelbandt, Anika Zeller. Schnell und findig besorgten die Bibliothekare Johanna Bartikowski und Heiko Paulsen die Fachliteratur. Die informativen Grafiken erstellten Cornelia Baumermann, Martin Brinker, Gernot Matzke und Cornelia Pfauter, Thomas Hammer bereitete sie für dieses Buch auf. Claus-Dieter Schmidt besorgte die Bildauswahl, Britta Krüger kümmerte sich um die Bildrechte. In der Schlussredaktion hatten Reinhold Bussmann und Tapio Sirkka einen scharfen Blick für letzte Korrekturen. Angelika Kummer und Petra Schwenke hielten im Sekretariat das Organisatorische zuverlässig in der Hand. Antje Wallasch beim SPIEGEL und Karen Guddas bei der DVA kümmerten sich mit großer Umsicht um das gesamte Buchprojekt, für die Herstellung war Brigitte Müller verantwortlich. Ihnen allen herzlichen Dank für die hervorragende Zusammenarbeit.

Annette Großbongardt, Uwe Klußmann, Norbert F. Pötzl

Personenregister